日本書紀の中の朝鮮半島

靍井忠義

青垣出版

はしがき

日本書紀を読むと驚く。朝鮮（韓）半島にからむ記事がいっぱいである。これが日本国の建国の事情を伝えるはずの最初の、唯一無二ともいえる国史の書か、と思う。

例えば欽明天皇紀は、九八％か九九％まで朝鮮半島がらみの記事といっていい。半島と関係のない記事は、継体天皇の嫡子だったこと、宣化天皇没後にとまどいながら即位したこと、宣化天皇の娘の石姫を皇后に立てたこと、五人の妃があり二二人の子女がいたことなど。他は、仏教が伝えられ、崇仏か廃仏かをめぐって論議が沸騰したこと、三十二年に崩御したことぐらいである。幼少期に夢を見た話が載るが、夢の中の主人公は秦大津父《はたのおおつち》という渡来人だった。

九九％ほども占める半島がらみの記事は、任那《みまな》滅亡に関する内容が大半を占める。百済の聖明王《せいめい》（聖王）が、衰亡に向かう任那諸国の復興にさまざまに力を尽くしたものの、その二十三年に任那の宮家《みやけ》が新羅によって討ち滅ぼされた経緯を詳しく記す。聖明王は、一時高麗（高句麗）を攻め平壌（いまのソウル）を回復するほど強い王であった。その聖明王は、日本に仏教を伝えたこと、無理な出兵で苦戦する子の余昌を救おうとして敗れ新羅の兵に斬られたことなども詳しく記し、欽明紀はまるで「聖明王紀」といえるほどだ。新羅兵に妻を売った河辺臣、新羅兵に懸命の抵抗をした調吉士伊企儺《つきのきしいきな》とその妻大葉子《おおばこ》のこと、膳臣巴提便《かしわでおみのはすひ》の虎退治のことなど日本の武将たちのエピソードも書くが、その舞台はみな、朝鮮半島だ。

欽明天皇紀ほどにないにしても、日本書紀三十巻は朝鮮半島がらみの記事でいっぱいだ。なぜだろうか。

確かに、多くの人々が半島から海を渡って列島にやってきた。定住し、子孫を増やし、在来の人々と混血して日本人となっていったことは間違いないといえる。渡来した人々は、「手末《たなすえ》の才伎《てひと》」などと呼ばれて手に職をもつ人たちが多かったが、知識人や技術者や芸術家もたくさんいたようだ。武人や政治家もたくさん渡って来たに違いない。その中には、日本の支配者となる人々の先祖にあたる人たちもいたのではなかろうか。先の天皇の「ゆかり発言」には大いに耳を傾けたい。

「日本書紀は半島の記事ばかり」というのはいったいなぜなのか、整理をして、少しでも究明したい、との思いで本書の執筆を進めた。まったくといっていいほど道半ばだが、改めて、極めて奥深い、重たいテーマであることに気付いた。

二〇二四年九月

著者

目次

装幀／根本　眞一（クリエイティブ・コンセプト）
カバー写真／韓国・公州の武寧王像

天孫降臨

高天原

古《いにしえ》に天地《あめつち》未だ剖《わか》れず、陰陽《めお》分れざりしとき、渾沌《まろか》れたること鶏子の如くして……

日本書紀の書き出しである。多くの他の民族の神話と同様、「天地創造」神話から始まる。

世界は鶏卵のように渾沌《こんとん》としていた。やがて澄んだものが天となり、重く濁ったものが地となった。国常立尊《くにとこたちのみこと》などの神が次々と生まれ、最後に伊弉諾尊《いざなぎのみこと》と伊弉冊尊《いざなみのみこと》が生まれた。

伊弉諾尊と伊弉冊尊は天浮橋から天之瓊矛《あまのめぼこ》を下してかき回した。したたり落ちた潮水が固まってオノゴロ島ができた。二神は夫婦のちぎりを交わした。淡路島、本州、四国、九州などが次々と生まれた。「国生み」神話である。

伊弉諾尊は亡くなった伊弉冊尊を追って黄泉国《よもつくに》に行った。醜い姿に驚き、逃げ出した。みそぎをした。左の目を洗うと天照大神《あまてらすおおみかみ》、右の目を洗うと月読命《つくよみのみこと》、鼻を洗うと素戔嗚尊《すさのおのみこと》が生まれた。天照大神は高天原《たかまがはら》、月読命は青海原、素戔嗚尊は天下《あめのした》を治めることになった。

高天原で、素戔嗚尊は、田の畔《あぜ》を壊すなど乱暴をはたらいた。怒った天照大神は天岩窟《あまのいわや》に隠れてしまう。世は真っ暗闇《やみ》に。

天児屋根命《あめのこやねのみこと》の祈祷や天鈿女命《あめのうずめのみこと》のダンスなど、諸神が知恵をしぼってやっと天照大神を石窟から引き出した。素戔嗚尊に神々の非難が集中した。「天の石窟」神話である。

高天原を追放された素戔嗚尊は、出雲国の簸《ひ》の川の川上で八岐大蛇《やまたのおろち》を退治する。乱暴者は「正義の味方」に変わり、救《たす》けた奇稲田姫《くしいなだひめ》とめでたく結婚。大巳貴神《おおなむちのかみ》（大国主神、大物主神）が生まれ、少彦名命《すくなびこなのみこと》と力を合わせ、葦原中国《あしはらのなかつくに》の国作りに励む。

日向の襲の高千穂岳

高天原では、皇祖、高皇産霊尊《たかみむすびのみこと》が、自らの孫であり、天照大神の孫にもあたる天津彦彦火瓊瓊杵尊《あまつひこひこほのににぎのみこと》を地上に降ろし、葦原中国を統治させようと考えた。

高天原故地碑
韓国・慶尚北道高霊郡の加耶大学内に建つ

試しに、天穂日命《あまほのひのみこと》、天稚彦《あめのわかひこ》らを地上に派遣した。しかし、いずれも大巳貴神におもねる

などして失敗。そこで、経津主神《ふつぬしのかみ》と武甕槌神《たけみかづちのかみ》
を派遣。両神は、地上にさかさまに突き立て

ニニギノミコト（瓊瓊杵尊）が天下ったのは「日向の襲の高千穂のソホリ山（添山峯）」。古事記では「日向の高千穂のクシフルタケ（久士布流多気）とされる。どこのことを指すのか不明だが、福岡・糸島平野の東側にそびえる高祖山も″候補地″のひとつ

高祖山の西に広がる糸島平野は玄界灘をはさみ「韓国に向かう」地に位置する。「天照大神の墓」説もある前原古墳。原田大六氏が径 46.5㌢もある「八咫《やた》の鏡」を発掘した

た十握剣《とつかのつるぎ》の切先の上に座り、「国を譲るか、どうか」と談判する。大巳貴神は、子神の事代主神《ことしろぬしのかみ》の意見を聞いた上で承諾した。「国譲り」神話である。

こうして、瓊瓊杵尊は真床追衾《まとこおうふすわ》（神聖なふとん）にくるまり、天八重雲《あめのやえたなぐも》を押し分け、日向の襲《そ》の高千穂峯《たかちほのたけ》に降り立った。「天孫降臨」神話である。

古事記では、邇邇芸命《ににきのみこと》が五伴緒《いつとものお》を従え、八尺瓊勾玉《やさかにのまがたま》、鏡、草那芸剣《くさなきのつるぎ》を携え、竺紫《つくし》の日向《ひむか》の高千穂《たかちほ》の久士布流多気《くしふるたけ》に天降った——としている。

五伴緒とは天児屋根命《あめのこやねのみこと》、天宇受売命《あめのうずめのみこと》、伊斯許理度売尊《いしこりどめのみこと》、玉祖命《たまおやのみこと》のこととする。天忍日命《あめのおしひのみこと》（大伴氏の祖）と天津久米命《あまつくめのみこと》（久米氏の祖）も同行。二人は「此地《ここ》は韓国《からくに》に向かい、笠沙《かささ》の御前《みさき》を真来通りて、朝日の直刺《たださ》す国、夕日の日照る国なり。故、此地は甚吉《いとよ》き地《ところ》」と喜んだ——とする。

檀君と亀旨峯

朝鮮の『三国遺事』につぎのような建国神話が載る。

「天神桓因の子、桓雄が父神の命によって天符印三個を持ち、風伯、雨師、雲師及び穀物、生命、疾病、刑罰、善悪などを司る神々を率いて、太白山上の檀の木の下に降臨した。この時、熊がよもぎとにんにくを食べて女に化身し桓雄と結婚、檀君を生んだ。檀君は国を開いて国号を朝鮮とした」。

太白《テベク》山は朝鮮半島東辺部で南北に連なる太

檀君の肖像画。近世に描かれた

白山脈中にある標高一五四九メートルの高山である。

高句麗の建国神話は、「天帝が五竜車に乗って降臨し、国を立てて北夫余とし、生まれた子が後に高句麗の始祖の卒本扶余となった」とする。

『三国遺事』に載る新羅の建国神話でも「天から山下に降下した六村祖たちが相談していると、紫の卵が降臨し、始祖の赫居世が生まれた」とする。

いずれも、天孫が天から降臨してきて、国を開いて国祖となったという天孫降臨神話である。

『三国遺事』の「駕洛国記」によると、朝鮮半島南端部にあった古代の金官加羅国にも次のような始祖伝承が伝わる。

天地開闢《かいびゃく》の後のある日、土地の北の亀旨《くじ》ノ峯に異常な声気があった。二、三百人の人々が集まると、「ここに人ありや否や」の声がした。また、「ここは何というか」と問うてきた。「亀旨峯なり」と答えると、「皇天、我

亀旨峯（グジボン）。加耶の始祖、首露王が降臨した地と伝える。
正体は支石墓らしい。（韓国・金海市）

伝・首露王陵（韓国・金海市）

にこの地を治め、君公となれと命じた。よってここに降りてきたのだ。峯の頂を掘って土を取り、『亀よ、亀よ、首を出せ。出さないと焼いて喰ってしまうぞ』と歌って、舞え。そうすれば大王を迎えることができる」。

　人々が言われた通りにすると、紫の紐が天から垂れてきた。紐の下には赤い布に包まれた金の合子があった。合子を開いてみると丸い黄金の卵が六つあった。人々は驚き、喜び、百拝した。翌日の夜明け前に合子を開くと六つの卵は六人の童子になっていた。顔つきはとても麗しく、人々は拝賀し、恭啓を尽くした。童子は日々大きくなり、一人の童子が王位に就いた。名を首露といい、国を大駕洛《おおから》(加耶)と称した。他の五人はそれぞれ五つの加耶《かや》の主となった——とする。

近似する天孫降臨と国作り

　韓半島の建国神話と日本の建国神話はよく似ている。特に天孫降臨神話では類似する点が多い。加耶の首露が降臨した亀旨峯は「クシノミネ」であり、日本神話で瓊瓊杵尊《ににぎのみこと》が天降った高千穂の「久士布流多気《くしふるたけ》」(古事記)と相似する。また、日本書紀の記す高千穂の添山峯《そほりのやまのたけ》の「ソホリ」は韓国語の都を意味する「ソウル」に通じる、とされる。

　さらに、瓊瓊杵尊が持参した三種の神器は檀君神話の天符印三個と共通性がある。また、随伴した「五伴緒」は「五部族」など高句麗や百済で五という数字を重視することと共通性が強い、とされる。

　高天原で天孫降臨を企てたのは高皇産霊尊《たかみむすびのみこと》だったが、別名高木神と呼ばれ、檀君神話の檀君が木と関連する名前であることとも興味深い。

天降った天孫が建国者となり、海の彼方からやってきた来訪者はその補助役を務めるという神話のパターンも日韓で共通する。日本神話の少彦名命《すくなびこなのみこと》は大巳貴神（大国主神）と力を合わせ国作りに励んだが、この少彦名命はカガミ（薬草の一種）で作った舟に乗って出雲の五十狭《いさき》の小汀《おばま》にやってきた小男だったとされる。その少彦名は国作りを進める中で、鳥獣や甲虫の尖異を除き病気を癒す薬草を定めるなどして、今日でも人々に崇敬されているまれびと、つまり他地から訪れてきた人だが、朝鮮半島でも「まれびと」の信仰は厚い。

加耶の首露王は、西南方の海からやってきた阿踰陀《あゆだ》国の許黄玉を王后としたとされる。

伝・首露王妃陵（韓国・金海市）

許黄玉は、錦、繍、綾、羅など多くの布や金銀珠玉などを携え、緋色の帆をかけて赤い旗をあげたど派手な舟に乗ってインド・アユタからやってきたとされる。

慶尚南道金海市《キメ》には、亀旨峯《クジホン》という首露王降臨伝承地に寄り添うように首露王陵と隣り合わせて王后を葬るとされる王妃陵もある。

国譲りにも共通性

日韓の神話には、統治者の出現の形だけではなく、建国の経過を語る話においても共通する点が多い。「国譲り」がその代表的な例といえる。半島では、朱蒙が沸流王の松譲から強引に国を譲らせて高句麗を立てた。その朱蒙の子の沸流と温祚は兄の類利に国を譲って南方へ行き、海の方へ行った兄の沸流は失敗して自殺したが、陸の方へ行った弟の温祚が成功して百済を建てた——とする。

一方、列島でも出雲の国譲り、天孫降臨の際の国譲り、神武東征時のニギハヤヒの国譲りを経て神武の建国が達成される、と神話学者の大林太良氏は解釈した。神武東征伝承でも、長髄彦《ながすねひこ》の抵抗により、兄の五瀬命《いつせのみこと》が流れ矢に当たって海上で命を落とし、弟の磐余彦が熊野から大和入りして建国に成功する点でも、日韓の建国神話に奇妙な共通性・類似性を見い出す。

古事記の神武東征伝承では、東進する神武軍一行が速水門で亀の背に載った釣り人に助けられ道案内される。高句麗の始祖の朱蒙が扶余を捨てて東南に走る途中、大きな川を渡るのに魚やスッポンが橋になってくれたという話と同じモチーフであることも注目され

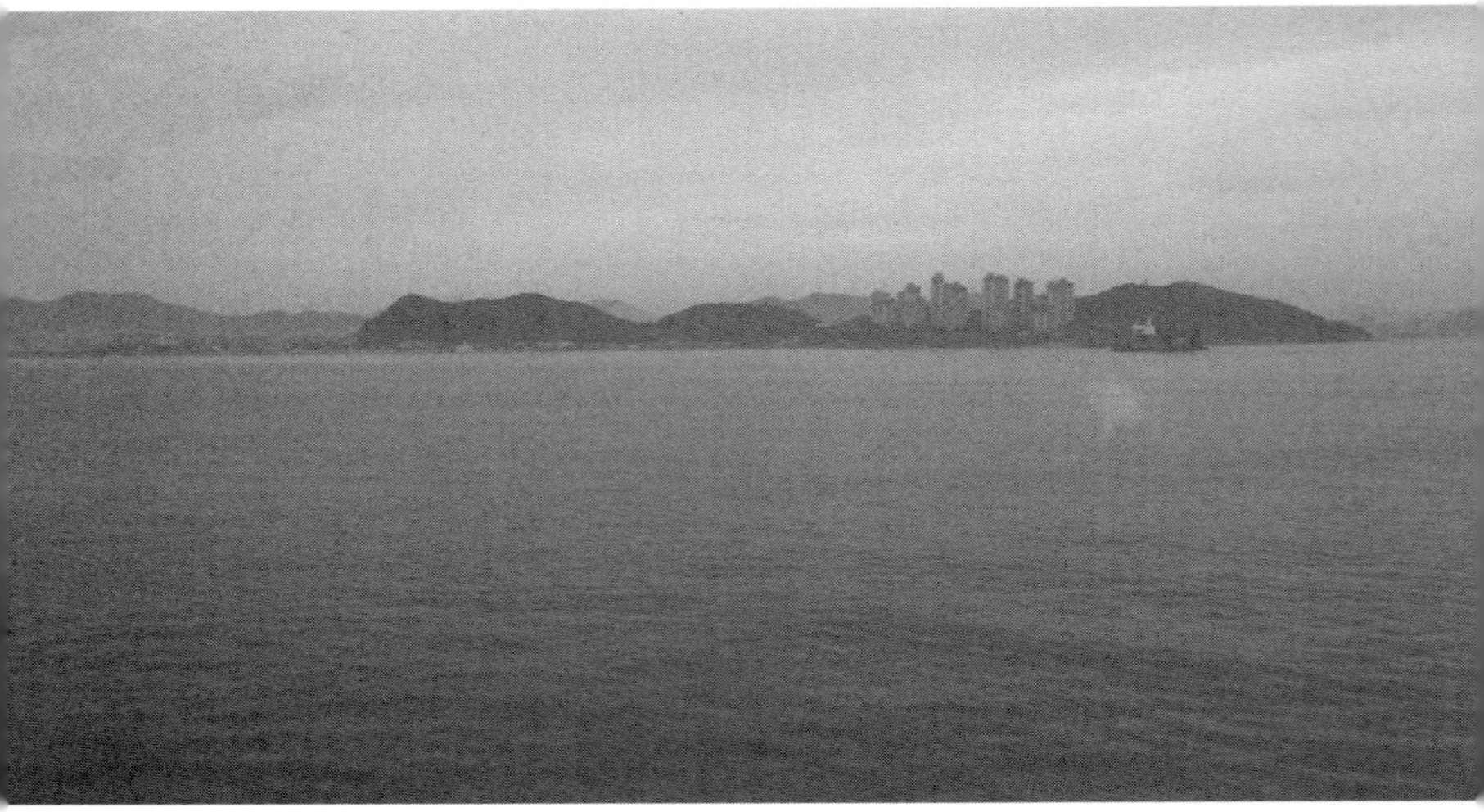

海（玄界灘）の向こうは韓（朝鮮）半島（韓国・釜山港へ向かうフェリー船上より）

る。

こうした日本列島と韓半島の始祖伝承や建国にまつわる神話の近似性や共通点は、数え上げればきりがないほどだ。いったいなぜだろうか。韓国の神話研究者玄容駿氏は、『日本神話と朝鮮』（有精堂）で、「古代日本の支配者の文化が韓半島に由来したことを強く示唆している」と述べている。

狗邪韓国

『魏志倭人伝』

魏、呉、蜀の三国が並び立っていた三世紀の中国の史書に、陳寿という人によって編まれた『三国史』がある。その中の「魏志」の「東夷伝」の「倭人条」に日本列島の地形や風土のことが詳しく書かれている。二〇〇〇字に及ぶ。『魏志倭人伝』と呼ばれる。

日本列島は弥生時代が終わるころだった。中国の史書『前漢書』には「楽浪海中に倭人あり。分かたれて百余国」と列島のことが紹介されてから二〇〇年余り経っていたが、なお多くの小国（地域国家）が並立していたらしい。その中に卑弥呼の女王国があった。二三九年、難升米《なんしょうまい》という使者を魏国へ派遣した。難升米は帯方郡（中国東北部から朝鮮半島北部にかけてのに地にあった）からさらに都の洛陽まで行き、十人の生口と二匹二丈の班布を皇帝（明帝）に献じたと記している。明帝は卑弥呼の使節を大いに歓迎し、卑弥呼に「親魏倭王」の称号と金印紫綬をさずけた。また道鏡百枚も与えたと記録する。

『魏志』の「倭人の条」は、「倭人在帯方東南大海之中」の書き出しで始まる。続いて帯方郡からの行き方を具体的に書いている。「郡より倭に至るには、海岸に循《したが》って水行し、韓国を歴《へ》て、乍《たちま》ち南し、乍ち東し、其の北岸狗邪韓国に至る。七千余里ある」。
続けて、「始めて一海を度《わた》ること千余里に

3世紀の東北アジア（『探訪　古代日本と百済』〈大巧社〉より）

して対馬《つしま》国に至る」とし、「また、一海を度ること千余里で一大（壱支《いき》）国に至り、さらに一海を度ること千余里で末盧《まつろ》国がある」と記している。さらに「東南陸行すること五百里にして伊都《いと》国に至る」。そこから「東南して奴《な》国に至る百里。二万余戸有り」と記す。

半島から対馬（長崎県）壱岐（同）を経て末盧《まつろ》国の推定地である九州の松浦半島（同）に海を渡り、そこから東南の方向に陸行すれば五百里で伊都国推定地の糸島平野（福岡県）に至り、さらに百里で奴国推定値の博多平野（同）に至るというのである。

地形のありさまをはじめ方角や距離も実際とピッタリ。少なくとも半島から九州の奴国までは正確な地理の表記といえる。

奴国から東行すると百里で不弥《ふみ》国があるという。問題はその後である。「南して水行二十日で投馬《つま》国に至り、南して水行十日、陸行一月で女王の都する邪馬台国に至る」というのであるが、この解釈をめぐり諸説紛々、江戸時代以来さまざまに論争されてきた。まだ決着が着いていない。博多平野付近から南に船で二十日以上、歩いて一カ月以上も行くと九州を通り越して南の海上に出てしまうからである。

論争の中心は邪馬台国の位置論である。代表的なのは「九州説」と「大和（畿内）説」と言い換えてもいい。明治末に京大の内藤湖南が「大和説」を、東大の白鳥庫吉が「九州説」を主張して以来、ずっと対立を続けている。

畿内説は倭人伝の「旅程の里数や日数は正しいが、方角が信用できない」と考え、九州説は、最大の弱点である旅程が長すぎることについて魏の郡使が駐在した伊都国から斜行（放射）式に読むべきであるとするなどの解釈をしたりしている。大和畿内へは瀬戸内海ではなく日本海を経由した、投馬国は吉備だ、いや出雲だ、さらに、南にあるという狗奴国は球磨地方のことだ、いや熊野だ、いや関東の毛野地方のことだ――などと論争は尽きない。

されど所在地

邪馬台国研究で重要なのは所在地問題だけではない、とよく言われる。されど所在地――。どこにあったかがやはり古代史ファンたちの一番の関心事であり、重要なことでもあろう。

所在地によって、古代の倭国の領域や日本列島内の国家の成り立ち状況の解釈がガラリと変わるからである。九州だったならば、倭国も邪馬台国も一地方国家に過ぎなかったが、畿内（大和）だったならば、大和朝廷の元となるようなクニがすでに三世紀に存在していたということになるからだ。「日本国家の成立」と深く関わるからだ。

倭人伝は「旁国《ぼうこく》」として二一カ国を書き連ねる。斯馬《しま》国、已百支《いほき》国、伊邪《いや》国、都支《とき》国、彌奴《みな》国、好古都《こことく》国、不呼《ふこ》国、姐奴《しゃな》国、対蘇《たいそ》国、蘇奴《そな》国、呼邑《こゆう》国、華奴蘇奴《かなそな》国、鬼《き》国、為吾《いご》国、鬼奴《きな》国、邪馬《やま》国、躬臣《きゅうしん》国、巴利《はり》国、支惟《きい》国、烏奴《おな》国、奴《な》国の二一カ国である。

既述した狗邪韓《くやかん》国、対馬《つしま》国、一大《いき》（支）国、末盧《まつろ》国、伊都《いと》国、奴《な》国、不弥《ふみ》国、投馬《つま》国、邪馬台国、それに女王に属しなかったという南の狗奴《くな》国の一〇カ国と合わせると倭人伝には三一カ国の国名が登場する。（国名の読みは佐伯有清著『魏志倭人伝を読む』下〈吉川弘文館、二〇〇〇年〉に従う）

奴国が二回見え重複とみられるが、差し引いても三〇カ国を数える。

北岸の狗邪韓国

三〇カ国のトップに登場する狗邪韓《くやかん》国をど

う解釈するか、大問題である。「郡より倭に至るには、海岸に循《したが》って水行し、韓国を歴《へ》て乍《たちま》ち南し、乍ち東し、其の北岸狗邪韓国に至る。七千余里」と書く。つまり、「帯方郡から倭に行くには海岸に沿って舟で行く。韓国を経て、南へ、あるいは東へくねくねと蛇行すると七千余里でその北岸の狗邪韓国に着く」というのだ。

「北岸」をどう解釈すればいいのだろうか。何を意味するのか。素直に読めば「倭国の北岸」、つまり、狗邪韓国は倭国の北の端の国で、倭の領域は朝鮮半島まで及んでいたということになる。狗邪韓国の「狗邪」はカヤ、加（伽）耶に通じることは間違いない。カラ＝韓にも通じるのかもしれない。倭人のいる倭は、日本列島だけでなく、九州から壱岐、対馬、さらに朝鮮半島南端、加耶地方に及んでいたということになる。

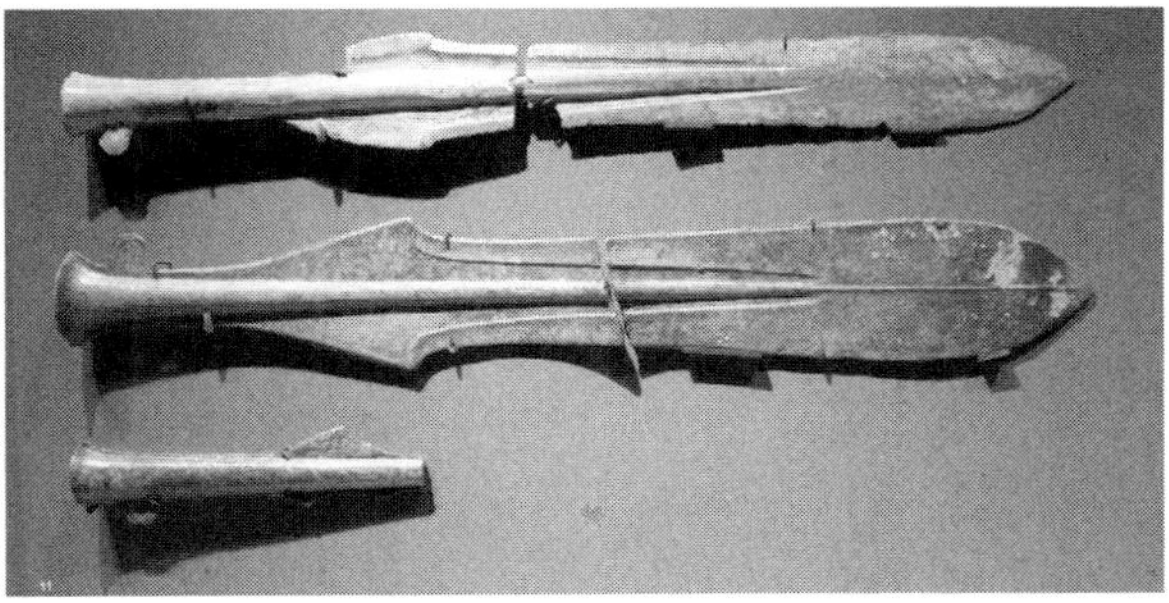

加耶の銅矛（国立金海博物館）

『魏志』の韓伝の弁辰の条には「国、鉄を出す。韓、濊《わい》、倭、皆従ってこれを取る」という記述がある。倭人らは海を渡って半島の鉄を取りに行っていたとも解釈できるが、半島に居住していた倭人たちも取っていた、と解釈する方が自然である。

考古学的にも北九州と半島南部とのつながりは深い。北九州の弥生時代の甕棺《かめかん》墓から出土する銅剣、銅矛《ほこ》、銅戈《か》、鏡などの青銅器類もその多くが半島からもたらされたものである。弥生時代中期に盛行する支石墓も同様。一方、半島の釜山や金海に近い遺跡には北九州そっくりの甕棺墓があり、北九州から運ばれた細形銅剣、碧玉製管《くだ》玉も多く出土している。日本列島独自の遺物と考えられていた筒形銅器、巴形銅器などが近年、半島南部で続々と出土していることも大いに注目されている。考古資料でも、半島南部地域と列島の西日本地域の緊密性、共通性は驚くばかりだが、そのことを示す資料はどんどん増えている。

㊤韓半島の支石墓（ソウル西方の江華支石墓群）
㊦支登支石墓群。半島に向かい合う糸島平野にある（福岡県前原市）

壱岐、対馬を中継点として朝鮮海峡を頻繁に往来したのだろう。相方で同じ文化、同じ民族が育っていたと考えてもおかしくない。

関東以西に三〇カ国

筆者は、三〇カ国のうちいくつかを関東以西の東日本、西日本に推定している。

旁国の二一カ国の最初に記された斯馬《しま》国は邪馬台国（大和）に隣接する三重県の志摩地方、己百支《いほき》国はその北に隣り合うやはり三重県の伊勢地方とみる。津市で伊勢湾に流れ出る雲出《うず》川は家城《いえき》川とも呼ばれ、中流域の一志《いちし》郡（現津市）は日本書紀にいう「盧杵《いほき》」、『新撰姓氏録』の「五百木《いおき》」に当たる。奈良時代、聖武天皇の頓宮（川口宮）が営まれたところでもある。

魏志倭人伝の「五百支国」の可能性がある三重県の「イホキ（盧杵、五百木）」の地。「家城川」とも呼ばれる雲出川流域に位置する

伊邪《いや》国は天竜川沿いの長野県伊那《いな》地方、都支《とき》国は岐阜県の土岐《とき》地方、彌奴《みな》国は美濃（岐阜県）のことではなかろうか。不呼《ふこ》国と好古都《こここと》国は分からないが、次の姐奴《しゃな》国は信濃だろう。順次、中部地方をたどれるのである。

続いて、対蘇《たいそ》国、蘇奴《そな》国、華奴蘇奴《かなそな》国。「蘇」

のつく国が三つ出るが、「蘇」は富士山のことかもしれない、とひそかに考えている。九州でいちばん高い山は阿蘇山だが、本州でいちばん高い山も蘇だったのではなかろうか。蘇山（富士山）の裾野にあたる静岡県や神奈川県の国名に「蘇」が用いられたのではなかろうか。「相模」はそのなごりでは。対蘇国は東京湾を隔てて対置する房総半島（千葉県）の国だったのかも。三つの蘇の国にはさまれて登場する呼邑国《こゆう》は甲斐（山梨県）のことだったのか。

女王国に敵対していたとされる狗奴国《くな》は毛野のことではなかったか。今の群馬県や栃木県など北関東一帯である。倭人伝では「女王国の南」にあったとされているが、大和も北九州の南と表記されており、九〇度ずらせば矛盾しない。栃木県と茨城県を流れる鬼怒川《きぬ》は「狗奴川」のことではなかったか。

鬼国《き》、為吾国《いご》、鬼奴国《きな》、邪馬国《やま》、躬臣国《きゅうじん》、巴利国《はり》、支惟国《きい》、烏奴国《おな》などの旁国の所在地は推定し難い。ただ、最後に出てくる奴国が北九州の奴国の重複だったとすると、所在地を推定しがたい旁国の中には南紀地方や四国南部、あるいは九州中南部地域のクニグニを指すものもあったのではなかろうか。

このように考えると、女王国の統属が及んでいたのは南関東まで、利根川より以西だったということになる。女王国本体は瀬戸内海を囲む広い地域だったのではなかろうか。「環瀬戸内王国」である。その中に含まれる吉備（岡山県）、摂津（大阪府、兵庫県）、河内（大阪府）、大和（奈良県）などの地域勢力が共立したの

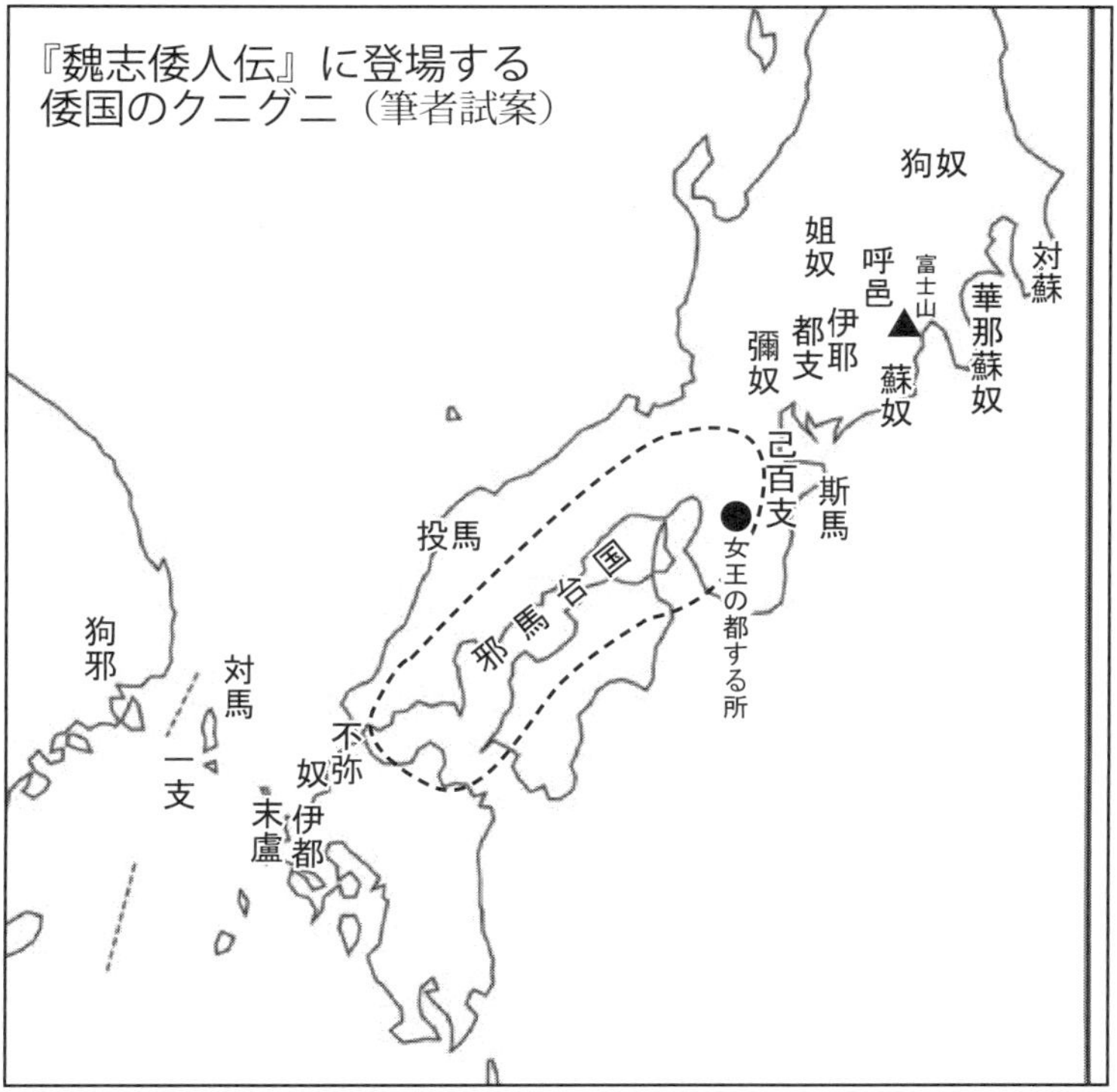

波穏やかな瀬戸内海。邪馬台国はこの瀬戸内海を囲む広い地域だった？

が女王・卑弥呼だった。その卑弥呼は大和盆地東南部に都をおき、四国の瀬戸内海に面した地域や広島県、山口県、北九州のクニグニも共立に参加して女王国に加担していた。そんな推測もあるいは成り立つのではなかろうか。

なお、投馬《つま》国は出雲《いづも》（島根県）のことだと考える。出雲国は「つま国」だった、と。『広辞苑』によると、「つま」は現在では「妻」、つまり結婚した男女の女性のことだが、本来は「夫」も含めて「つま」と呼んだらしい。刺身のあしらいとして添える野菜や海藻も「つま」＝「具」、島根県の人には恐縮だが、出雲は「環瀬戸内王国」の邪馬台国に寄り添う「つま」の地だったのではなかろうか。

神功紀に「倭の女王」

日本書紀は、邪馬台国のことを神功紀に『魏志』と『晋書』を引用する形で載せる。

神功皇后三十九年、『魏志』には景初三年にあたる年の六月、「倭の女王は大夫難弁米を郡（楽浪郡）に派遣。難弁米は京都に詣った」と記す。翌四十年、『魏志』には正始元年、「詔書、印綬を倭国に渡す」と記す。三年後の四十三年、『魏志』には正始四年、「倭王、使者八人を遣わして上献する」と記す。

さらに、二三年後の神功皇后六十六年、『晋書』の泰初二年十日の記事として「倭の女王、貢献す」と記す。

日本書紀が引用する中国史書の四本の記事により、三世紀に倭国が二度にわたり中国に使者を派遣し、朝貢していたことが分かる。

最初の派遣は卑弥呼によるもの、二度目は卑弥呼死去後に女王を継いだ壱与《いよ》によるものと推測されている。

景初三年は西暦二三九年、正始元年は二四〇年、正始四年は二四三年、『晋書』の泰初二年は二六六年のこととされる。

「景初三年銘のある島根県加茂町神原神社古墳出土の三角縁神獣鏡（島根県立古代出雲歴史博物館提供、文化庁所有）

これらの紀年銘は金石文にも見える。「景初三年」銘は大阪府和泉市の黄金塚古墳出土の画文帯神獣鏡、島根県加茂町の神原神社古墳出土の三角縁神獣鏡にみえ、「正始元年」銘は、群馬県高崎市の芝崎古墳と兵庫県豊岡市の森尾古墳出土の三角縁神獣鏡にある。この二枚の鏡は同一鋳型から鋳造した同笵鏡《どうはんきょう》。「泰初二年」は石上神宮《いそのかみ》（天理市）伝来の七支刀の銘文にも刻まれる。

つまり、文献に記された倭の遣使などの大陸との交流記事が歴史的事実であることを示す。ただし、日本書紀の神功紀の推定年代（四世紀末）とは大きくズレる。神功皇后を卑弥呼とみることはとうてい無理、とされる。

ミマキイリヒコ

崇神天皇

日本書紀は、巻第一と巻第二が「神代」の話。国生み神話、高天原《たかまがはら》を舞台にした天石窟《あまのいわや》事件、八岐大蛇《やまたのおろち》退治、国譲り、「日向《ひゅうが》三代」の物語などへと展開していく。巻第三は、彦炎出見《ひこほほでみ》が日向から海路で大和を目指し、大和平野の在来勢力を打ち倒して橿原《かしはら》宮で即位、初代・神武《じんむ》天皇になったという「神武東征」の物語。巻第四は、綏靖《すいぜい》、安寧《あんねい》、懿徳《いとく》、孝昭《こうしょう》、孝安《こうあん》、孝霊《こうれい》、孝元《こうげん》、開化《かいか》の第二代から第九代まで八人の天皇について、諡名《おくりな》、宮居、母の名、后妃の名、子の名、御陵などを記している。

神武東征の図（立盛館発行『尋常小學國史附図』より）

そして巻第五が崇神天皇紀。ここにきて、そのまま史実として信じられない「神話の世界」を脱し、〝現実味〟を帯びた記事が登場してくる。

崇神《すじん》天皇五年、疫病《えきびょう》が流行し、死亡する人が人口の半ばを超えようとした。翌年には、百姓《ひゃくせい》が流亡し、背くものも出た。天皇は、朝早くから天神地祇《てんじんちぎ》を祭って謝罪した。

七年の春二月、神浅茅原《かむあさじはら》で占いをした。倭迹迹日百襲姫命《やまとととびももそひめ》に神が乗り移り、

「もしよく私を敬い祀《まつ》れば、必ず平穏になる」。

大物主神だった。夢にも現れ、

「大田田根子《おおたたねこ》に私を祀らせれば、たちどころに平穏になる」

と告げた。茅渟県《ちぬのあがた》の陶邑《すえむら》で大田田根子を探し出した。やがて疫病は消滅し、国内は平穏になった。

〈巻第五・崇神天皇〉

大物主神《おおものぬし》は三輪山の神である。日本書紀巻第一によると、出雲で国作りを進める大己貴《おおあなむち》神の前に、海の向こうから光を放ちながら浮かび上がってきた神が現われ、「私がいたからこそ、おまえはこの国を平定することができたのだ」と言った。また、「私はおまえの幸魂奇魂《さきたまくしみたま》である」として、大己貴神の問いに対して、「私は日本国《やまとのくに》の三諸山《みもろのやま》に住みたい」と言った――とする。

「幸魂・奇魂」の解釈は難しいが、要するに問答を交わし合う二神は同一神ということらしい。古事記ではこの物語の主人公を大国主神としており、大己貴神も大国主も、そし

三輪山

て大物主も同一神ということらしい。

三諸山は「みもろ（みむろ）」の山。「御諸山」「三室山」「御室山」などとも表記される。全国各地に分布するが、やはり奈良県桜井市の三輪山が本家本元の「みもろ山」とされる。

高さ四六七メートル。大和青垣の山並みの中でもひときわ秀麗な姿を見せる。麓《ふもと》には、三輪山をご神体とし、社殿がないことで名高い大神《おおみわ》神社がある。日本最古の神社とされる。

六基の巨大古墳

三輪山周辺地域には、全長二〇〇メートルを超えるいわゆる巨大前方後円墳が六基も集中する。

桜井市箸中《はしなか》に箸墓《はしはか》（箸中山《はしなかやま》）古墳。邪馬台国《やまたいこく》の女王・卑弥呼《ひみこ》の墓説もある注目の大古墳。全長二八〇メートルを測る。六基の中で一番早く造られた。北へ五〇〇メートル程のところ、天理市渋谷《しぶたに》町に、景行《けいこう》天皇陵とされる渋谷向山《しぶたにむこうやま》古墳が横たわる。全長三〇〇メートル、六基の中で一番大きい。

崇神天皇陵とされる行燈山《あんどんやま》古墳はその北側にほぼ隣り合う格好で、天理市柳本町にある。二四二メートル。高さ七メートルほどもある土堤の周濠に取り囲まれ、堂々とした「王陵」だ。

天理市萱生《かよ》町の高台に西殿塚《にしとのづか》古墳。宮内庁は、全長二一九メートル、箸墓古墳に次いで築造された。六世紀の継体《けいたい》天皇の后で、欽明《きんめい》天皇の母に当たる手白香《たしろか》皇女を葬る衾田陵に治定しているが、あまりにも時代が食い違う。

あとの二基、桜井茶臼山《さくらいちゃうすやま》古墳とメスリ山古墳は少し離れて桜井市街地の南側にある。

桜井茶臼山古墳は、全長二七〇メートル。「柄鏡式《えかがみしき》」と呼ばれる特徴ある墳形で知られる。陵墓に指定されず、国史跡。昭和二十四年（一九四九）と翌年に墳丘部が調査され、竪穴式《たてあなしき》石室が確認され、「王者の持ち物」をほうふつさせる玉杖《ぎょくじょう》、玉葉《ぎょくよう》と呼ばれる碧玉《へきぎょく》製品、埴輪《はにわ》の元祖といっていい底部に丸い穴の開いた二重口縁壺《にじゅうこうえんつぼ》などが出土していた。

平成二十一年（二〇〇九）に再調査され、後円部墳頂の方形壇を取り囲んでいた「丸太垣」の跡、金よりも高価だったといわれる水銀朱を二〇〇キログラム以上も使用していたこと、十一種八一面に及ぶ銅鏡の埋納などを確認した。銅鏡のうち三角縁神獣鏡は二六面（三二％）を数えた。埋納銅鏡はその後の破片調査で一〇〇面を超えていたことが判明した。

　メスリ山古墳は、阿倍《あべ》丘陵の南端にあたる桜井市高田にある。全長二二四メートル。高さ最大二四〇センチもある巨大円筒埴輪や、長さ一八二センチもある「鉄製の弓」、二〇本の鉄刀、二三六本の銅鏃、二一二本の槍先など大量の武具類の出土で知られる。

　六基の巨大古墳の築造時期は、三—四世紀代とされる。一番最初に造られたのは箸墓古墳。近年は三世紀初頭に遡るとの見解も。この時期にこれほどの規模の大古墳が集中して造営されたところは、日本列島中、三輪山周辺地域以

60 年ぶりの再調査で掘り出された桜井茶臼山古墳の石室。現地説明会には多くの人が訪れた（2009 年 11 月）

外にはない。また、箸墓古墳より早い時期に造られた全長二〇〇《メートル》を超えるような巨大古墳は、全国どこにもない。つまり、箸墓古墳は日本列島で最初に出現した巨大古墳であり、三輪山周辺の六基の巨大古墳は列島最初の巨大古墳集団なのである。

　土や石や焼きもので作られたから腐らず、焼けず残った古墳は、多くの情報をいまに伝える。「巨大」とか「豪華」とかいうだけの情報も、富や権力との関りでは大きな意味をもつ。仁徳天皇陵（大山《だいせん》古墳＝大阪府堺市）の造営は、ピーク時二〇〇〇人が、一日八時間労働で週一日休みのペースで作業に当たったとして一五年八カ月を要した、という建設会社の計算もある。古墳の築造は大土木工事だった。大勢の作業員を動員する富と権力がなければできることではなかった。

　六基の巨大古墳は、三―四世紀に列島で最も強大な富と権力を持つ集団（勢力）が一定期間近くに存在した、という動かしがたい事実を物語っている。それも他の地域から飛び抜けて強大だったことをうかがわせる。この地に、列島最初の大王権が出現した、と考えないわけにはいかない。

　書記によると、崇神天皇は御肇国天皇《はつくにしらすすめらみこと》と尊称された。「初めて国を統治した天皇」、つまり「初代天皇」という意味をもつ。実は、日本書紀には、二人のハックニシラススメラミコトが登場する。あと一人は神武《じんむ》天皇で「始馭天下之天皇」と表記する。

　崇神天皇を、神武天皇とともに「最初の天皇」とする意味は何なのだろうか。三輪山の神を祀り、全国各地に「四道将軍」を送って国の統治を進めたという崇神紀の話の大筋と、三輪山周辺地域には列島最初の巨大古墳が集中するという考古学的事実を突き合わせると、三輪山周辺地域こそ列島最初の巨大権力者が登場した土地、と考えざるを得ない。「崇神王朝」、「三輪王朝」とも、「大和政権」とも呼ばれてきた。いまは、「三輪王権」「初期ヤマト政権」などと呼ばれることが多い。崇神天皇の宮居は磯城瑞籬宮《しきのみずかき》だったとする。三輪山西南麓の志貴御県坐神社《しきのみあがたにます》付近（桜井市金屋）と伝承する。

纒向遺跡

日本書紀によると、十一代・垂仁《すいにん》天皇の宮は纒向珠城宮《まきむくのたまきのみや》、十二代・景行《けいこう》天皇の宮は纒向《まきむくの》日代宮《ひしろのみや》、どちらも纒向の地に営まれた。ＪＲ桜井線の巻向《まきむく》駅周辺に、注目すべき一大集落遺跡が広がる。纒向遺跡である。辻、巻野内、箸中、太田、草川、大豆越、東田《ひがいだ》地区などにまたがる直径一・五キロほどが遺跡の範囲。早くから土器や石器の出土が報告され、太田遺跡と呼ばれていたが、昭和四十六年から五年間にわたって行われた県営住宅と小学校建設に伴う調査で、大量の遺構や遺物が出土、一躍注目を集め、遺跡名も改められた。

検出された遺構は、河川敷、溝跡、多数の土壙《どこう》（穴）、掘立建物跡など。土壙は、完形土器や木製品が詰ったものが多く、祭祀に用いた用具を一括して埋納した穴と考えられている。ヒノキの矢板《やいた》で丁寧に護岸工事を施した幅五メートルの大溝もあった。用いられた矢板は推定一万枚以上。

　出土土器は南関東から東海、山陰、瀬戸内地方まで全国各地から運び込まれてきたものだった。遠隔地からはるばる、それぞれの地方の食器と食文化を携えた人々が集まっていたことを物語った。同遺跡を掘り、その重要性を最初に指摘した橿原考古学研究所の石野博信氏は、この纒向の集落に「都市の成立」を見る。全国各地から人々が集まっていたらしいこと、運河とも考えられる大溝が存在すること、集落が突如として出現すること、当時一般的だった竪穴《たてあな》式住居が見当たらないこと——などが根拠。

　三輪山のふもとに、巨大前方後円墳と軌を一にして登場した「都市」。それは、初期大和政権の都、つまり、わが国最初の王都と考えないわけにはいかない。「珠城宮」も「日代宮」も遺跡内に営まれていたのかもしれない。

　平成二十一年、巻向駅の西側すぐのところで大型建物遺構が検出された。南北一九・二メートル×東西一二・四メートル。床面積二三八・〇八平方メートルの掘立柱建物で、柱は直径三〇センチ程の丸材を用いていた。主軸（中心線）は東西方向で、柵《さく》列（杭《くい》列）に囲まれた東西一五〇メートル、南北一〇〇メートル程の区域に少なくとも四棟が整然と建ち並んでいた。構築時期は三世紀前半と判断され、「邪馬台国の時代」に機能していた大型建物跡の出現となった。マスコミはこぞって、「卑弥呼時代最大の建物跡」「邪馬台国の中枢か」「卑弥呼の宮殿か」「勢いづく畿内説」などと報じた。

最古の古墳、定形化した最初の前方後円墳

とされる箸墓（箸中）古墳も纒向遺跡内にあ

纒向遺跡から出土した大型建物遺構
（2009 年 10 月の現地説明会）

三輪山にいだかれるように築かれた箸墓古墳（桜井市箸中）

る。

崇神紀によると、倭迹迹日百襲姫《やまとととびももそひめ》のもとに夜な夜な通ってくる男の正体は美しい小さな紐のような蛇《へび》で、御諸山《みもろ》の神だった。姫は御諸山を仰ぎ見て急に座ったところ、箸が陰部に突き刺さり、命を落としてしまった。大市《おおいち》に葬った。その墓を名づけて箸墓《はしはか》といった。昼は人が作り、夜は神が作った。大坂山の石を運んだ。人々は一列に並び、手から手へ渡して運んだ――。

御諸山（三輪山）の神と倭迹迹日百襲姫とのロマンスを伝え「三輪山神婚譚」と呼ばれる三輪山伝承である。百襲姫は崇神天皇の叔母とされる。崇神王朝、三輪王権と纏向の地は切り離せない。邪馬台国が三輪・纏向の地でヤマト政権＝大和朝廷に成長した、と推察していいのではなかろうか。

任那国朝貢

日本書紀は崇神天皇六十五年条に次のように記す。

秋七月、任那《みまな》国が蘇那曷叱知《そなかしち》を遣わして朝貢してきた。任那国は筑紫国を去ること二千余里、北の方の海を隔てて鶏林《しらき》の西南にある。

〈巻第五・崇神天皇〉

日本書紀が記す最初の対外交渉記事でもある。そこになぜか任那国が登場する。御間城《みまき》入彦《いりひこ》が呼名の崇神天皇の条の最後にとってつけたようにである。

次の垂仁天皇二年条に次のような記事がある。

任那人の蘇那曷叱知が「国に帰ります」と申し出た。赤絹一百匹を持たせて任那王に賜わった。

〈巻第六・垂仁天皇〉

次いで、額に角が生えた人が越国の笥飯浦《けひのうら》（福井県敦賀市の気比神社付近）にやってきたという一書の伝えを載せる。「意富加羅国《おほからこきし》の王の子、都怒我阿羅斯等《つぬあらしと》」と名乗った。阿羅斯等に対し「道に迷うことなくもう少し早くやってきていたら先皇にお会いできたろうに。おまえの本国の名を改め、御間城天皇の御名を追負して国の名としなさい」と言った。それで、意富加羅国が弥摩那国《みまなのくに》というようになった——。

ミマナの天皇—辰王

騎馬民族征服説の江上波夫氏は、『騎馬民族国家』（中公新書）の中で、任那のミマが崇神天皇の呼名、御間城入彦のミマから出ているというこの所伝に注目する。「しかしたぶんそれは逆で、崇神天皇のミマこそ任那から出ているとみるべきだろう」と述べる。

「御間城天皇とはミマの宮城に居住した天皇」と解釈。「崇神天皇はミマという地方にあった宮城に居住していた」と推定した。ミマナとは王や君主や主君の国を現わす朝鮮語であり、崇神天皇の居城のあったミマは南部朝鮮のミマナのことだったと考えた。

そこには天皇の直轄領である宮家が置かれることになるのだが、崇神天皇はそのミマナから出発、海を渡り北九州に進撃し、占領した。これが「天孫降臨」であり「第一回の日本建国」、応神天皇の時代になって畿内に進出（神武東征説話になる）して第二回の日本建国（大和朝廷の樹立）を成し遂げた――とした。騎馬民族征服説の根幹をなす。

江上氏は述べる。三韓の時代、馬韓の月氏国にいて、辰韓と弁韓の一二国を統属していた辰王が倭韓連合王国の王になった。それが崇神天皇である――と。また、『旧唐書』の「東夷伝」に「或《あ》いは言う、日本旧《も》と小国、倭国之地を併す」とあるのはこの崇神天皇を代表とする天神族が任那から九州の筑紫へ進出したことを指す――と。また、『旧唐書』の「東夷伝」には「日本国は倭国の別種也」ともあるが、南部朝鮮の弁韓＝任那の加羅の倭人が日本国の元になったことを示唆している――とも述べる。

「要するに、辰王系の任那の王が加羅を作戦基地として、そこにおける倭人の協力のもとに筑紫に侵寇したのが崇神の肇国《ちょうこく》事業である」とする。それが、崇神天皇がもう一人のハツクニシラススメラミコト（御肇国天皇）と尊称されるゆえんであるとも説く。

年代について江上氏は、三世紀後半に辰王の勢力が衰退をはじめ、四世紀になると前半に百済が建国、後半に新羅が建国されたが、こうした中で四世紀初めぐらいに崇神の筑紫侵寇があったのではないかとみる。ちなみに、応神の北九州から畿内への進出は四世紀末から五世紀はじめとみる。

さて、この江上氏の騎馬民族征服説によると、三輪・纒向の立場はどうなるのか。崇神王朝＝三輪王権＝初期ヤマト政権は四世紀前半に成立したとされるのだが、江上説では、同時期の政権の中枢は北九州に存在したとみており、崇神天皇と三輪・纒向とのつながりについてはほぼ無視される。

このあたり難しいところだが、四世紀前半、南朝鮮から北九州に侵攻した崇神こと辰王は、北九州にほとんどとどまることなしに一気に大和へ進出、邪馬台国の女王がいた三輪・纒向の地を征圧して新王権を樹立した、とも考えられるのではないだろうか。もしかすると、ミワ（三輪）と任那のミマは通じるのかもしれない。ミマナの語幹はミマで、主君や王を意味するとされるが、ミワはミマにほかならないのかもしれない。

ミマナは存在しなかった

任那は、韓（朝鮮）半島南部にあった地名と解釈されることが多い。つまり、加耶諸国のことを指すとの解釈である。これに対して田中俊明氏は、日本列島とはやくから交流があり、友好的な関係が長く続いた半島東南端の金官国（金官加耶）を構成する邑のひとつではなかったか、と推測する。加耶諸国全体をさす語ではない、とみる。

その上で、「日本では『任那』ときけば、朝鮮半島にあった諸小国を思いうかべるだけでなく、ことに少し年配の人であれば、日本がかつて支配した地域のことであると考えるのではないだろうか。日本の古代史学界におけるかつての通説では、日本に四世紀後半に朝鮮半島に出兵し、南部の諸国を平定して領土とし、そこを直轄地ミヤケとして、植民地的に支配・経営した。その統括のために現地におかれた機関が『任那日本府』であり、その支配は、五六二年の『任那日本府の滅亡』までつづいた、としてきた」と、『大加耶連盟の興亡と「任那」』(吉川弘文館、1992年)に書く。

半島の史料では、五世紀初めの「広開土王(好太王)碑」の銘文に「任那加羅」とみえ、実在した地名とみなしていい。

加耶地方の風景。
㊤金官国のあった慶尚南道・金海市と㊦洛東江

加耶諸国の略図

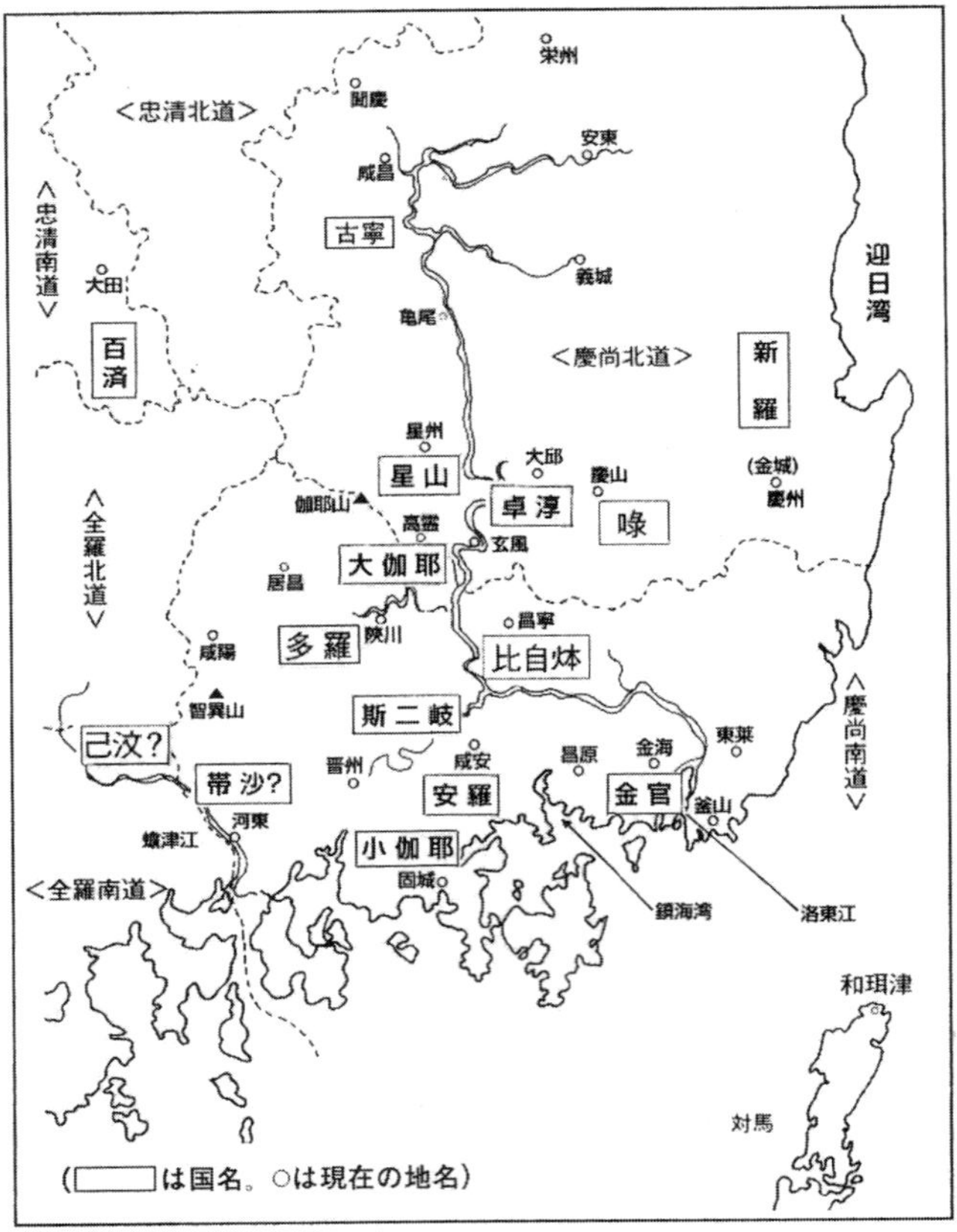

しかし田中氏は、「任那」とは金官国をさすものとみなしながらも、半島南部を支配・経営した「任那」や「任那日本府」の存在を否定し、「『任那』に特殊な語感が残るかぎり、『任那』という語を、古代の日朝関係を叙述するうえで、使うべきでないと考える」と述べる（同書）。

日本国家の起源と深く関わる半島南部の「任那」について本書は、幾編かにわたって繰り返し取り上げ、考察していくことになるだろう。

ツヌガアラシト・アメノヒボコ・ヒメコソ

都怒我阿羅斯等と天之日矛

垂仁紀の都怒我阿羅斯等（ツヌガアラシト）来朝の記事には、もう一つの一書の伝を付記する。次のような伝えである。

ツヌガアラシト像
（敦賀駅前）

都怒我阿羅斯等《つぬがあらしと》が国にいる時、飼っていた牛が村人らに殺して食べられてしまった。その代償に白い石をもらった。持ち帰って寝室に置いておくと、白い石は美しい乙女になった。阿羅斯等は大いに喜んだが、留守にしている間に乙女はいなくなった。

乙女は、難波に来て、日売許會社《ひめこそのやしろ》の神になった。また豊国の国前《くにさき》郡の比売語會社の神になった。

〈巻第六・垂仁天皇〉

『古事記』応神天皇段には次のような記事がある。

新羅の国に阿具沼《あぐぬま》という沼があった。その沼のほとりで、一人の女《をみな》が昼寝の最中に妊身《はら》んで赤玉を生んだ。様子を見ていた一人の男がその玉を乞い貰《もら》って常に腰に着けていた。

男は山谷に田をもっていた。耕作人たちの食べ物を牛に背負わせて山谷に入った時、国守の子である天之日矛《あめのひぼこ》に出遭った天之日矛は
「なぜ飲食《おしもつ》を牛に背負わせて山谷に入る。この牛を殺して食うのだろう」

と問い詰めた。男は、

「ただ、田人《たびと》の食を運んでいるだけだ」

と抗弁したが、赦《ゆる》されず、腰の玉を渡してやっと赦された。

日矛はその玉を持ち帰って家に置いておいた。すると玉は美麗《うるわ》しい嬢女《おとめ》になったので、嬢女を妻とした。嬢女は日矛に尽くしたが、日矛は、そのうちに心奢《おご》って妻をののしるようになり、女は
「吾《あれ》は、あなたの妻となるべき女ではなかった。我が祖《おや》の国に行く」

と家出、難波にとどまった。

天之日矛は、妻が逃げたことを知り、海を渡り、難波に上陸しようとしたが渡《わたり》の神に塞えぎられて、多遅摩《たじま》国に上陸した。

二つの記事を突き合わせると、都怒我阿羅斯等は意富加羅《おほから》国の王の子とされるのに対し天之日矛は新羅の国主の子とされるなど相違点も多いが、内容は大変よく似ている。どちらにも牛が登場する。その牛は食べられたり食べられようとされたりする。代償に得た玉が美しい乙女になり、男は喜ぶ。しかし、や

がて乙女は男のもとを逃げ去り、海を渡って倭国へ行き、難波に着く。男は乙女を追い、倭国にやって来る。

日本書紀の都怒我阿羅斯等《つぬがあらしと》と古事記の天之《あめの》日矛《ひぼこ》は同一人物と考えざるを得ない。

但馬の出石と近江の吾名邑

垂仁紀は都怒我阿羅斯等の記事に続いて次のような天日槍《あめのひぼこ》の記事を載せる。

一説によると、新羅の王の子、天日槍《あめのひぼこ》は以前、播磨《はりま》国に碇泊し、宍粟邑《しそうむら》に居た。天皇の使者に対して天日槍は、

「僕《やつこ》は新羅国の王の子《こきし》です。日本国に聖皇がおられると聞き、やって参りました」

と答えた。そして、葉細《はほそ》の珠、足高《あしだか》の玉、鵜鹿鹿《うかか》の赤石の珠、出石《いずし》の刀子《とうす》、出石の槍《ほこ》、日鏡、熊の神籬《ひもろぎ》、胆狭浅《いささ》の大刀の合わせて八つを貢献した。

そして

「もしお許しいただけるなら、私がみずから諸国を巡り見て、心にかなったところを賜りたい」

と願い出た。天皇は即座に許した。

そこで天日槍は、菟道《うじ》川をさかのぼって近江国吾名邑《あなむら》に行き、しばらく住んだ。さらに、近江より若狭《わかさ》国を経て、西の方の但馬《たじま》国に至り、居所を定めた。

〈巻第六・垂仁天皇〉

天日槍は、但馬国に落ち着いた。拠点としたのは出石《いずし》だった。兵庫県豊岡市出石町宮内

出石神社。アメノヒボコを祀る
（兵庫県豊岡市）

には出石神社（伊豆志坐神社）があり、アメノヒボコを祀る。但馬の国の一の宮で「一宮《いっきゅう》さん」と崇敬されている。

豊岡市瀬戸の円山《まるやま》川河口にある「瀬戸の切戸」と呼ばれる水路は、アメノヒボコが川の両側にそそり立った岩を削り、作ったという伝説が地元にある、。この「瀬戸の切戸」の掘削によって、沼地だった豊岡平野を豊かな耕作地に一変させたとも伝える。アメノヒボコは「但馬開拓の祖神」とされる。

滋賀県蒲生郡竜王町綾戸に苗村《なむら》神社がある。延喜式内の古社、長寸《なむら》神社に相当するとされる。東西に二つの本殿を持ち、桧皮葺きの立派な社殿が居並ぶ。氏子は三十三カ村に及ぶという大社だが、「苗村」は、垂仁紀で天日槍がしばらく住んだと伝える「吾名邑」が訛ったもののようである。

「吾名」は朝鮮半島南部にあった古代国家、安羅（安那）のことらしい。漢、綾、穴などとも表記したらしい。苗村神社のある大字名の綾戸も吾名や安羅に通じているのだろう。苗村神社の西五キロ程には鏡山（二一八五メートル）

苗村（長寸）神社。「吾名邑」伝承地にある（滋賀県竜王町）

があり、その麓（蒲生郡竜王町鏡）には天日槍を祭神とする鏡神社が鎮座する。周辺からは須恵器を焼いた古窯がたくさん発掘されていて、古代の陶器（須恵器）生産集団が居住していたことを示す。「近江国の鏡村の谷《はざま》の陶人《すえびと》は天日槍に従っていた者たちであった」とする書紀の記事通りなのである。

日売許曾社

古事記の応神天皇の段と日本書紀の垂仁紀に登場する玉から生まれた美しい乙女は、ともに男のもとから逃げ出して日本に渡航、難波へやってきた——。乙女に逃げられた男は古事記は天日矛、日本書記は都怒我阿羅斯等。二つの記事からもアメノヒボコとツヌガアラシトは同一人物だったらしいことが推測

日売許曾神社（大阪市東成区）

できることは既に書いた。

大阪市東成区東小橋三丁目に日売許曾《ひめこそ》神社がある。ＪＲと近鉄の鶴橋駅の東北すぐ。西北六〇〇メートルほどにある真田《さなだ》山から移遷されたもので、真田山は姫山とも呼ばれた、という。この日売許曾神社の祭神は阿加流比売《あかるひめ》神とも下照比売《したてるひめ》ともいわれるが、男のもとから逃げてきた乙女である。国東《くにさき》半島（大分県）の姫島（東国東郡姫島村）にも書紀の記述通り女神を祭る日売許曾神社がある。

大阪市内には西淀川区姫島町に姫島神社、中央区高津町に高津神社、東住吉区喜蓮町に楯原神社、平野区平野東町に赤留比売神社があり、いずれもアカルヒメを祭神とするが、アカルヒメ（阿加流比売）とは、「カラヒメ」のことともいわれる。

タジマモリ

古事記は、天日矛の子孫に多遅摩毛里《もり》がい

たと伝える。日本書紀では、天日槍から四代目に田道間守《たじまもり》がいたと伝える。古事記では多遅摩毛里、日本書紀では田道間守と表記するタジマモリは、「トキジクノカグノミ」を求めて「常世《とこよ》の国」へ行ったエピソードで知られる。

垂仁紀によると、田道間守は、天皇から常世国《とこよのくに》の「非時《ときじく》の香菓《かぐのみ》」を取ってくるように申し付けられた。十年後、田道間守は無事帰国、「非時の香菓」を持ち帰ったが、天皇は半年前に亡くなっていた。田道間守は大いに悲しみ、天皇の陵に参拝して大声で泣き叫んで殉死した、と伝える。

「非時の香菓」とは、ミカンのことだろうかともいわれる。垂仁天皇陵は、いま奈良市尼辻町にある前方後円墳の宝来山古墳（全長二二七メートル）とされ、周濠の中にいつごろ造られたものか、田道間守の墓と伝える小島がポツンと浮かんでいる。

気比大神

応神紀に、応神天皇の本名が誉田天皇であることについて、次のような記事がある。

一説によれば、（応神天皇が）太子となれて越国《こしくに》に行き、角鹿《つぬか》の笥飯大神《けいのおおかみ》と互いに名を交換した。大神を名付けて去来紗《いざさ》別神《わけのかみ》といい、太子を誉田別尊《ほむたわけのみこと》と名付けたといわれる。

〈巻第十応神天皇〉

笥飯大神を祀る越国の角鹿といえば、垂仁紀によれば、額に角のようなものがあった意富加羅《おほからの》王子、都怒我阿羅斯等《つぬがあらしと》（ツヌガアラシト）がやってきたところで、その地を名付けて角鹿（ツヌガ）というようになった、とする。福井県敦賀市にはツヌガアラシト

ツヌガアラシトの漂着地の笥飯《けひ》浦があったとされる敦賀湾（福井県敦賀市）

ツヌガアラシトを祀る気比神宮（敦賀市）

の漂着地の笥飯《けひ》浦とされる気比松原海岸があり、気比《けひ》神宮（笥飯《けひ》宮）がある。

　気比神宮は越前国の一の宮、境内にある七社が『延喜式』の名神大社《みょうじんたいしゃ》で、祭神は伊奢沙別命《いざさわけのみこと》のほか仲哀《ちゅうあい》天皇、神功皇后、応神天皇ら。摂社に都怒我阿羅斯等《つぬがあらしと》を祭神とする角鹿神社がある。

　主祭神の伊奢沙別命《いざさわけのみこと》、すなわち気比大神（笥飯大神）はアメノヒボコのことだろう、との見解を示す研究者は多い。そうだとすると、応神天皇と名前を交換した気比大神はアメノヒボコで、応神天皇の誉田別という男はもとはアメノヒボコのことだった、ということにもなり、大変ややこしい。

　ツヌガアラシトとアメノヒボコは〝同一人物〟、そして、応神天皇と特に強いつながりをもつ。それは古代における北近畿と朝鮮半島との強いつながり、交流を示唆するといえる。

神功皇后の「三韓征伐」

「新羅を討ちしたがへん」

神功皇后のいわゆる「三韓征伐」。戦前の国定教科書『尋常小学國史』（文部省）では次のように書いていた。

仲哀《ちゅうあい》天皇の皇后を神功皇后と申し、御生れつき賢《かしこ》くをしくましませり。天皇の御代に熊襲またそむきしかば、天皇は皇后と共に九州にみゆきして之を討ちたまひしが、いまだ平がざるうちにかくれたまへり。

此の頃朝鮮には新羅《しらぎ》、百済《くだら》、高麗《こま》の三国ありて、之を三韓《さんかん》といへり。中にも新羅は最《もっと》も我が国に近く、且《かつ》その勢強かりき。されば皇后は、まづ新羅をしたがへなば、熊襲はおのづから平がんとおぼしめし、武内《たけうちの》宿禰《すくね》とはかり、御みづから兵をひきゐて新羅を討ちたまふ。時に紀元八百六十年なり。

皇后は御出発《ごしゅっぱつ》の前、香椎《かしひ》の海べに出で、御髪を解《と》き海水にて洗《あら》ひたまひて、男の如くみづらといふ髪のふうにゆひ、人々に向ひたまひて、「われ今かりに男のすがたになりて軍をひきゐ、神々の御たすけと汝等の力とによりて新羅を討ちしたがへん。」と仰せられしに、武内宿禰をはじめ一同つ

香椎神社（橿日宮）にある
武内宿祢像（福岡市東区）

つしみて、「仰にしたがふべし」と答へたてまつれり。

　皇后舟いくさをひきゐて対馬にわたり、それより新羅におしよせたまふ。軍船《いくさぶね》海にみちみちて御勢すこぶる盛なりしかば、新羅王大いに恐れていはく「東の方に日本といふ神国《しんこく》ありて、天皇といふすぐれたる君いますと聞く。今来れるは必ず日本の神兵ならん。いかでかふせぎ得べき」とただちに白旗《しろはた》をあげて降参し、皇后の御前にちかひて「たとひ太陽《たいやう》西より出で、川の水さかさまに流るる時ありとも、毎年の貢《みつぎ》はおこたり申さじ」といへり。やがて皇后凱旋《がいせん》したまひしが、其後百済、高麗の二国もまた我が国にしたがへり。


「三韓征伐」

日本書紀では、仲哀天皇九年十月のこととされる。北九州の橿日宮にいた仲哀天皇は、「新羅国を討て」とする神託に疑いの気持ちを持ったために神の怒りで急死した。しかし神功皇后は、改めて表筒男《うわつつのお》・中筒男《なかつつのお》・底筒男《そこつつのお》の三神の神託を聞き、「私は西方の財《たから》の国を求めたい」と、臨月を迎えていたにもかかわらず、石を腰にさしはさみ、軍船に乗り伊都県《いとのあがた》（福岡県）から対馬の和珥津を経て新羅国へ攻め入った、と書いている。

「風の神は風を起こし、波の神は波を起こして、海の中の大魚が悉く浮かんで船を扶《たす》けた。船を載せた波が遠く新羅の国の中にまで満ちおよんだ」とも書く。新羅の王は「いまだかつて海水が国の中に満ちおよんだことを聞いたことがない」と恐れおののき降伏したとする。

金、銀、彩色、綾、羅など多くの財宝を八十艘の船に乗せて凱旋した神功皇后は、筑紫の宇瀰《うみ》（福岡県宇美町の宇美神社付近とされる）で、誉田天皇（応神天皇）を産んだ―と書いている。

いわゆる神功皇后の「三韓征伐」の物語である。新羅を討つことによって百済と高句麗も服属したと書く。

神功皇后が「三韓征伐」から戻って応神天皇を産んだ地とされる宇美神社（福岡県宇美町）

古事記にも同じような記述がある。神託を疑った仲哀天皇に対し神は「この天の下は汝の治むべき国ではない」と大いに怒り、天皇はにわかに亡くなったとする。書紀では、皇后に「腹中にある子がその国を得るであろう」と神託が下ったとしている。海を渡る船を神々や海の魚が大いに扶けたという話は大体同様である。

神功皇后は後世のおくり名、本名は気長《おきなが》足《たらし》姫尊《ひめのみこと》といった。父はオキナガスクネ王。書紀では、九代開化天皇の曾孫。古事記では、開化天皇の子が日子坐王《ひこいます》、その子が山代之大筒木真若王《やましろのおおつつきのまわか》、その子が迦邇米雷王《かにめいかづち》、その子が息長宿祢王《おきながすくね》だという。いわゆる息長一族の出ということになる。息長は近江の坂田郡を指す地名と解釈されることが多いのだが、息長真手王《おきながのまて》、息長足日広額（舒明）天皇など息長のつく古代史の重要人物は数多く、大きな謎をはらんでいる。

一方、母はカツラギノタカヌカヒメ（古事記では葛城高額比売る命）といった。古事記によると、天之日矛《あめのひぼこ》の五世の孫で、あの「非時《ときじく》の香菓《かぐのみ》」を探しに行った伝説の人、田道間守《たじまもり》の姪にあたる、とされる。

磐石の誓い

日本書紀の神功紀は、「三韓征伐」の記述に続いて「麛坂王《かごさか》」と忍熊王《おしくま》の謀略と「誉田別皇子（後の応神天皇）の立太子」の記述があり、また百済や新羅など半島南部の国々との外交記事が続く。

まず、神功皇后の摂政五年のこととして、

葛城襲津彦《かづらきのそつひこ》があざむきのあった新羅の使者三人を焼き殺し、新羅に攻め入って草羅城《さわらのさし》を攻め落としたとの記述がある。この時連れ帰った俘虜《ほりょ》が桑原、佐糜《さび》、高宮、忍海《おしぬみ》など四つの邑の漢人である―ともする。

　四十六年のこととして、斯摩宿祢を卓淳《とくじゅん》国に派遣した記述がある。卓淳の王は「百済の王は、東の貴い国と通交し、珍宝などを貢上したいと考えている」と告げた。これを聞いた斯摩宿祢が百済国へ使者を送ると、肖古王は大いに喜び、厚くもてなした―とする。

　翌四十七年、百済王は久氐《くてい》、弥州流《みするる》、莫古《まくこ》を派遣して朝貢してきた。新羅の調《みつき》の使いもともにやってきたが、新羅の貢物の方が圧倒的に良かった。百済の使いに問いただすと「新羅の人らが道に迷った私たちをとらえて、貢物を奪われ取り換えられました」と打ち明けた。そこで千熊長彦を新羅に遣わし、責めた―とする。

　二年後の神功四十九年、倭韓の新羅征討軍が卓淳に集結した。百済将軍の木羅斤資《もくらこんし》もいた。新羅を撃破、比自㶱《ひしほ》、南加羅、喙国《とくのくに》、安羅《あら》、多羅《たら》、卓淳、加羅《から》の七つの国を平定、枕弥多礼《とむたれ》を百済に賜わった。百済の肖古王と王子の貴須《くいす》も参戦、比利《ひり》、辟中《へきちゅう》、布弥支《ほむき》、半古《はんこ》の四つの邑も降伏した。大勝利だった―という。さらに、千熊長彦と百済王は百済の古沙山《こさのむれ》に登って、磐石《いわ》の上に坐り、百済王は「草を敷いて坐とすれば火に焼かれるだろう。木を切って坐とすれば水に流されるだろう。磐石に坐って誓えば永遠に朽ちることはない。以後、千秋万歳、西蕃として朝貢する」

と、倭国への従属を誓った—とする。「磐石の誓い」、日済同盟の成立でもあった。

神功五十二年には久氐らが、「七枝刀《ななつさやのたち》一口・七子鏡《ななつこのかがみ》一面および種々の重宝」を大和朝廷に献上した、という記事がある。（七枝刀・七子鏡については次編で詳しく述べる）。

さらに、神功五十五年に肖古王が亡くなり、翌年貴須《きす》王が即位したこと、神功六十二年に新羅が朝貢しなかったこと、神功六十四年に貴須王が亡くなり枕流《くむる》王が即位したがその枕流王も翌年亡くなり、王子の阿花《あか》が幼少だったため叔父の辰斯《しんし》王が王位を奪って即位したことなどが続く。

神功紀は、その六十九年に皇后が磐余若桜宮で百歳で崩御するまでを記すが、そのほとんどを「百済記」を元にしたとみられる朝鮮関係の記事が占める。

「国威発揚の支柱」から「空疎なお伽話」へ

神功紀の「三韓征伐」の記事は、国定教科書にも大々的に掲載されたように、戦前は国威発揚の支柱ともなっていた。いわゆる皇国史観と大陸侵攻の正統性を国民に植え付けることに利用されたのである。教師用の国定教科書にも「神功皇后の征韓によりて、皇威遠く海外に輝き……」と、児童・生徒らに「征韓」の意義を強調するよう指示していた。

『神功皇后』（吉川弘文館「人物叢書」）を著した岡本堅次氏は、神功皇后の武力行使の目的は「金銀の国」の新羅の珍宝に対する物質的な欲望だったが、教師用国定教科書では「皇后は、常に動揺する半島内の平和を希望して征韓の軍を発しられた」と教えるよう指示していた、とも指摘、「まこと〝三韓征伐〟こそは、帝国主義的精神を培養するに最良の教材であった」と振り返る。

岡本氏は、神功紀のいわゆる「新羅親征物語」は「不合理・矛盾に満ちたものである」と切り捨てる。▽神託によって海外に国があることを初めて知ったというのは事実としてあり得ない▽進軍に関する地理が全く示されていない▽皇后の下で働いた将兵の名が一人も見えない▽年代を邪馬台国の女王卑弥呼の年代と合わせるために三世紀としているが、三世紀の魏の時代の朝鮮半島南部には馬韓五十余国、辰韓十二カ国、弁韓十二カ国があり、新羅や百済はまだなく、とんでもない誤り―などと指摘、親征物語を「空疎な物語」と結論づけている。

津田左右吉氏や池内宏氏も、極東情勢の分析や記紀の文献批判から神功皇后の征韓物語は歴史的事実でないと主張、戦後は多くの学者や研究者から「虚構」「作り話」として無視されるようになった。

ただ、岡本氏は倭王武の宋への上表文にもあるように、大和朝廷が四方に征服事業を展開し、天皇や皇族が軍を指揮したようなことがあり、伝説化したのではないか、とみる。つまり、新羅征伐の物語の主役である皇后を「伝説的人物」とみながらも、「この伝説は全然虚構であると考えることはできない。親征物語にかすかではあるが、事実の基礎が考えられると同様に、実在の人物が伝説化したとも考えられよう。新羅征伐と共にその主役たる皇后を百済・新羅勃興以前の人物とみたい」としている。

また、神功紀後半の百済との交渉を中心にした半島関係の記事については、一二〇年繰り下げた四世紀末から五世紀にかけての歴史的事実を多く含む、とみなす。

『日本の歴史1　神話から歴史へ』（中央公論社）の著者として知られる井上光貞氏は、神功皇后の「新羅征伐」の物語を「お伽話《とぎばなし》のよう」とする。「伝説であって、史実でないことは説明するまでもない」とも書く。ただ、『百済記』をもとに叙述されたものとみられる神功紀後半の大和朝廷の半島南部における軍事行動は「歴史上の動かすことのできない事実」との見解をとる。

四世紀、半島では、高句麗が東晋の楽浪郡

博多湾に向かって建つ筥崎宮。神功皇后と応神天皇を祀る（福岡市東区）

韓国慶尚北道の大邱《テグ》広域市。付近は卓淳国の故地と伝える

を滅ぼして領土を拡大し、馬韓地域は伯済《はくさい》が統一して百済国、辰韓地域は斯盧《しろ》国が統一して新羅国が成立するという動乱の時代だった。弁韓諸国と深いつながりがあった大和朝廷が、この弁韓の統治をめぐって百済、新羅と、「あるいは同盟し、あるいは戦いながら」激しく対決した、とみなす。

　百済と大和朝廷の国交を仲介したのは弁韓地域の北方にあった卓淳《たくじゅん》国だったとする。ここに日済両軍が集結し、勢いを得た百済の肖古王は三七一年、高句麗の都平壌に攻め入り故国原《ここくげん》王を戦死させた。そして、日本側は半島南部の七カ国を平定、四村を降伏させた、とする。卓淳国はいまの大邱《テグ》広域市付近にあった、と伝える。

「北の勢力」―佐保・佐紀政権

神功・応神の帰還

記紀によると、身重の身体で「三韓征伐」を果たした神功皇后は新羅から凱旋し、宇彌《うみ》で皇子を出産した。生まれた皇子は誉田別皇子、後の応神天皇だった。皇子は、母、神功皇后とともにヤマト（畿内）に帰還しようとした時、母違いの兄にあたる香《か》（隠）坂《さか》王と忍《おし》（押）熊《くま》王の反乱にあった。結果は、神功・応神側の大勝利となり、「応神王朝」、「河内王権」を確立した。古市・百舌鳥古墳群はこの王権が残したモニュメントで、その強大さを如実に物語る。

神功・応神の帰還は、九州から畿内に東遷し、従来からのヤマト王権を征圧し新王権を樹立したともとれる。仲哀天皇や神功皇后の実在を信じる研究者はほとんどないが、応神天皇については「実在が確実な最初の天皇」という評価が多い。

朝鮮半島と縁の深い神功皇后から生まれた応神は、北九州や朝鮮半島との強いつながりを推測せざるを得ない。「神武東遷伝承」や「騎馬民族征服王朝説」とも絡めて考えるべきなのかもしれない。

香坂王と忍熊王

神功・応神軍を迎えうつことになった香坂

王と忍熊王の兄弟は、上陸を阻止しようと大阪湾岸を固め、兵庫県赤石（明石）付近では天皇の陵を造るふりをして兵を待機させた、と伝える。ところが、兄の香坂王は兎我野《とがの》（いまの大阪・梅田付近に推定）で、戦勝祈願の祈狩《うけいがり》の最中、急に飛び出してきた赤猪に襲われ、食い殺されたという。

　日本書紀によると、神功・応神軍は船団を紀伊水門（紀伊水道）に停泊させ、難波を目指して何度も上陸作戦を試みたが、船が湾内をぐるぐる回って前へ進まなかった。占ったところ、天照《あまてらす》大神は「我が荒魂《あらみたま》を祭れ」という。そこで、廣田《ひろた》、活田《いくた》、長田《ながた》の地に鎮め祭った。また、表筒男《うわつつのお》・中筒男《なかつつのお》・底筒男《そこつつのお》の三柱の神を渟中倉《ぬなくら》の長峡《ながお》に祭ったら、平穏に航海できるようになった、と書く。西宮市大社町の廣田神社、神戸市生田区の生田神社、神戸市長田区の長田神社、そして大阪市住吉区の住吉大社の社地がその故地に当たるとされる。

住吉大社。忍熊王は、神功・応神軍を阻止しようと陣を構えるが、やがて応神王朝の聖地となる（大阪市住吉区）

神功・応神軍は総攻撃に出た。忍熊王は菟道《うじ》(宇治)まで退却した。両軍は菟道川(宇治川)をはさんで対峙した。が、勝負はあっけない幕切れとなった。神功・応神軍の武内宿禰が「幼い王（誉田別皇子のこと）はあなたに従おうとしている」と講和を申し出、この言葉をまにうけた忍熊王が武器を河に投げ入れ、弓づるを切ったところ、控えの弓づるを髪の中に隠していた神功・応神軍の攻撃を受け、大敗を喫した、と書紀は書く。

忍熊王は菟道川を逆上って逃げた。近江の琵琶湖に出る。逢坂《おうさか》（大津市付近）での戦いでまた敗れ、狭狭浪《ささなみ》の栗林《くるす》（大津市膳所《ぜぜ》付近にあったと伝承する）での戦いでさらに多数の兵士が切られ、逃げ場を失った。最後は、瀬田の済《わたり》（大津市瀬田付近）に飛び込んで死んだ。遺骸は瀬田川を流れ下り、日数が経ってから下流の菟道川で発見されたとする。

この戦いを経て、神功・応神軍は大和入り

瀬田川。府県境を越えると宇治（菟道）川
（滋賀県大津市）

を果たし、磐余《いわれ》の宮を造って誉田別《ほむたわけ》皇子を皇太子に立てたとする。

塚口義信氏は、忍熊王の名は、奈良市押熊町などにその名をとどめる「忍熊《おしくま》里」に由来する、とみる。奈良市北部の新興住宅地、関西学術研究都市の京都府精華町のニュータウンと隣接するあたりだ。

塚口氏はまた、忍熊王の勢力基盤は、大和北部から山城南部、摂津、河内北部、近江、丹波にかけての地域（いまの奈良県北部、京都府南部、大阪府北部、兵庫県東南部、滋賀県など近畿地方中央部）にあり、四世紀の後半、奈良盆地北部に突如として登場した巨大古墳群—佐紀盾列《さきたたなみ》古墳群を築いた政治集団と一致するとみなす。

「佐紀政権」「佐紀王権」とも呼べるこの政治集団は四世紀後半、大和平野南部の三輪山周辺地域を拠点とした三輪王権（初期ヤマト王権）から倭国の覇権を引き継ぎ、木津《きづ》川（淀川）水系を掌握して突出した政治権力を形成していたとみる。そのことは、仲哀《ちゅうあい》の前の成務《せいむ》天皇の宮居が「近淡海《ちかつおうみ》の志賀の高穴穂宮《たかあなほのみや》」、そして葬られたのが佐紀盾列古墳群内（佐紀石塚山古墳）と伝承されていることなどからも推論できるとする。

麛坂王と忍熊王は、その「佐紀王権」、つまりヤマト王権の正統な後継者であったにもかかわらず、神功・応神に謀反を企てた反逆者とされた、と塚口氏は考える。〈塚口義信『ヤマト王権の謎をとく』（学生社）などによる〉

佐紀盾列古墳群

考古学的にみても、四世紀の後半から末ごろにかけて、列島内で最大規模の古墳の造成地が三輪山周辺地域から佐紀盾列古墳群に移ったことは間違いないところ。やがて五世紀になると河内の古市や百舌鳥《もず》に移る。

このことは、単に大和王権の葬地が移っただけとの解釈もなくはないが、纒向・三輪王権から佐紀・佐保王権、さらに河内（古市・百舌鳥）王権への政権交替を推測しても決して不自然ではない。

記紀では三つの王権の相克と解釈できる出来事をいくつか伝える。

その一つが、崇神《すじん》天皇の時代の出来事とされる「武埴安彦《たけはにやすびこ》の反乱」。大和の朝廷は、大津を発し、那羅《なら》山を越えて挑河《いどみかわ》（泉河《いずかわ》＝木津川）をはさんで対峙、反乱軍を撃破した、と書く。記事中には、羽振苑《はふりその》（京都府精華町祝園付近が伝承地）、我君《あぎ》（木津川市平尾の涌森付近が伝承地）、伽和羅《かわら》（京田辺市河原が伝承地）、樟葉《くすば》（大阪府枚方市樟葉が伝承地）など山城南部から北河内にかけての地名が多く見え、武埴安彦は、淀川・木津川流域の山城南部から北河内一帯が本拠地だったことをうかがわせる。

また、次の第十一代垂仁《すいにん》天皇の時代、皇后・狭《さ》穂《ほ》姫の兄狭穂彦《さほびこ》が謀反を企てたが、天皇は鎮圧軍を出し、狭穂姫は焼け落ちる稲城の中に入り兄と運命をともにした事件があったと伝える。

垂仁紀には大和平野北部地方に関わる話が多い。このエピソードに登場する狭穂姫・狭穂彦の「狭穂《さほ》」は「佐保《さほ》」のことらしい。エピソードをそのまま信じることはできないが、奈良市北部の佐保川流域あたりを本拠地とした勢力が大和平野東南部を本拠とした王権と武力で争った事実はあったのではないだろうか。

「佐保の勢力」の実体、実力などは分からない。ただ、このエピソードから、皇后を輩出するような立場、勢力があったことがうかがえる。謀反によって大王権をも狙える力を備えていた、とも読み取れる。

気になるのは、佐紀《さき》盾列《たたなみ》古墳群の存在である。平城宮跡北方の丘陵地に形成される大古墳群。書紀は成務《せいむ》天皇陵を「狭城盾列陵《さきのたたなみのみささぎ》」と記し、その名称はすでに奈良時代に存在したことは確実だ。全長二〇〇メートルを超す巨大前方後円墳だけで七基を数える。

西のグループは、神功《じんぐう》皇后陵（五社神《ごさし》古墳）、成務《せいむ》天皇陵（佐紀石塚山古墳）、日葉酢媛《ひばすひめ》陵（佐紀陵山《さきのみささぎやま》古墳）など。歌姫街道をはさんで東のグループは、磐之媛《いわのひめ》陵（ヒシアゲ古墳）、コナベ古墳、ウワナベ古墳などが横たわる。平城《へいぜい》天皇陵（市庭《いちにわ》古墳）も、平城宮の造営で前方部が削平されて円墳の形をしているが、本来は全長二五〇メートル程の前方後円墳だったことが、発掘調査で確認されている。

この佐紀盾列古墳群は、三輪山周辺地域に巨大古墳が次々と造営された時代に引き続く時代に造営が開始された。古墳の規模は一回り大きくなった。「河内王権」の古市《ふるいち》古墳群や百舌鳥《もず》古墳群と時代的に重なる古墳もあるが、少なくとも数十年間は、列島内で最も大きな古墳は、この古墳群内に造られた。つまり、一番の権力者が佐紀の地域に葬られた一時代があったのである。

先に造られた西のグループは「三輪王権」の後継者によって、新しい東のグループは「河内王権」によって造営されたと推測されてきた。和珥《わに》・春日《かすが》氏などの地元豪族勢力と結びつける考察もあった。

ところが、狭穂姫や狭穂彦の「佐保の勢力」

佐紀盾列古墳群（東部）。左上がヒシアゲ古墳（磐之媛陵）、中央がコナベ古墳、右がウワベ古墳（国土地理院）

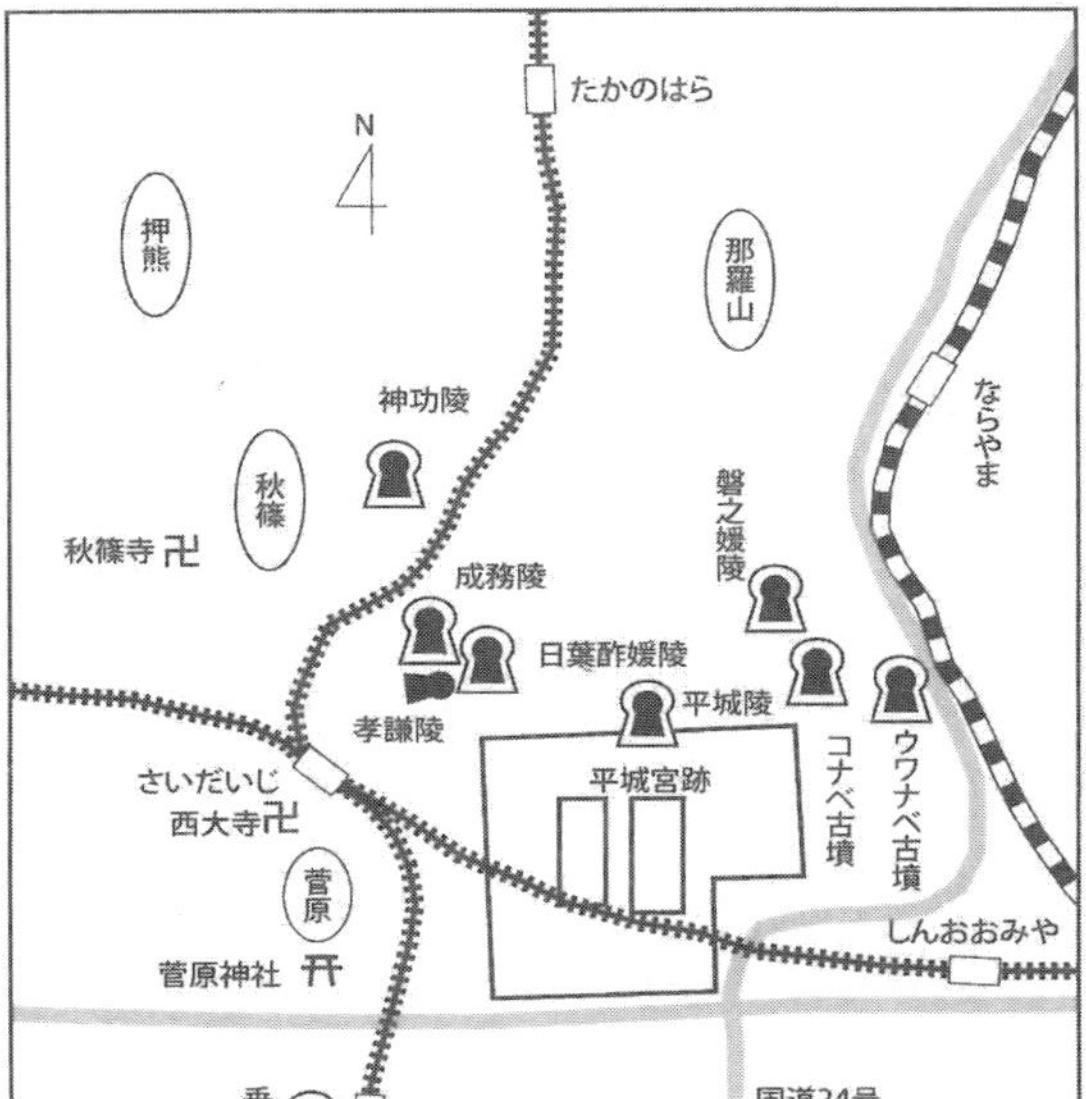

佐紀盾列古墳群

が、王権に匹敵する実力を備えていた歴史事実が存在したとすればどうだろうか。佐紀盾列古墳群を造った「佐紀王権」、あるいは「佐保王権」が存在した。佐保川流域に「もう一つの王権」があった、と考えざるを得ない。

狭穂姫は天皇に、後ガマのの後宮に、丹波（京都府、兵庫県）の娘五人を入れるように進言して、死んでいった。いかにも取ってつけたような話だが、事件から十数年経た後、五人の娘らを召して後宮に入れた、と垂仁紀は伝える。五番目の竹野媛だけ「容姿が醜い」との理由で送り返された。

一番年長の娘が日葉酢媛《ひばすひめ》。皇后になって景行天皇を生む。陵墓造営にあたり、殉死を禁止して初めて埴輪を立て並べた、との伝承があるが、その陵墓は佐紀陵山古墳（奈良市山陵町）に治定される。埴輪を発明した野見宿祢《のみのすくね》ゆかりの菅原の地は程近い。

書紀によると、垂仁天皇は百四歳まで長生きしたという。宮居は纏向珠城宮《まきむくのたまきのみや》、盆地東南部の纏向の地にあったとされるが、陵墓は佐紀盾列古墳群の続きといっていい奈良市尼辻町に治定されている。全長二二七メートルの壮大な前方後円墳の宝来山《ほうらいざん》古墳だ。

日葉酢媛が生んだ景行《けいこう》天皇を継いだのが成務《せいむ》天皇。成務には男子がなく、日本武尊《やまとたけるのみこと》（景行の子）の第二子、仲哀《ちゅうあい》天皇が次に即位したとする。この仲哀の皇后が九州で応神《おうじん》天皇を生んだ神功皇后である、とされるが、成務天皇陵も神功皇后陵も佐紀盾列古墳群内に治定されている。神功陵は全長二七五メートルもある超巨大古墳で、成務陵も二一八メートルを測る。

こうした古墳が、本当に宮内庁の治定通りであるか、確証はない。そもそも、成務、仲哀、神功の実在を認める研究者は少数派である。ただ、「三輪王権」に続く時代の巨大墳墓群が三輪山周辺地域から奈良市北方地域に移動したという考古学的事実と符合する。

筒形銅器・巴形銅器

佐紀盾列古墳群が造営された時期に出現した古墳副葬品として筒形銅器と巴形銅器がある―と古墳副葬品の共伴関係を追究する田中晋作氏（考古学）は熱く注目する。

筒形銅器は、直径二チ《セン》前後、長さ一三～一五チ《セン》前後の円筒形の銅器。何に用いられたかよく分かっていない。剣の柄やヤリ、鉾の石突《いしづき》である武器の部品とみる見方と特殊な杖などにつけた威儀具の一部とみる見方がある。列島では西日本を中心に約二五古墳から約七〇本が出土している。

朝鮮半島では洛東江下流域に集中して約二五基の古墳から出土している。大成洞古墳群（金海《キメ》市）、良洞里古墳群（同）、福泉洞古墳群（釜山市）に限定されており、いずれもかつての金官加耶地にあたる。

筒形銅器の副葬が始まった時期は、半島と列島で変わらない。ただ半島では一〇点ほどまとまって出土することがあるのに対し、列島では大古墳から小古墳まで幅広く一点ずつ副葬されているケースが多い。

筒形銅器と同時期の特異な副葬品に巴形銅器がある。盾と靫《ゆき》の飾り金具。列島内で一〇〇点近く出土している。半島でも

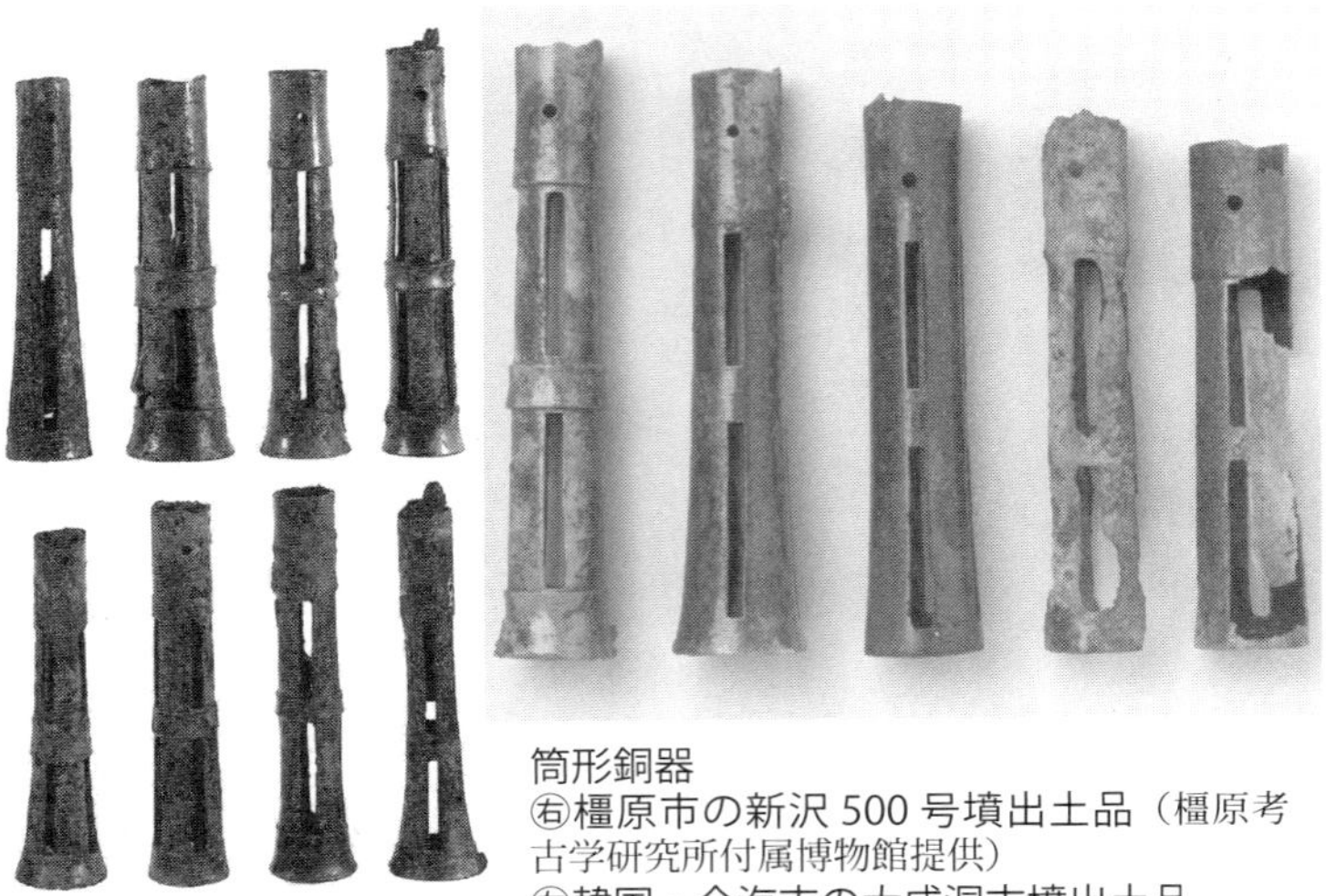

筒形銅器
㊨橿原市の新沢500号墳出土品（橿原考古学研究所付属博物館提供）
㊧韓国・金海市の大成洞古墳出土品

一九九〇年に始まった大成洞古墳群の調査で初めて出土して注目を集めるようになった。

筒形銅器と巴形銅器は、かつては日本列島独自の古墳副葬品と考えられてきたが、戦後、半島南部からの出土が相次ぎ、朝鮮半島から列島にもたらされたとの考え方が有力になった。

田中氏もまた、著書『筒形銅器と政権交替』（二〇〇九年、学生社）で、「筒形銅器は日本列島で製作されたのではなく、朝鮮半島南部からもたらされた」との見解をとっている。同書では、「畿内のある有力勢力が朝鮮半島から受け容れ、これを日本列島各地の勢力に供与した」との考えを示している。その勢力こそ佐紀盾列古墳群をつくった勢力であり、加耶と関係が深かった新興勢力、とみる。

田中氏はさらに同書で言う。「古墳時代前期半ばないし後半に、魏や西晋の滅亡に端を発した東アジアの社会的緊張に即応していくことのできた佐紀勢力の台頭によって、三輪政権の主導権が大きく揺らぐことになった。さらに混迷を極めた朝鮮半島情勢に対応して、急速な軍事政権化を推し進めたのが河内勢力だった」。

つまり、奈良盆地東南部にあった王権の中枢勢力は同盆地北・西部を経て大阪府の古市・百舌鳥（河内）へと移った、とみるのだ。

「北の勢力」「北の血」

既に書いたように、垂仁《すいにん》天皇の命を受けて常世《とこよ》の国に行った田道間守《たじまもり》は「非時の香菓《ときじくのかくのみ》」を持って帰ってきたが、天皇は既に亡くなっていた。田道間守は嘆き悲しみ、陵の前で泣き叫んで自害した。その陵と伝えるのが、奈

垂仁天皇陵（宝来山古墳）。濠にある小島を田道間守の墓と伝承する（奈良市尼辻町）

良市尼辻《あまがつじ》町にある宝来山古墳。濠に浮かぶ小島は田道間守の墓と伝える。

田道間守は但馬《たじま》国（兵庫県）と深く関わる、ということも「ツヌガアラシト・アメノヒボコ・ヒメコソ」編で詳しく書いた。父は清彦、その父は日楢杵《ひならき》、その父は但馬諸助《もろすく》。そして、諸助の父は新羅の王子、天日槍《あめのひぼこ》（天之日矛）だった。天日槍は菟道河《うじがわ》（宇治川）をさかのぼり近江国（滋賀県）の吾名邑《あなのむら》に入り、しばらく居た後、若狭《わかさ》（福井県）を経て但馬《たじま》国に入り、定住したとされる。兵庫県の豊岡市がその地とされる。

実は、神功皇后も北近畿と関係が深い。仲哀紀によると、仲哀天皇は熊襲征伐のために瀬戸内海を西進して穴戸（長門＝山口県）へ向かったのに対し、神功皇后は敦賀から日本海を西へ向かい穴戸の豊浦宮で合流したと書く。ここで住吉神の神託を受け、「新羅を討て」という神託を拒否した仲哀は急死し、信託を承諾した神功皇后は「朝鮮征伐」に向かったとする。

神功皇后の和風諡号は「息長帯比売命《おきながたらしひめのみこと》」、（書紀では「気長足姫尊」と書く）。父は息長宿祢王《おきながのすくね》とされ、息長氏の血を引く。息長氏は、山背（京都府南部）から興り、近江（滋賀県）を本拠とし、越前（福井県）や美濃（岐阜県）をバックに栄えた古代氏族だ。「北の勢力」である。天日槍や但馬清彦の血を引くと伝える。

応神天皇は、息長氏出身の神功皇后から生まれた。全国統一を成し遂げた最初の大王とされる雄略《ゆうりやく》天皇も息長氏出身の忍坂大中姫《おしさかのおおなかつひめ》から生まれた。その忍坂大中姫の兄弟から数えて「五世の孫」にあたるのが、王統断絶に際して登場した継体天皇だ。さらに七世紀になると、息長真手王《おきながのまて》の娘、広姫から生まれた押坂彦人大兄皇子《おしさかのひこひとおおえ》の子が舒明天皇となり、孫にあたるのが斉明天皇。そして舒明と斉明の間にできたのが天智、天武の兄弟とされる。

古代史に画期を成し、古代王権を確立した立役者たちは皆、不思議にも息長氏の血脈なのである。「北の血」を引く。

「北の勢力」、「北の血」とは何なのだろう。垂仁紀によると、タジマモリの祖、アメノヒボコは新羅の王子だった。垂仁紀はまた、アメノヒボコは角鹿（敦賀）の笥飯《けひ》の浦にやってきた頭に角のある人—ツヌガアラシトと同一人物のように書く。ツヌガアラシトは事情聴取に対して「オホカラからやってきた」と答えており、加羅（加耶）なのか新羅なのかよくわからないが、いずれにしても半島南部から海を渡ってきた人物（神）ということになっている。

北近畿には、半島渡来とみられる神を祀る神社がひしめく。滋賀県高島市には、新羅と関係がありそうだとみられる白木神社がある。

能坂利雄氏の『北陸古代王朝の謎』によると、敦賀半島突端立石岬には白木という集落があり、信露木彦神社を祀り、新羅からの渡来人が住みついたと伝えている。越と呼ばれた北陸地方には、朝鮮半島渡来のシラギ神やシラ神を祀る神社がたいへん多い。白い石、白い岩、白い動植物をご神体とすることも多かったらしい。『延喜式』神名帳には加賀国（石川県）石川郡の白山ヒメ神社、越前国（福井県）

敦賀郡の白城神社、信露貴彦《しらぎ》神社、能登国（石川県）能登郡の白比古神社、越中国（富山県）の白島神社などがみえる。

富雄丸山古墳

令和四年（二〇二二）、奈良市大和田町の富雄丸山古墳で、最古で最大の蛇行剣と類例のない鼉龍文盾形銅鏡《だりゅうもんたてがたどうきょう》が出土、世間を驚かせ、注目を集めた。

蛇行剣は、剣身が曲がりくねった鉄剣で、国内で八五例、朝鮮半島南部で四例が出土していたが、富雄丸山古墳の出土品は長さ二㍍三七㌢あった。従来の出土品で最大例は蛇行剣では八四・九㌢、鉄剣全体でも一㍍一五㌢だったから破格の大きさだった。レントゲン写真によると剣身は六回ほどくねっていた。

鼉龍文盾形銅鏡はまったく類例のない盾の形をした銅鏡だった。幅三一㌢、高さ六四㌢の青銅の板の裏側に、乳《にゅう》（小突起）をとり巻く鼉龍（中国の想像上の動物）を円形に四つ配置する文様を浮き彫りにしていた。各地で出土している円形の鼉龍鏡と同様の図像で、上下に二つ描かれていた。裏側はきわめて平滑に研磨され、鏡と分かった。

富雄丸山古墳は四世紀後半に築造された日本最大の円墳（直径一〇九㍍）として、これまでから注目されてきたが、二つの遺物の出土で極めて特異な古墳であることが明らかになった。

同古墳は奈良市西郊を北から南へ流れる富雄川沿いにある。「富雄」は大和の先住者とされる長髄彦《ながすねひこ》ゆかりの地である。日本書紀

富雄丸山古墳。長大な蛇行剣と鼉龍文《だりゅうもん》盾形銅鏡が出土した発掘現場（奈良市大和田町）＝奈良市教育委員会提供

の神武東征伝承によると、長髄彦は、河内に上陸しようとする神武軍と孔舎衛坂《くさえのさか》（生駒山西麓）で激しく戦って神武軍の熊野迂回を余儀なくさせた。神武に対し、「私は、むかし天磐船《あまのいわふね》にのって天降った天神《あまつかみ》の子、饒速日命《にぎはやひのみこと》に仕えている。饒速日命の妻、三炊屋媛《みかしやひめ》はわが妹」と自己紹介している。

饒速日命といえば、古代の大豪族、物部氏の祖神。物部氏が伝えた神話『旧事本記《くじほんき》』には、「天磐船《あまのいわふね》に載って河内国の河上哮峯《たけるのみね》に天降り、のち大倭《おおやまと》国の鳥見の白庭に遷《うつ》った」と記す。

神武が東征を決意したときにも、「東に青山が四周をめぐる美しい国がある。天磐船に乗って飛び降った者がいるというが、饒速日だろうか」と語ったとされ、どうやら神武に先がけて天降り、大和入りを果たした天神の子ということになる。その証拠品として、長髄彦が「天羽々矢《あまのはばや》」と「歩靫《かちゆき》」を見せ、神武を納得させた、とのエピソードもある。

磐船神社（交野市私市）

饒速日命が降臨したと伝承する地が大阪府交野市私市《きさいち》にある。富雄川の上流にあたる生駒市の田原の里から府県境を越えてすぐのところ。川の中に、直径一〇メートル以上の巨岩が累々と重なり合う。なかには二〇メートルもあり、命の乗ってきた磐船と言い伝える。しめ縄を張り、巨岩をご神体とした磐船神社がある。

鳥越憲三郎氏は、長髄彦とは物部氏のことにほかならないとみる。神武に反抗した大和の先住大勢力は、茶せんの里として有名な生駒市高山

から奈良市西郊を経て大和郡山市へと南流する富雄川沿いの鳥見地方に勢力を張った物部

矢田坐久志玉比古神社（大和郡山市矢田）

氏と推測するわけだ。

富雄川が大和平野に流れ出す位置に、饒速日命を祭神とする注目すべき神社二社が、川をはさんで鎮座する。ひとつは、奈良市石木町の登弥《とみ》神社。富雄川左岸の「白庭山」と伝承する丘陵上にある。あとひとつは、西南約二キロ、大和郡山市矢田にある矢田坐久志玉《やたにますくしたま》比古《ひこ》神社。「矢田の大宮」と呼ばれ、かつては、北大和全域の信仰を集めた、といわれる。

鳥越氏はこの地に特に着目、「大和の先住者、物部氏の本拠地だった矢田こそ邪馬台《やまたい》国の都のあったところ」と主張している。

好太王碑と七支刀

「倭以辛卯年来渡海」

北朝鮮（朝鮮民主主義人民共和国）と中国・東北部の国境を画する鴨緑江《こうりょくこう》（ヤールー川）中流の北岸にある輯安《しゅうあん》で明治十年代、高さ七メートルもある大きな石碑が発見された。四面に一七〇〇字を超える文字が刻まれていた。四世紀末から五世紀初めにかけて高句麗王だった広開土王（在位三九二—四一三年、好太王とも呼ばれる）の事蹟を綴っていた。「広開土王の碑」、あるいは「好太王の碑」と呼ばれる。

碑文には、「百残新羅舊是屬民、由来朝貢、而倭以辛卯年来渡海、破百殘□□□羅、以為臣民」とあった。

「辛卯年に、倭が海を渡ってやって来て、

㊤好太王碑（広開土王碑）
㊦その碑文

百残（百済）、□□□羅を負かして臣民とした」という内容だったと解釈されることが多い。「倭が、半島南端部の百済、任那（あるいは加羅）、新羅に出兵し、倭に臣属させた」と解釈するものである。辛卯年は三九一年のことだったとされる。

　日本書紀には、応神天皇三年（壬申年）のこととして次のような記事がある。応神三年は三九二年とされ、広開土王碑に見える辛卯年の翌年にあたる。

　百済の辰斯王が立って、天皇に対して礼を失した。そこで、紀角宿祢《きのつののすくね》、羽田矢代宿《はたのやしろのすく》祢《ね》、木菟宿祢《つくのすくね》を派遣して礼のないありさまを詰問した。百済国は辰斯《しんし》王を殺して謝罪した。紀角宿祢らは阿花を立て王として帰ってきた。

〈巻第十・応神天皇〉

末松保和氏の『任那興亡史』

　この日本書紀・応神三年の記事と好太王碑の碑文を結び付けて大和朝廷の朝鮮半島出兵を論じたのが学習院大学教授だった末松保和氏だった。

　末松氏は著書『任那興亡史』（一九四九年）で、「かの辛卯年の倭の渡海の結果の一半が、この百済王の交替となってあらわれたこと、碑文はことのはじめの年（辛卯）にかけて記し、書紀はことの結末の年（壬辰）にかけて記した」と解釈した。

　末松氏は、好太王碑文の欠失した三文字のうち三字目は「新」の字のツクリらしい跡がみえることから「新羅」の「新」とみ、上の二字は「任那」か「加羅」と推定、「この年、倭は百殘（百済）、任那（あるいは加羅）、そして新羅に及ぶ広大な地域に兵を出して、それらの国々と高句麗との宗属関係を打ち破り、新しく倭に臣属せしめたという意味」と解釈した。そして、この辛卯年こそ、倭が百済、新羅など南部朝鮮に権力を樹立した初めの年だったとみた。そして、翌三九二年にあたる応神紀三年条にみえる百済叱責と阿花王擁立という内政干渉にまで及んだ、とみたのだ。

末松氏はまた、好太王碑文にある辛卯年の「倭渡海」の記述は、応神紀の百済詰問の記述を金石文によって史実として裏付けるものと考え、この頃に倭が南鮮での権力樹立を達成したとみる一方で、倭と百済との交渉や従属関係はそれよりももっと早く進んでいた、とみた。

前編でも取り上げた神功紀後半の朝鮮との交渉記事は『百済記』など朝鮮の古記録を元に書いたとみられるが、その中の神功六十二年紀には新羅が朝貢しなかったので襲津彦《そつひこ》（『百済記』では沙至比跪）を遣わして新羅を撃とうとした—とある。ところが、襲津彦は新羅を攻めるどころか新羅がもたらした美女二人に惑い、逆に加羅国を攻めたので加羅国王は百済に奔入した—とする。この出来事は辛卯年のちょうど十年前にあたる。

書紀はまた、神功五十二年のこととして七枝刀一口・七子鏡一面が百済から献上されたという記事を載せる。この時、百済王父子が古沙山に登って磐石《いわ》の上で倭の千熊長彦に対し、「今より後、千秋萬歳、絶ゆることなく、西蕃として春秋に朝貢せん」と誓ったとする、いわゆる「磐石の誓い」が行われたとする。辛卯年からすると二〇年前にあたる。

神功四十六年、斯摩宿祢に卓淳国の王が「百済の王が倭との通交を強く望んでいる」と告げたことから倭と百済との接近が始まったとも書く。三年後の神功四十九年のこととして、倭国と百済国の将兵らが卓淳《たくじゅん》に集結、新羅を攻めた。そして、比自炑《ひしほ》、南加羅《ありひしのから》、喙国《とくのくに》、安羅《あら》、多羅《たら》、卓淳、加羅《から》の七つの国を平定、比利《ひり》、辟中《へきちゅう》、布弥支《ほむき》、半古《はんこ》の四つの邑が降伏するという大戦果を遂げた—とする。

末松氏は、こうした書紀の記述をもとに、好太王碑が記す「倭の渡海」の三十年以上前から倭（大和朝廷）は南鮮に進出していて、百済との親交を深めていたと考えた。そして、「日本と百済との関係の成立は、同時に任那の成立である」（『任那興亡史』）とした。

三国史記の『百済本記』によると、己巳年（三六九）の翌々年にあたる三七一年十月、百済は肖古王が太子（後の貴須王）とともに兵三万をもって高句麗に対し大規模な軍事行動を起こし、平壌城を攻めた。この戦で高句麗の故国原王は流矢に当たって死んだ—と伝える。

末松氏は、建国から半世紀も経たない新興の百済国が「かかる大規模な北方進出し、高句麗攻めを決行し得たのは、実にその前前年に実現された日本の出兵、そしてその出兵の結果を確認して行われた日本への盟誓によって、後顧の憂いから全く解放されたからではあるまいか」（同）と述べる。

こうした末松説は、学界で広く認められ、古代の日朝関係史を考える基本解釈となった。いわゆる「任那日本府説」の土台ともなり、日本（大和朝廷）が朝鮮半島南部の任那（加羅地方）をほぼ二世紀にわたって支配したとする日朝関係史の解釈の土台となる。

前編でも述べたように、井上光貞氏も神功紀の前半の「新羅征伐」はお伽噺《とぎばなし》のような物語とする一方、後半記事には史実性を認め、「四世紀後半に朝鮮半島への大規模な軍事行動が行われたことは、歴史上の動かすことのできない事実であった」（中央公論社『日本の歴史』1「神話から歴史へ」）との見解をとった。

ただ井上氏は、国土統一から完了してから朝鮮出兵がおこなわれたのではなく、「国土統一と朝鮮への出兵は同じ時期に並行して進んだ」と強調。そして、朝鮮への出兵により北方の強国高句麗の強大な軍事力を知ることになり、また日本より早く中国と通交していた百済国から多大な刺激を受けることになり国土統一を促進する契機となった、とも強調した。

つまり、崇神、垂仁、景行の三代にわたって進められた四道将軍の派遣、熊襲や蝦夷の征定、ヤマトタケルミコト西征や東征など記紀が伝える国土統一事業を否定、国土統一＝大和朝廷の成立は応神王朝の頃、五世紀の初めとみた。

七枝刀と七支刀

神功五十二年紀に登場する「七枝刀」が石上《いそのかみ》神宮の七支刀であるとする確証はない。だが、石上神宮の七支刀は、象嵌された銘文から朝鮮半島で制作されたものであることは疑えない。七支刀は七枝刀にあたる可能性は極めて高い、といえる。

七枝刀＝七枝刀ならば、神功紀の記事は金石文でその史実性が裏付けられることになる。神功紀後半に記述される一連の朝鮮半島との交渉記事も信憑性を増す。七支刀が、好太王碑とともに神功紀とのからみで注目されるゆえんである。

石上《いそのかみ》神宮は、天理市布留《ふる》町にあり、杉の古木に囲まれた境内は、神さびた雰囲気に満ちる。大和でも古社中の古社だ。

石上神宮（天理市布留町）

大和朝廷の武器庫だった、といわれる。日本書紀には、垂仁三十九年に五十瓊敷命《いにしきのみこと》が剣一千口を納入したこと、天武《てんむ》天皇三年（六七四）

に忍壁《おさかべ》皇子が神宮に派遣され神宝を磨いたことなどが記される。また、『日本後記』には、延暦二十四年（八〇五）、十五万七千余人を動員して神宮の兵器をごっそり平安の新京に運んだ、という記事がある。それにしても、十五万人以上の人々が運んだ武器とは、どれほどの量だったのだろうか。

武器類は天神庫《あめのほくこ》に納められていた、という。いまも、禁足地の中に神庫が建つ。高床式の校倉《あぜくら》造り。江戸時代のものだが、古代には、こうした倉庫がズラリ並び建っていたのだろうか。

いまに伝わる武器類の中でもひときわ名高いのが七支刀。「国宝中の国宝」とされる。長さ七四・八センチ。名前は刀だが、左右に三本ずつ枝刀を作り出す奇妙な形の鉄剣だ。表と裏に金象嵌《きんぞうがん》で六十数文字の銘文が刻まれている。

〈表〉泰和四年五月十六日丙午正陽　造百
練鉄七支刀　□辟百兵　宣供供候王
□□□□作

〈裏〉先世以来・未有比刀　百済王世子奇
生聖音故為倭王旨造　伝示□世

七支刀（国宝）
＝石上神宮提供＝

この銘文を最初に世に紹介したのは、明治初期に宮司を務め、国学者でもあった菅政友《かんまさとも》だった。禁足地を発掘した明治七年前後に錆《さび》を落とし、銘文を浮かび上がらせた。

読み下し方や解釈には、色々な説がある。〈表〉は、「泰和《たいわ》四年五（あるいは正）月十六（あるいは一）日の丙午正陽《へいごしょうよう》（吉祥句）に、百練《ひゃくれん》の鉄（鍛えあげた鉄）で七支刀を造る」と読める。冒頭の「泰和《たいわ》」を「泰始《たいし》」や「泰初《たいしょ》」とする説もあったが、昭和五十六年に奈良国立文化財研究所が行ったX線撮影などで禾偏が確認され、中国・東晋の年号の泰和四年（三六九年）に制作されたことが確実視されるようになった。

次は、「出《すずみ》て百兵を辟《さ》け」や「以って百兵を辟け」などの読み下しがある。「すばらしい刀」ということを述べており、意味に大差はない。

その次は、「宜《よろ》しく候王に供供すべし」、「供供（恭々）たる候王に宜し」など各説がある。末尾の□□□□は、作者名か制作地名とされる。

〈裏〉は、「先世以来未だこの（ような）刀有らず」と書き出す。問題はその次。「百済王と太子は生を御恩に依っている故に、倭王の上旨によって造る。永くこの世に伝わるであろう」と読む説、「百済王の世子奇生聖音、倭王旨の為に造り、後世に伝示する」と読む説、「百済王の世子が倭王旨の為に造る。後世に伝示せよ」と読む説などが入り乱れている。

読み方によって、百済王（あるいは太子）から倭王に「献上」したとも、対等的立場で「贈与」したとも、あるいは「下賜」したとも解釈できる。つまり、当時の日本（倭国）と百済との立場、関係が読み方や解釈によってガラリと変わるのである。

かつては献上説が有力で、四世紀後半頃、日本が百済国を服属させていたことを実証するとされてきた。また、神功紀五十二年条の「七枝刀《ななつさやのたち》一口、七子鏡《ななつこのかがみ》一面、及び種々の重宝を献る」との記事中にみえる「七枝刀」にあたるとされてきた。。

ところが、神功皇后紀には「七枝刀は谷那《こくな》の鉄山の鉄を取って作った」と書かれているのに対し、石上神宮の七支刀の方は鉄の成分分析で砂鉄から作られたことがはっきりした。「谷那の鉄山」から取れるのは鉄鉱石。これによって、「石上神宮の七支刀」イコール「神功《じんぐう》紀の七枝刀」と考えるのは怪しくなった。同時に、神功皇后紀をよりどころとしていた「献上説」も大きく揺らいだ。

李進熙氏の改ざん説

好太王碑と七支刀を根本資料として、四世紀後半に日本列島の政権が朝鮮半島に軍隊を送り込み、加耶地方を植民地化して任那日本府を置き、朝鮮南部を支配した、とする考え方が、戦後の古代日朝関係史研究の主流だった。神武東征説話や神功皇后伝説を史実としてまるごと信じ込むような戦前の皇国史観から脱却したものの、倭（ヤマト政権）が朝鮮半島に出兵して高句麗と戦ったこと、任那日本府を置いて朝鮮南部支配を強めたことなど基本的な対朝鮮古代史観は、戦前と変わらなかった。朝鮮出兵と支配の目的は鉄器や技術奴隷の獲得が目的だったとするマルクス主義史学者らの見解が加わったくらいが変化だった。

　ところが、一九七〇年代後半頃から古代史や古代日朝関係史の捉え方がころりと変わり始めた。その契機となったのは、好太王

鉄鋌。貨幣の役割も果たしたらしい。
㊤大和６号墳（奈良市）出土の大鉄鋌（宮内庁書陵部提供）
㊦韓国・釜山の福泉洞古墳群出土の鉄鋌

碑文への疑問の拡大だった。

その代表例ともいえるのが、李進熙《リジンヒ》氏による『広開土王碑の研究』(一九七二年)と一般向けの『好太王碑の謎』(一九七三年)の出版だった。

李氏は、神功紀にある新羅を討つための前進基地が海岸線でなく奥まった卓淳国(いまの大邱市あたりに推定)としている点や当時、高句麗の平壌城を攻め故国原王を戦死させるほどの強国だった百済が一戦も交えずに倭国に永遠の服属を誓ったとすること、任那日本府を裏付けるような考古学成果がないことなどに疑問を呈するとともに、好太王碑文の発見や日本への紹介のいきさつ、解読方法などについて徹底的に検証した。

『好太王碑の謎』によると、碑は土中に埋没していたが、明治十五年(一八八二)頃に掘り出された。全体が蒼苔《あおごけ》に覆われていたが、糞を塗って焼き、何日もかけて洗い、やっと字が読めるようになった。碑文の写しを日本へ持ち帰ったのは陸軍参謀本部から派遣され南満州各地を歩いた酒匂景信《さこうかげあき》中尉だった。明治十六年(一八八三)のことだった。

持ち帰った碑文の写しは、拓本ではなく、雙鉤本《そうこうほん》と呼ばれるものだった。雙鉤本とは、碑面に紙をあててなぞって文字を写し取り、後から文字の周りに墨を塗ってつくるもので、碑面が平らでなく直接に拓本が作れないときなどに用いる方法。

李氏によると、持ち帰った碑文は参謀本部で解読作業が進められた。しかしそれは、原碑文とは違うものだった。酒匂中尉が碑文に

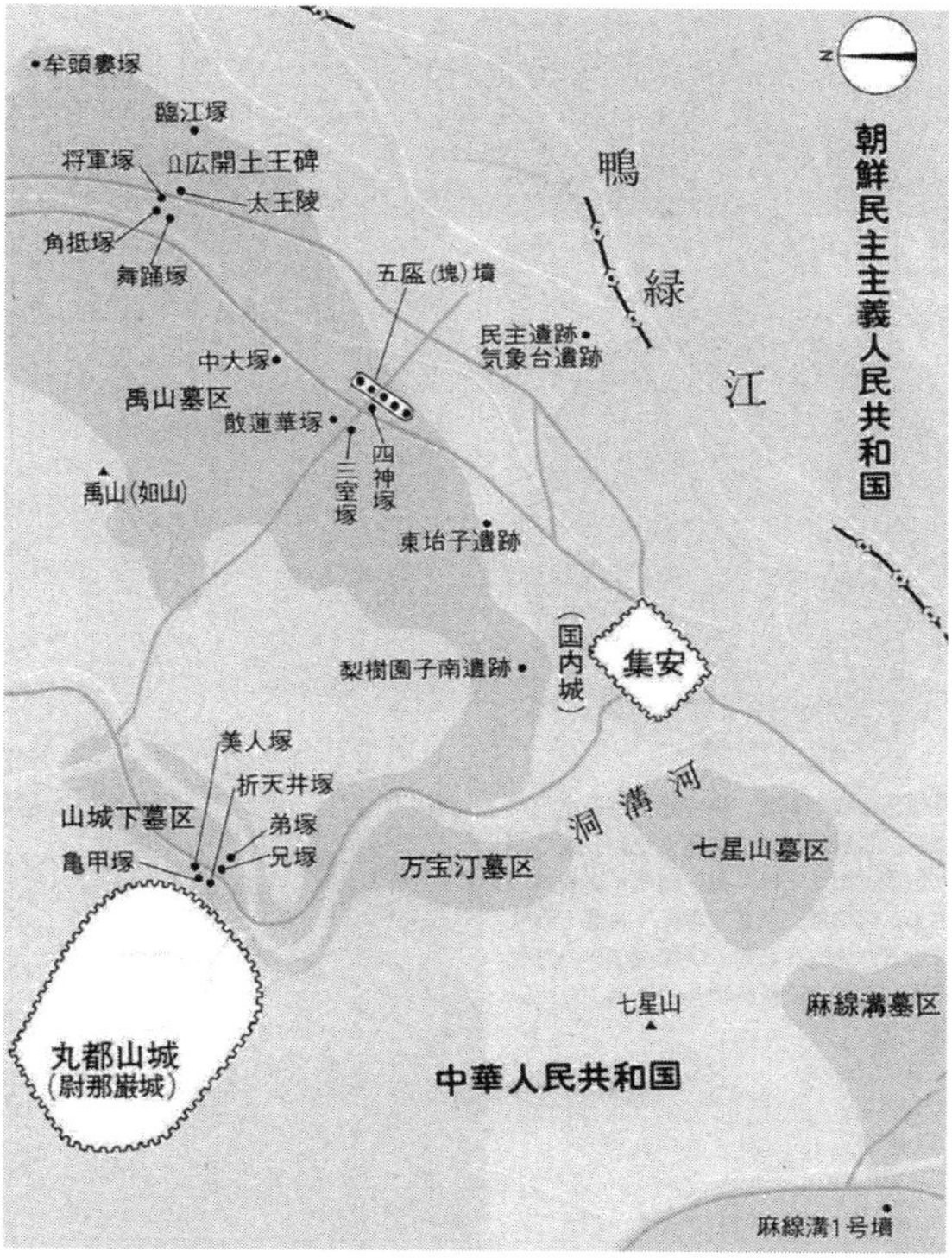

高句麗・輯安（集安）の遺跡群（『図説　韓国の歴史』に拠る）

好太王碑の「倭渡辛卯年年来渡海破百殘□□」の部分

手を加え、改ざんしていたのである。
　改ざんしていたのは最も重要な「倭渡辛卯年来渡征破百殘□□□羅」のくだりだった。この中の「海」の字は明らかに「海」の字ではない。別の字だったとしか考えられない。また、「来」と「渡」の字も怪しい。碑面の一部に石灰を塗って原碑文とは別の文字を刻んだ——とみられる。
　後刻、碑面全面に石灰が塗られた。これは、いい拓本を取って高価で売るため現地の拓工たちが行ったとの解釈もあったが、酒匂中尉の碑文のすり替えを覆い隠すために行った。また、参謀本部は、この酒匂中尉の改ざんを隠すために、酒匂中尉の名前や経歴などについても秘密にし、軍と碑との関りを示す資料を隠蔽した。

「倭が海を渡って来た」とするくだりこそ、好太王碑がヤマト朝廷の朝鮮出兵や南鮮支配を裏付ける金石文資料とされ、日本の朝鮮侵略と植民地支配を歴史的に合理化することに利用されたのだが……。その急所の部分が改ざんされたものだった、と李氏は言う。

酒匂中尉が持ち帰った碑文は六年がかりで解読が進められ、明治二十二年（一八八九年）、碑文の写真と釈文が公開された。その明治二十二年といえば大日本帝国憲法が公布された年、その翌年には「教育勅語」が発布された。

李進熙氏の碑文改ざん説は以上のような内容だった。李氏の言う通りだったとすると、つまり「海」と「渡」と「来」という文字がすり替えられて創られたものだったとすると、倭が「海を渡って半島に攻め込んだ」ことを史実とする拠りどころはなくなってしまう。

旗田巍氏は、講談社文庫『好太王碑の謎』（一九八五年）の「解説」に「衝撃的な研究」と評し、「好太王碑文を基礎にして、古代日本の朝鮮支配を主張した日本人の伝統的見解は動揺している。碑文をめぐる論議は今後も続くに違いない」と書いた。

応神王朝と騎馬民族説

応神天皇

百済の辰斯王《しんし》が立って、天皇に対して礼を失した。紀角宿祢《きのつののすくね》、羽田矢代宿祢《はたのやしろのすくね》、石川宿祢《いしかわのすくね》、木菟宿祢《つくのすくね》を遣わして詰責した。百済国は辰斯王を殺して謝罪した。紀角宿祢らは阿花を立てて王とし、帰国した。

〈巻第十・応神天皇〉

日本書紀の応神三年の記事である。倭王権が百済国へ強大な権力を発動して、王をすげ替えるという内政干渉を行った、と伝える。応神八年紀には、『百済記』は、「阿花王も貴国に礼がなかったので、枕弥多礼《ときたれ》及び峴南《けんなむ》、支侵《ししむ》、谷那《こくな》、東漢《とうかん》の地を奪われた。そこで、王子直支《とき》を（人質として）遣わした」とある、と付け加える。ヤマト朝廷が軍を送って百済を圧迫、軍事力で圧倒したというのである。

応神三年は三九二年。三九二年は、好太王碑に「倭人が海を渡り、百済・□羅・新羅を破り、臣下とした」とある辛卯年（三九一年）の翌年にあたる。

三九九年、倭国軍は百済軍と連合して新羅に迫った。好太王碑には「倭人、其の国境に満ちる」と書く。新羅は高句麗に救援を求めた。翌四〇〇年、「高句麗・好太王は五万の大軍を送り、倭国軍を破り、任那、加羅の地

応神天皇陵（誉田山古墳）＝羽曳野市提供

に追撃した」と好太王碑は伝える。

日本書紀も好太王碑も、四世紀末に倭国軍が南鮮に進出し、新羅に対して激しい軍事行動を起こしたことを伝えるのである。それは応神天皇の時代だった。応神天皇は、九州から瀬戸内海を東進して、三輪王権に引き継いで畿内を征圧していた「北の勢力」を打ち破るとともに半島南部にも進出した、ということか。

井上光貞氏は、『日本の歴史1　神話から歴史へ』（中央公論社）で、「応神天皇は確実にその実在をたしかめられる最初の天皇であるといってよいであろう」と述べた。「わたくしは、神武から第九代の開化までは架空、崇神・垂仁・景行は実在の可能性があり、さらに成務・仲哀はほとんど実在性がない、と書いてきたのであるが、第十五代にいたって、はじめて実在の確かな天皇にめぐり会えたわけである」とも書いている。

応神天皇は、崇神王朝を倒し、大和政権を簒奪した新王朝の始祖であった、とも述べる。新しい王朝とは河内を本拠とした「河内王権」、「倭の五王」の王朝である。これは早稲田大学の教授だった水野祐氏が提起した学説でもあった。水野説では「応神王朝の祖先は朝鮮海峡を渡ってきた北方騎馬民族で、前身は九州にあった三世紀の狗奴《くぬ》国だ」とするが、井上氏は「応神天皇その人が海を渡って日本に侵入したとしたほうが合理的」とも述べる。

騎馬民族説

北方騎馬民族の一派が海を渡って日本に渡来し、騎馬の卓越した軍事力で倭人を征服し、日本の支配者になったという「騎馬民族説＝日本国家の征服王朝論」を最初に提起したのは江上波夫氏だった。

敗戦まもない昭和二十三年（一九四八）五月、民族学者石田英一郎氏が司会して行われた座談会で、「北方アジアの考古学にくわしい江上波夫氏は、大和朝廷の起源について破天荒な説を発表した」と、井上光貞氏は『日本の歴史』に書く。

江上氏は、自説の「騎馬民族説」について、「東北アジア系の騎馬民族が、まず南部朝鮮を支配し、やがてそれが弁韓（任那）を基地として、北九州に侵入し、さらに畿内に進出して、大和朝廷を樹立し、日本における最初の統一国家を実現した」（中公新書『騎馬民族国家』より）と解説する。

同書によると、古墳時代を前・中・後期の三つに区分する三区分法の中期から古墳の造り方、埋葬法、副葬品が激変する。古墳時代の時期区分法には前期と後期の二つに区分する二区分法もあるが、いずれも前期が終わるのは四世紀後半とみなす。

前期は、大きな木を二つに割った木棺を土中に直葬したり石で覆って竪穴式石室を構築するなど、古墳づくりは弥生時代からの伝統的な手法を引き継いでいた。副葬品も、鏡・玉・剣や石釧・鍬形石・車輪石など弥生時代の伝統を受け継いだ宝器的なものが中心で、呪術的でもあった。

これに対して中期（二区分法では後期）以降は、組合せ式木棺や長持形石棺など大陸系・中国系の棺が登場し、やがて大陸系の横穴式石室が一般的となった。また、副葬品についても武器、馬具、服飾品などは、「魏晋南北朝時代、すなわち三世紀ごろから五世紀ころにかけて、満蒙・北シナ方面に大活躍した東北アジアの騎馬民族、いわゆる胡族のそれと、ほとんどまったく同類である」（同書）とする。前期の「平和的な、宗教的な、素朴なもの」から「軍事的な、実用的な、華麗なもの」に変化した、と説く。

具体例としては、男の服装として筒袖の上着と袋のようなズボンの騎馬服の普及をうかがわせる副葬品や形象埴輪がみられ、鉸具《バックル》や帯鉤、飾金具などを着装した革帯の普及をうかがわせる遺物も多くなった。宝冠、鎧《よろい》、刀、弓矢、馬具なども、精巧な透かし彫りの技巧を駆使したり、金メッキを施すなど華麗なものが多くなった。

江上氏は、この騎馬民族的要素が一気に色濃くなることについて、「武器や馬具などが後期の古墳から豊富に出土するということは、当時騎馬の武人が、日本で縦横に活躍したことの実証」と述べる。

そして、「後期古墳文化では、弥生式文化およびそれにつづいた前期古墳文化の呪術的な、祭祀的な、平和的な、東南アジア的な、いわば農耕民族的な特徴が非常に希薄になって、現実的な、戦闘的な、王侯貴族的な、北方アジア的な、いわば騎馬民族的な性格が著しくなった」とみなす。その変化は「本質的な相違」であり、その推移は「急転的・突発的」だともする。

その上で、「大和朝廷の日本と南北朝鮮とがなんらかの特別な関係がないかぎり、当時の大和朝廷が南部朝鮮の征服活動に乗り出す必然性が十分にあるとは思えない。また一般に、農耕民族が海外に征服活動を行う例は、きわめてまれであるばかりでなく、前期古墳文化の内容からみても、その担い手が征服活動をなすための武力的要素に欠けており、そのような前期古墳文化人が、すでに東北アジア系の騎馬民族文化をもって、より高度に武装されていた朝鮮に進出して、征服活動に成功し、その騎馬民族文化をもたらして帰るというようなことは、あきらかに、歴史の通則に反する」（同書）とした。

つまり、後期古墳（三区分法では中期古墳）にみられる騎馬民族的要素は輸入したと考えることや、日本側から朝鮮半島に進出して持ち帰ったと考えることに強く反対、「大陸から朝鮮半島を経由し、直接日本に侵入し、倭人を征服・支配したある有力な騎馬民族があり、その征服民族が、大陸北方系文化複合体をみずから帯同してきて、日本に普及させたと解釈するほうが、より自然であろうと考える」と結論づけた。

月夜の赤馬

日本書紀の雄略天皇九年条に次にような記事がある。

飛鳥戸郡の人である田辺史伯孫《たなべのふひとはくそん》の娘が古市郡の人である書首加竜《ふみのおびとかりゅう》の妻となった。伯孫は娘がお産したと聞いて、加竜の家へお祝いに行った。

帰途は月夜だった。誉田《こんだ》陵（応神天皇陵）のもとで、赤馬に乗った人に出会った。その馬は、蛇のようにうねり、龍のように首をもたげた。伯孫はその馬が欲しくなった。赤い馬に乗っていた人は、伯孫の願いを知って、馬を交換し、去っていった。伯

飾り馬の埴輪（田原本町・笹鉾山２号古墳群出土）＝田原本町教育委員会提供

孫は速く走る馬を得て大いに喜んだ。家に帰って、鞍をおろし、秣《まぐさ》を与え、眠った。
翌朝、目が覚めると赤馬は土馬《はにま》（埴輪の馬）に変わっていた。急いで誉田陵に行き、捜してみたら葦毛の馬が土馬の中にいた。

〈巻第十・雄略天皇〉

「月夜の赤馬』説話は、応神陵と馬とのつながりを示唆するが、段熙麟氏の『大阪における朝鮮文化』によると、奈良時代、河内国には朝廷の馬飼部の戸数が百五十九戸もあり、全国の三分の二を占めていたという。河内が馬の上陸地だったという伝統によるものであるが、馬は戦闘の武器でもあった。河内は軍事力の一大拠点でもあった、ともいえるようだ。

「月夜の赤馬」説話の登場人物は、百済から渡来した田辺氏の伯孫であり、書首《ふみのおびと》加竜も百済から渡来した王仁の子孫であった。乗馬の風習は渡来人によってもたらされたことをうかがわせる。

二回の建国、辰王の渡来

江上氏は、騎馬民族は四世紀に北九州、あるいは本州最西端に侵入してきて、四世紀末ごろに畿内に進出、強大な勢力をもった大和朝廷を樹立、日本統一国家の建設を成就した、と考える。

記紀神話に天神《あまつかみ》と国神《くにつかみ》があって、「国譲り」や「天孫降臨」物語がみえるのも、「天神なる外来民族が、日本列島に原住した国神を出雲と筑紫において、まず征服ないし懐柔して、これを支配したことを示唆している」と述べる。

海を渡ってきて最初に建国したのは、ハツクニシラススメラミコト（御肇国天皇）と尊称される崇神天皇とみなす。崇神天皇はミマキイリヒコ（御間城入彦）とも呼ばれるが、「ミマの宮城に居住した天皇」を意味するとみる。ミマは南鮮のミマナ（任那）と考える。

つまり、日本の建国は二回にわたり、崇神天皇は「天神（外来系民族）が朝鮮南部から北九州に移動したとき（第一回の日本建国）の立役者」とみるのである。そして、北九州から畿内に進出したとき（第二回の日本建国）の立役者は応神天皇とみる。ともに諡号に「神」の字がついているが、他に「神」が着くのは架空の征服者である神武と神功だけ、とも述べる。

さらに、三韓時代に半島南部と北九州の地を広く支配して連合王国の王とみることができる王、いわば倭韓王に辰《しん》王がいた、とした。『魏志』の「東夷伝」にみえ、馬韓の月氏国にいたという。辰韓十二国、弁韓十二国のうちの半分の国々を服属させていた王だったが、この王にはいつも辰韓（新羅）・弁韓（のちの加耶）の人ではなく馬韓（のちの百済）の人が就いたとも伝える。しかし「流移の人」であり、諸国の承認がなければみずから立って王となることはできなかったとする〝伝説の王〟だった。この辰王こそ、倭王となった支配者―天皇家の祖先と、江上氏は考える。

いわゆる「騎馬民族説」である。崇神天皇の第一回建国が北九州の地で行われたとすると、崇神王朝の本拠地とみなされる三輪山周辺地域を中心とする奈良県東南部に分布する巨大古墳群をどう解釈すればいいのか、など疑問点も数多くあるが、魅力たっぷりの説。戦後の日本の建国にまつわる論争の中で大きな注目を集めた。

古市古墳群と百舌鳥古墳群

応神天皇に続いて、仁徳《にんとく》、履中《りちゅう》、反正《はんぜい》、允恭《いんぎょう》、安康《あんこう》、雄略《ゆうりゃく》、清寧《せいねい》、顕宗《けんぞう》、仁賢《にんけん》、武烈《ぶれつ》の各天皇が次々と皇位についた、と書紀は記す。四世紀末から五世紀代に実在していた天皇（大王）といわれる。いわゆる応神王朝である。

『宋書』『梁書』などの中国の歴史書には、五世紀代の倭国の国王が何度も朝貢した記事がみえる。四一三年から五〇二年までの間に十三回に及ぶ。名前の見える倭王たちは、讃（賛）、珍、済、興、武の五人。「倭の五王」と呼ばれる。応神王朝の天皇たちである。

応神天皇は難波大隅宮《なにわのおおすみ》、仁徳天皇は難波高津宮《なにわのたかつ》、反正天皇は河内の丹比柴籬宮《たじひのしばがき》を宮居とした、と伝える。また、応神、允恭、清寧、仁賢の各天皇陵は、古市古墳群（藤井寺市など）内に、仁徳、反正、履中陵は百舌鳥《もず》古墳群（堺市）内に治定されている。「河内王権」、あるいは「河内王朝」の時代ともされる。

各天皇陵の治定が正しいかどうかは置くとして、古市・百舌鳥両古墳群を構成する五世紀代の墳墓の巨大さは、まさに大王陵と呼ぶにふさわしい。応神陵は全長四三〇メートル、仁徳陵は全長四八六メートル（五一三メートル説もある）の巨大前方後円墳で、全国第二位、第一位の大きさ。仁徳陵は、中国の秦の始皇帝やエジプトのピラミッドを凌いで世界一の規模ともいわれる。造営には延べ百四十万人以上、一日千人を動員して四年間を費やした、と計算されたことがある。

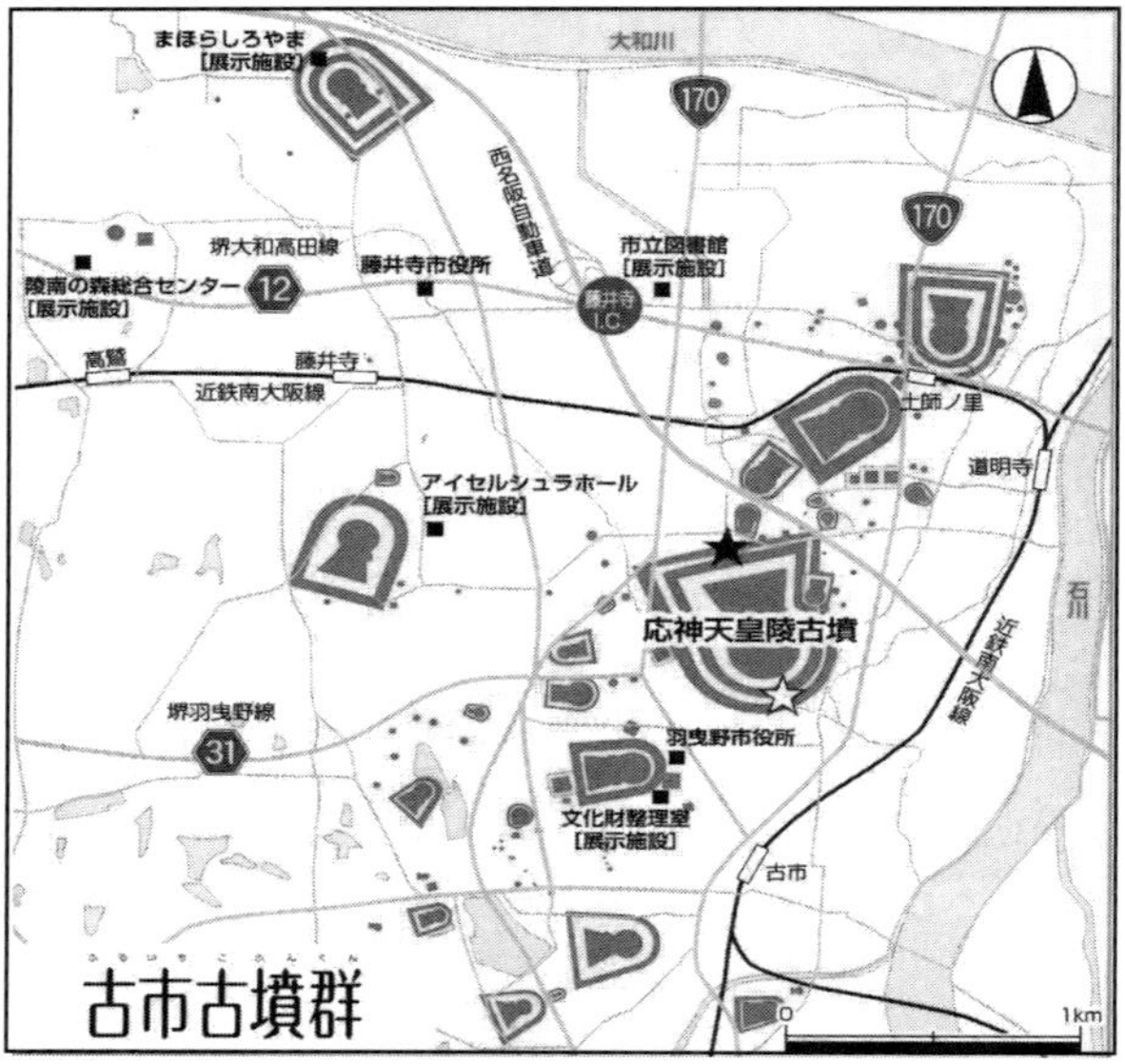

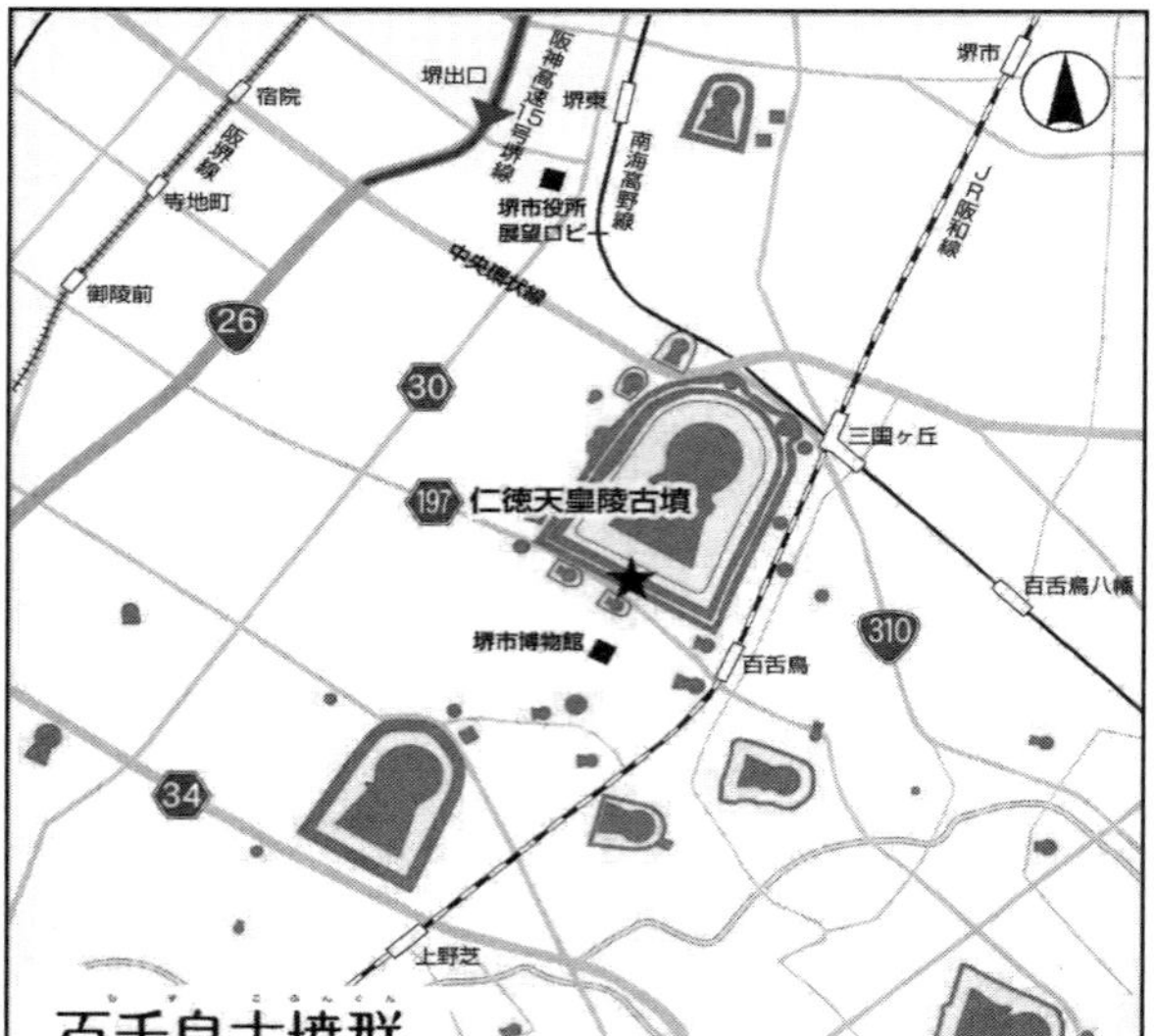

百舌鳥古墳群（堺市提供）

日本書紀によると、仁徳は石津原に葬られたが、生前に陵地を定めた時、急に飛び出してきて死んだ鹿の耳からモズ（百舌鳥）が出てきて、その地を「百舌鳥耳原《もずみみはら》」と呼ぶようになったとする。その百舌鳥の巨大古墳群は大阪湾を望む土地に造られている。海を意識した造りといわれる。大阪湾の向こうには瀬戸内海がある。そしてその向こうには大陸がある、朝鮮半島がある。

三燕文化

応神天皇陵古墳（誉田御廟山古墳）陪塚の誉田丸山古墳出土の金銅製鞍金具（国宝）は、その華麗な透かし彫り金具で著名だが、そのルーツは中国遼西地方に栄えた三燕文化（四—五世紀）に求められている。

奈良文化財研究所は一九九六年から遼寧省文物考古研究所と共同研究を進めた。その共同研究の成果を発表するために飛鳥資料館で二〇〇九年に開催した展覧会の目録『北方騎馬民族のかがやき　三燕文化の考古新発見』

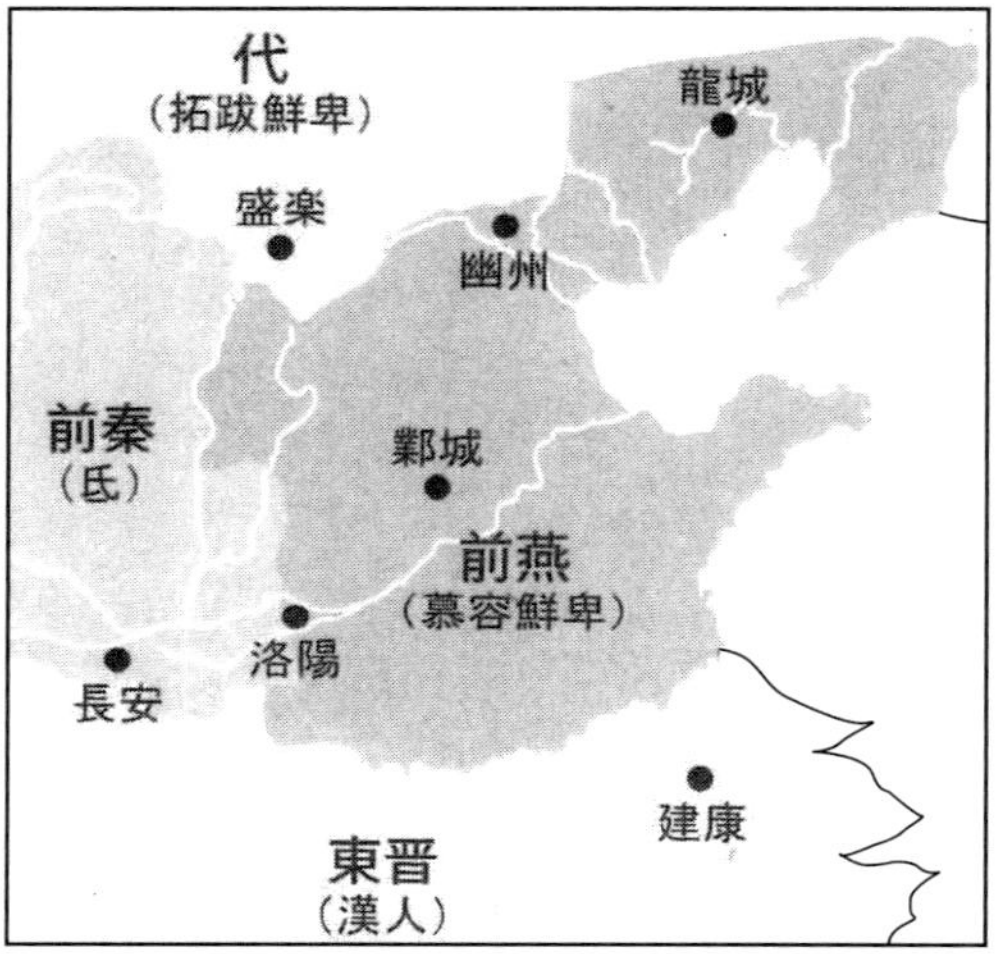

慕容鮮卑が４世紀後半遼西地方に建てた前燕（奈良文化財研究所飛鳥資料館発行『北方騎馬民族のかがやき—三燕文化の考古学発見』より）

によると、三燕文化は、北方騎馬民族の慕容《ぼよう》鮮卑《せんぴ》が南下して三三七年に建国した前燕から始まり、四世紀末の後燕、五世紀初めの北燕へと続く時代に遼東半島をとり巻く地域で花開いた。多数の古墳が調査され、繊細華麗できらびやかな装飾を施した馬具や装身具が多数出土している。

誉田丸山古墳の鞍金具のほか、滋賀県新開1号墳と奈良県藤ノ木古墳の鞍金具や奈良県新沢千塚126号墳出土の金製方形板、銅製帯金具、金製方形板、ガラス碗、銅製熨斗《のし》なども三燕文化に起源が求められる。同目録では、日本の古墳時代文化への影響は、朝鮮半島、なかでも高句麗を経てもたらされた—とみる。当然ながら半島南部にも強い影響をもたらした。

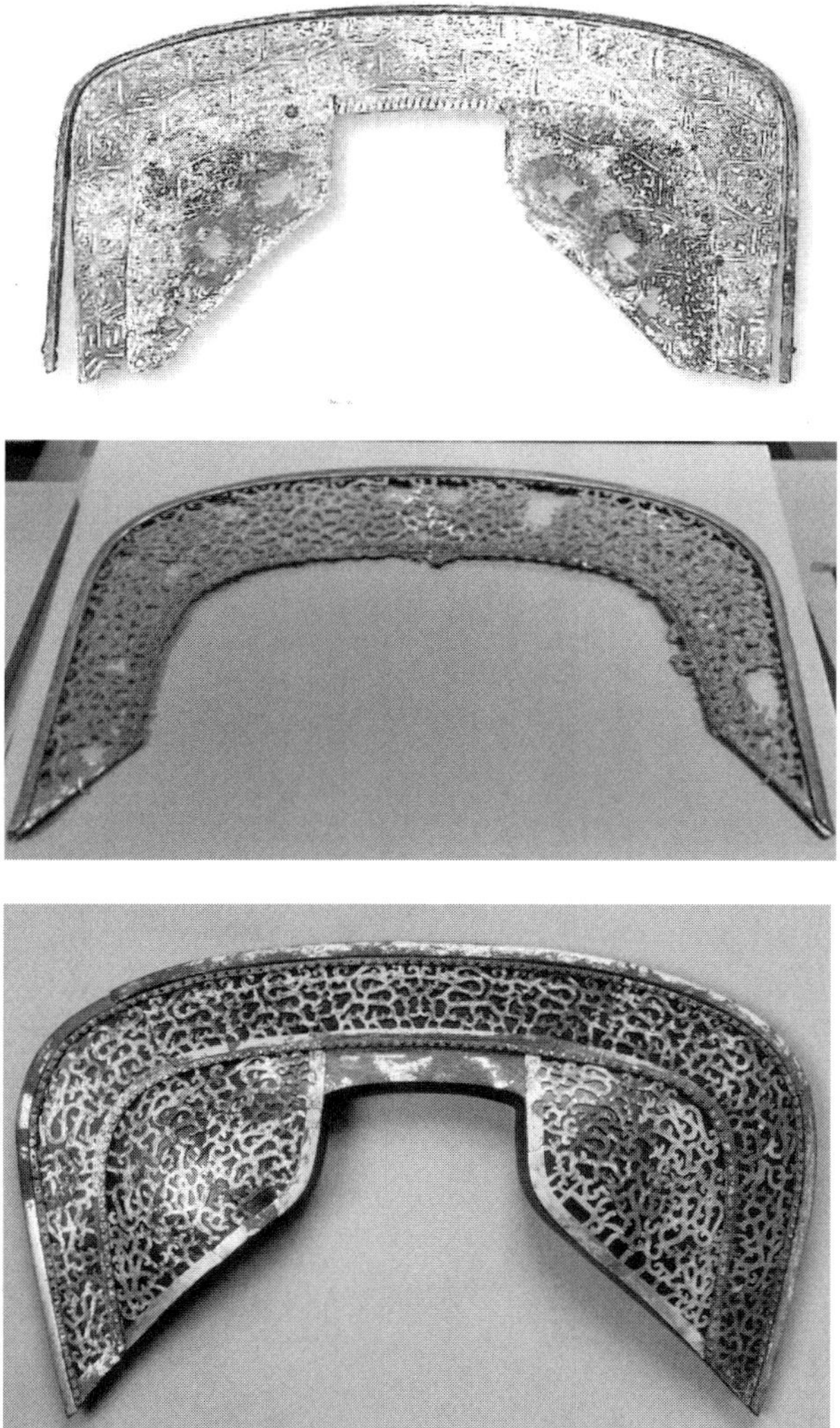

華麗な鞍金具（馬具）㊤中国・遼寧省西部の三燕文化の墓群（4～5世紀）からの出土品（奈良文化財研究所発行『三燕文化の考古新発見』より）
㊥加耶の金銅製鞍金具（国立金海博物館）
㊦誉田丸山古墳出土の1号後輪（国宝）＝誉田八幡宮提供

三燕文化は、朝鮮半島のすぐ向こう、中国東北部（旧満州）南端部を中心に花開いた。慕容鮮卑の故郷である中央アジアの文化的要素が色濃い。民族移動や王権の移動とどのような関りをもっていたのか、実に興味深いものがある。

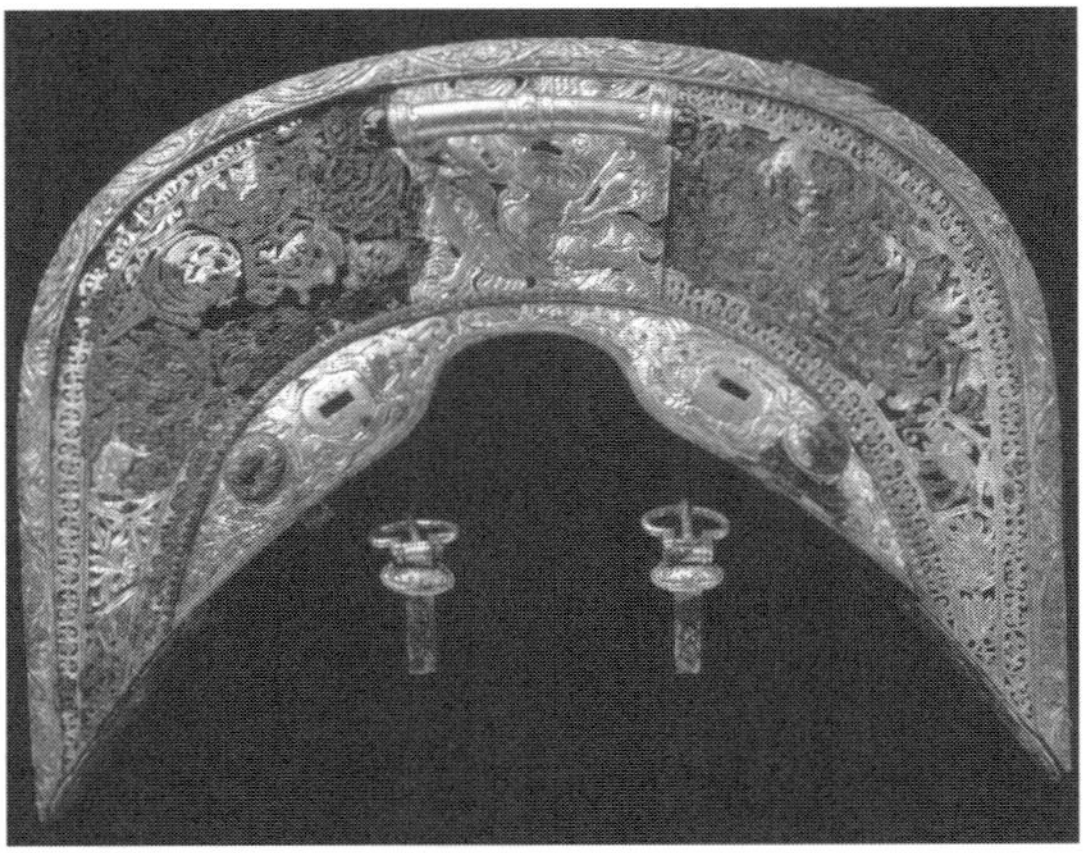

藤ノ木古墳出土鞍金具（前輪）
＝橿原考古学研究所附属博物館提供

新沢千塚126号墳出土の
㊨金製方形板
㊦青銅製熨斗
（橿原市教育委員会提供）＝いずれも復元模造品（橿原市蔵）、原品は重要文化財（東京国立博物館蔵）

渡来の波

堀江と茨田堤

日本書紀によると、応神天皇に始まる応神王朝の時代、大規模な土木工事が相次いだ。仁徳天皇十一年夏四月のこととして次のような記事がみえる。

天皇は
「いまこの国をみれば、野も沢も広遠だが、田圃は少なく、乏しい。また、河の水は流れの末は流れが良くなく、長雨にあえば海潮が逆流して、道路も泥水につかる。横の堀を深くして海に通じさせ、逆流を塞ぎ、田や人家を安全にしなければならない」

と仰せになった。

冬十月、宮の北の郊原を掘って南の水を引き、西の海に流した。その水を名付けて堀江《ほりえ》といった。また、北の河の澇《こみ》を防ぐために茨田堤《まむたのつつみ》を築いた。

〈巻第十一・仁徳天皇〉


仁徳天皇の宮は難波高津宮《なにわのたかつ》だった。大阪城南側の難波宮跡（大阪市中央区の馬場町、法円坂町一帯）付近にあったとみられる。宮の北に掘ったという堀江は、いまの大川（天満川＝旧淀川本流）のことではないかと推定されている。大川はいま、淀川から分流して南流、大阪城の北西をかすめて西に流れ、堂島川と土佐堀川になって大阪市役所がある中之島の中洲をつくる。

大阪城や難波宮跡は、北に細長く突き出た上町台地の先端に位置する。その上町台地の東側一帯は、本来は河内潟と呼ばれる入江で、淀川と大和川が注ぎ込んでいた。堆積土砂で徐々に狭まり、弥生時代には淡水化し河内湖となり、さらに陸化が進んだと考えられている。古墳時代ころは、沼沢地や湿原が広がり、排水さえよくすれば広大な水田開発が可能な状態だったのではなかろうか。

仁徳天皇の命を受けて掘削された「堀江」は、洪水を防ぐとともに湿地を水田化するための海への排水路だったと考えられる。つまり、この記事は未開の湿地が広がっていた河内平野の治水と水田開発を伝えるものではなかろうか。

茨田堤は、淀川の流れを制御するために造られた堤防だったと考えられる。大阪府門真市宮野町にある堤野神社背後の高まりが、現在に残る稀少な茨田堤の一部とされ、国の史跡にも指定されている。

茨田堤跡（大阪府門真市）

日本書紀は、茨田堤築造時のこととして、次のようなエピソードを載せる。

築いてもすぐに壊れ、塞ぐのが難しいところが二カ所あった。天皇の夢に神が現れて言った。

「武蔵《むさし》の人強頸《こわくび》と河内の人茨田連衫子《まむたのむらじころものこ》をもって河伯《かわのかみ》に捧げ、祭れば必ず塞ぐことができるだろう」。

二人を捜し出した。強頸は泣き悲しみながら水に没して死んでいった。堤は完成した。

一方、衫子は匏《ひさご》二個を、水の中に投げ入れ、誓《うけ》いをして言った。

「私を得たいと思われるなら、この匏を沈めて浮かばないようにしていただきたい。そうすれば真の神と知り、水の中に入りましょう。匏を沈めることがおできにならなければ、おのずと偽《にせ》の神であることが分かります」。

飄風《つむじかぜ》が急に起きた。匏は浪の上を転がり、沈まず、遠くへ流された。これによって衫子は死を免れた。堤は完成した。

時の人は、二カ所を強頸断間《たえま》、衫子断間と名付けた。

〈巻第十一・仁徳天皇〉

難工事に立ち向かった人々の執念、犠牲などを伝えるエピソードである。築いても築いても、大雨のたびに決壊したのだろう。人身御供を含めて、さまざまな犠牲と智恵を投入して淀川の治水に当たったことを伝える。

大土木工事と渡来人

堀江の開削と茨田堤の築造がすべて仁徳天皇の時代に始まったとは考えない方がいい。完成は六世紀に下るとの見方もある。しかし、難波・河内を基盤としたと伝える応神・仁徳朝の頃から、河内平野の開拓や基盤整備が本格的に実施されていったのは間違いないところだろう。

四世紀末から五世紀初頭以降は「倭の五王」の時代であり、いわゆる「河内王権」の時代。古市と百舌鳥《もず》で超巨大古墳が次々と造営された時代でもあった。一般的には仁徳天皇陵など巨大古墳の方に目を奪われがちだが、堀江や茨田堤の工事は古墳造りの以上に、大規模な工事で難工事でもあった。

森浩一氏は、堀江（大川）の堀削を、「治水にくわえ人工の河口港を設けることも兼ねていた」（『記紀の考古学』朝日新聞社）と書き、商都・大阪につながる古代の難波津の基盤づくりがこの時に行われたとみなす考えを述べている。

灌漑のための池溝《ちこう》建設も、古墳時代以降、大がかりに進められたらしい。

仁徳紀十四年には、「大溝を感玖《こむく》に掘る。石河の水を引き、上鈴鹿、下鈴鹿、上豊浦、下豊浦四処の郊原を潤し、開墾して四万余代の田を得た」との記事がある。

「古市大溝《ふるいちおおみぞ》」と呼ばれている。日下雅義氏は、富田林市の喜志付近から石川の水を分流させ、石川左岸の段丘上を通して古市古墳群南方の羽曳野市西浦あたりまで導き、羽曳野丘陵一帯を灌漑、さらに廿山川《つつやま》（現東除《ひがしよけ》川）に落としていたものと推定している。幅約二〇㍍、深さは最大七㍍、総延長は約一五キロに及ぶ大規模な溝渠だったとみている。

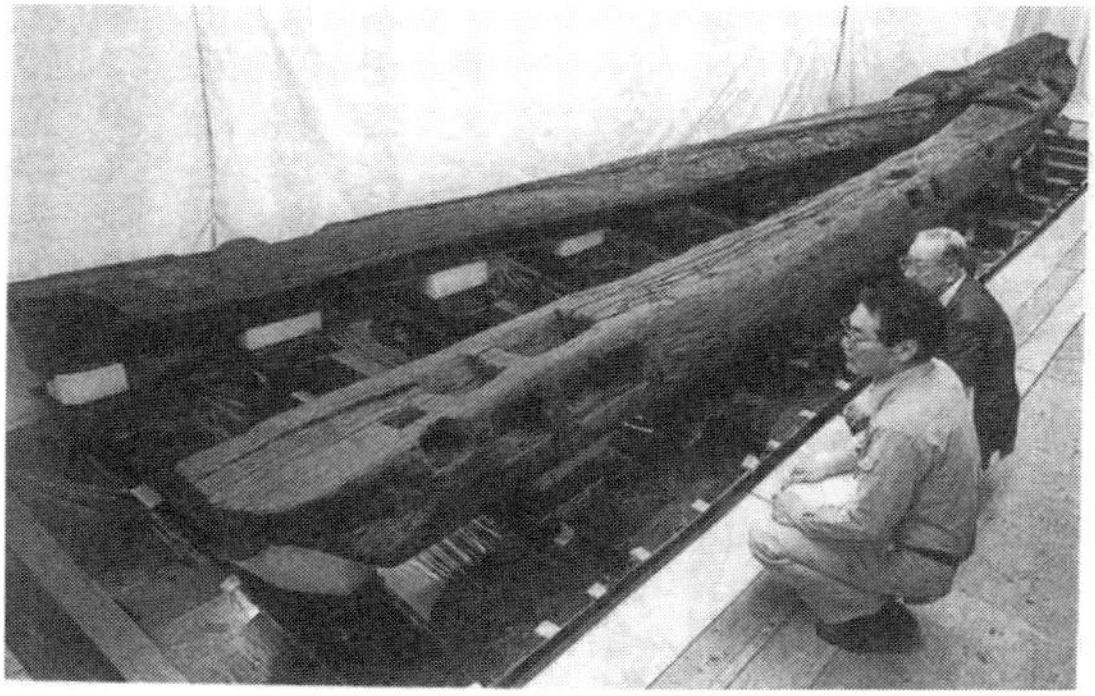

巨大古墳の築造などの大土木工事に用いられたとみられる木ゾリの修羅（大阪府藤井寺市出土）

舟運にも利用された可能性を指摘している。（『前方後円墳の世紀』〈中央公論社〉所収「大地の変貌と古代人の営み」）

仁徳紀には、山背（京都府）の栗隈県《くるくまのあがた》に大溝を掘ったという記事もみえる。京都盆地にあった巨椋《おぐら》池の南方に掘られたもので、やはり、治水や灌漑のためだったとみられる。このほか、「猪甘津《いかいのつ》に橋を渡す。名付けて小橋《おはし》という」との記事もある。猪甘津（野）や小橋は大阪市生野区にいまもその名を伝える。「大道」の建築も伝え、大がかりな土木工事の記事が集中する。

五世紀は間違いなく、「開発の時代」の幕開けであった。新田開発のためと考えられる灌漑池も次々と造られたらしい。応神紀には韓人《からひと》池、剣池、軽池、厩坂《うまやざか》池、依綱《よさみ》池、仁徳紀には和珥《わに》池、履中紀にも磐余《いわれ》池、磐余市磯《いわれいちし》池などがみえる。

日本書紀には、茨田堤の築造に新羅人を使役したと書いている。古事記は、「秦人を使役した」としている。茨田郡《まんたぐん》には、幡多郷があり、太秦《うづまさ》があった。現在の寝屋川市には秦《はた》や太秦の地名がある。茨田郡には秦氏族が多くいたことがうかがえる。大陸や半島からの渡来人と治水事業などの大土木工事との強い関係をうかがわせる。

狭山池博物館の小山田宏一氏は、韓国・全羅南道の東津江《トンジンガン》の河口部に築かれた碧骨堤《へきこつてい＝ピョッコルヂュ》に注目する。四世紀前半に築かれた底幅一七・五メートル、高さ四・三メートルの堤防で、延長三キロが現存している。『三国史記』にも記録があり、半島最古のため池といわれてき

古代最大の灌漑池とされる狭山池
（大阪狭山市）

たが、高潮などによる海水の侵入を防ぐ防潮堤とみた方が良いようだ。わが国でも、狭山池（大阪府狭山市）など古代築堤工法として広

く用いられた敷葉《しきば》工法を用いて築いている。

（『検証　古代日本と百済』〈大巧社〉より）

渡来の人々の技術力が、さらに政治力や資金力があったからこそ、難波や河内平野の本格的な開発が進められた、と考えるべきなのかもしれない。

王仁と西文氏

応神王朝の時代には大陸や朝鮮半島から多くの人々が日本列島に渡来した。日本書紀にも渡来人に関する記事が数多くみえる。応神紀十五年条には次のような記事がある。

阿直岐に、軽坂上《からさかのうえ》の厩《うまや》で飼わせた。阿直岐はよく経典を読んだ。天皇は阿直岐に問うた。

「おまえよりすぐれた博士がいるのか」

「王仁《わに》という者がいます」

と答えた。そこで、百済に使を遣わして王仁を召喚した。太子の菟道稚郎子は王仁を師とした。王仁は書首《ふみのおびと》らの始祖である。

〈巻第十・応神天皇〉

王仁は、論語と千字文を将来したともいう。学問に優れ、皇太子の教授を務めた学者だったと伝える。読み書き、計算などに通じていたとされる氏族、書首《ふみのおびと》の祖とされる。

河内国の交野郡、今の枚方市藤阪、津田あたりに、王仁墓と称するものがある。『大阪における朝鮮文化』（松籟社）を著した段熙麟《だんきりん》氏によると、「王仁の墓」は三基あって、東の方にある一基には「博士王仁の墓」の石碑があり、朝鮮式のりっぱな門が整備されている。少し西に離れた一基には「博士王仁墳」の石碑がある。

王仁の墓伝承地（大阪府枚方市）

藤阪で処刑された蝦夷の墓が「鬼の墓」と呼ばれていたのが、いつしか「わに（王仁）の墓」と呼ばれるようになった、という伝承もあり、この藤阪の王仁墓は王仁の墓であるという確かな確証があるわけではないのだが、森浩一氏は「丘陵の背後を越すとすぐ南山城の地（京都府）であることに注目した。王仁は菟道稚郎子《うじのわきいらつこ》の学問の師であった、とする書紀の記述があるからだ。

　大阪府高石市の高師浜にある古社、高石神社は王仁を祭神とする。王仁の後裔氏族である西文《かわちのあや》氏の一族である古志《こし》（高師）連《のむらじ》が祭祀したらしい。「高師」から高石の地名が起こったようだ。

　奈良時代の僧、行基《ぎょうき》も古志（高師）氏の出だった。堺市家原寺町にある家原寺は行基の

行基が建てたと伝える大野寺土塔（堺市土塔町）

生家だったとされる。十五歳で出家して仏門に入り、唯識論を学び、全国を行脚して橋を架け堤防を造り、道や港を設け、井戸や池溝を掘って社会事業に尽くしたと伝える。東大寺建立にあたり、全国を巡り浄財を集めたことにより、聖武天皇から大僧正の僧位を受けたという。

行基の創建した寺院は四十九院に上ると伝える。堺市中区の蜂田寺、堺市高倉台の高倉（高蔵）寺、堺市土塔町の大野寺、貝塚市水間の水間寺、貝塚市木積の木積観音など和泉地方に数多い。河内地方にも、枚方市楠葉中之芝の久修園院、守口市馬場町の高瀬院、大阪狭山市の狭山池院などがある。

弓月君と秦氏

日本書紀の応神天皇十四年条に、「弓月君が百済より来帰した。人夫百二十県を率いて帰化した」という記事がある。

平安時代に編まれた『新撰姓氏録《しんせんしょうじろく》』は弓月君を秦氏の祖と位置付ける。また、秦氏の出自を「秦始皇帝《しんおしこうてい》の十三世孫孝武の後」とする。これにより、秦氏を中国の秦始皇帝の子孫とする考え方もあるが、韓国・慶尚南道の古地名である「波旦《はた》」と何らかのつながりをもつ、との解釈が有力。多くの研究者は秦氏を新羅系とみる。

『新撰姓氏録』は、仁徳天皇の時代に弓月君の子の真徳王、その弟の普洞王が「波陀」の姓を賜った。これ以来、弓月君の子孫はハタ＝秦を名乗るようになった、と伝える。

秦氏は、大和葛城地方や河内を本拠としていたが、ある時期山背葛野《やましろのかどの》へ本拠地を移した、とみられている。葛野では、葛野川（桂川）に葛野大堰を築き、大雨のたびに桂川の洪水で水浸しになっていた山城盆地の治水・灌漑に成功し、付近一帯を穀倉地帯に変えた、と伝える。

書紀の雄略天皇十五年条に、全国に分散していた秦氏の民たちを秦造酒《はたのみやつこのさけ》（秦酒公）のもとに再結集させた、という記事がある。感激した秦酒造はたくさんの絹織物を朝廷に貢納、山のように積み上げた。これにより「兎豆麻佐《うづまさ》」（太秦）の姓を賜った、と続ける。秦氏と絹織物の関係は深い。太秦の広隆寺近くの木島《このしま》神社境内には養蚕《こかい》神社（蚕ノ社）がある。現在に伝わる西陣織も秦氏と関係したものか。秦氏の経済力を伝えるエピソードでもある。

秦氏の中で一番の著名人といえる秦河勝《はたのかわかつ》は、葛野郡の嵯峨野太秦《うずまさ》にいた。太秦寺（広隆寺）を建立したことでも知られる。推古十一年（六〇三）、聖徳太子から弥勒菩薩《みろくぼさつ》半跏思惟《はんかしゆい》像を賜った。いまも、「国宝第一号」、広隆寺のシンボルとして人気を集める。

太秦寺（広陵寺）＝京都市右京区太秦＝

ずっと後のことになるが、秦氏は、桓武天皇の長岡京遷都（七八四年）と平安京遷都（七九四年）にも深く関わった。秦氏は、本拠としていた葛野《かどの》の地を提供し、私財を投げうって協力した、と伝える。平安京大極殿の「左近の桜、右近の橘」は河勝の邸宅にあったものをそのまま活用したという伝えもある。

阿知使主と東漢氏

日本書紀の応神天皇二十年条に、「倭漢直《やまとのあやのあたい》の祖である阿知使主《あちのおみ》とその子の都加使主《つかのおみ》が、党類十七県を率いて来帰た」とある。

三十七年条には次のように記す。

阿知使主と都加使主を呉《くれ》に遣わして、縫工女《きぬぬいめ》求めさせた。

阿知使主らは、高麗国から呉に至ろうと

した。高麗に至ったが、呉への道が分からなかったので、高麗に道案内を要請した。高麗の王は、久礼波《くれは》、久礼志《くれし》の二人を道案内に付き添わせた。これによって呉に至ることができた。呉の王は、工女《ぬりめ》の兄媛《えひめ》、弟媛《おとひめ》、呉織《くれはとり》、穴織《あなはとり》の四人の婦女を与えた。

〈巻第十・応神天皇〉

織物に関する技術者が呉から渡来したとするよく似た記事は雄略天皇紀にもある。呉国を中国の呉国とするには時代がずれる（春秋時代の呉は前六～五世紀、三国時代の呉は三世紀）ことから、呉は高句麗《こうくり》の「句麗」のことだとの見方もある。いずれにしても、五世紀ごろ、大陸あるいは半島から、後に「呉服」と呼ばれることになる織物関係の技術をもった人々が多く渡来した事実を伝えるものとみられる。

阿知使主と都加使主の父子は、渡来系氏族の代表格といえる東漢《やまとのあや》（倭漢）氏の祖とされる。「党類十七県の人々」を率いてどこから渡来してきたかは書いていないが、一族郎党を引き連れて大挙、渡来してきたらしい。半島からやって来たのは間違いない。

東漢氏が本拠とした桧隈の里は明日香村南部一帯をいう。天武《てんむ》・持統《じとう》陵の桧隈大内陵《ひのくまおおうち》（明日香村野口）、壁画で名高い高松塚古墳（同村上平田）とキトラ古墳（岡村阿部山）など、飛鳥時代を代表する古墳が集中する地域でもある。

わが国の「王権のふるさと」は、「渡来人の里」だった。

倭王武（ワカタケル大王）

倭の五王の上表文

五世紀に「倭の五王」がいたことが、中国の史書から知られる。五王は日本列島にいた倭国の大王たち、難波、河内を本拠地とし、古市・百舌鳥古墳群を造営した応神王朝＝河内王朝の大王たちとみなしていい。

中国の史書とは、『晋書』『宋書』『南斉書』『梁書』『南史』の五つ。四一三年から五〇二年まで計十三回、およそ一世紀にわたり、倭王が中国王朝に遣使朝貢して、上表文と方（奉）物を献じたり、除正を求めたりしたことが記される。

その五王は、讃《さん》、珍《ちん》、済《さい》、興《こう》、武《ぶ》。各王は、日本書紀に記されたどの天皇にあたるのか、室町時代からずっと考証され、論議されてきた。江戸時代の松下見林は、讃＝履中《りちゅう》天皇、珍＝反正《はんぜい》天皇、済＝允恭《いんぎょう》天皇、興＝安康《あんこう》天皇、武＝雄略《ゆうりゃく》天皇とみなした。中国史書に、建元元年（四七九）以降三回登場する武は清寧天皇のこととした。「倭の六王」説でもあった。

讃を応神天皇、あるいは仁徳天皇、珍を履中天皇とする説や興を木梨軽皇子、あるいは市辺押磐皇子とする説、さらには大和朝廷の天皇ではなくて九州の王者とみる説なども出た。現在においては、笠井倭人氏が『研究史倭の五王』で「学説の趨勢は珍＝反正天皇、済＝允恭天皇、興＝安康天皇、武＝雄略天皇と推当するところに落ち着き、讃についても仁徳か履中のいずれかの線に絞られてきた」と要約していることに対して、上田正昭氏が『日本の歴史2　大王の世紀』（小学館）で「適切である」と評価したように、ほぼ固まっている。

倭王武＝雄略天皇が四七八年に、中国南朝の宋に奉った上表文を、井上光貞氏は『日本の歴史　神話から歴史へ』（中央公論社）の中で次のように読み下した。

「皇帝の冊封《さくほう》をうけたわが国は、中国から遠く偏《かたよ》って、外臣としてその藩屛《はんぺい》となっている国であります。昔からわが祖先は、みずから甲冑をつらぬき、山川を跋渉し、案ずる日もなく、東は毛人《もうじん》（蝦夷）を征すること五十五国、西は衆夷《しゅうい》を服すること六十六国、北のかた海を渡って平らげること九十五国に及び、強大な一国家をつくり上げました。王道はのびのびとゆきわたり、領土は広くひろがり、中国の威ははるか遠くにも及ぶようになりました。わが国は代々中国に仕えて、朝貢の歳をあやまつことがなかったのであります」

「自分は愚かなものではありますが、かたじけなくも先代の志をつぎ、統率する国民を駈りひきい、天下の中心である中国に帰一し、道を百済にとって朝貢すべく船をととのえました。ところが、高句麗は無道にも百済の征服をはかり、辺境をかすめおかし、殺戮《さつりく》をやめません。そのために朝貢はとどこおって良風に船を進めることもできず、使者は道を進めても、かならずしも目的に達しないのであります。（ふりかえってみると）わが亡父の済王（允恭天皇）は、かたきの高句麗が倭の中国に通ずる道を閉じふさぐのを憤り、百万の兵士はこの正義に感激して、まさに大挙して海を渡ろうとしたのであります。しかるにちょうどその時、にわかに父兄（父の允恭、兄の安康二帝）を失い、せっかくの好機をむだにしてしまいました。そして（自分が位を継いだのですが）、喪のために軍を動かすことができず、けっきょく、しばらくのあいだ休息して、高句麗の勢いをくじかないままであります」。

「いまとなっては、武備をととのえ、父兄の遺志を果たそうと思います。正義の勇士としていさおをたてるべく、眼前に白刃をうけるとも、ひるむところではありません。もし皇帝のめぐみをもって、この強敵高句麗の勢いをくじき、よく困難をのりきることができましたならば、父祖の功労への報いをお替えになることはないでしょう。みずから開府儀《かいふぎ》同三司《どうさんし》の官を名のり、わが諸将にもそれぞれ称号をたまわって、忠節をはげみたいとおもいます」。

冒頭で大和朝廷の歴史を述べ、東の毛人の五十五国、西の衆夷六十六国、海北の九十五国を征服して統一国家を成し遂げたと述べていることは大いに注目すべきである。海北の九十五国は海を渡って平定したといっているわけだが、加耶諸国など朝鮮半島南部の国々を指すと解釈できる。

上表文をたてまつった武は、倭、新羅、任那、加羅、秦韓、慕韓、百済の合わせて七国の諸軍事安東大将軍倭国王に叙してもらうことを求めた。

中国王朝側は、百済を入れることは認めず、武を「使持節都督倭・新羅・任那・加羅・秦韓・慕韓六国諸軍事安東大将軍倭王」に除正した。百済は既に中国に朝貢していたので倭国の要求はどうしても認めることはできなかったのだろうと推測されている。秦（辰）韓は新羅の前身、慕（馬）韓は百済の前身、五世紀の武の時代にはすでにない国だった。

ワカタケル大王

昭和五十三年（一九七八）七月末のある日の夕刻、生駒市元町の元興寺文化財研究所文

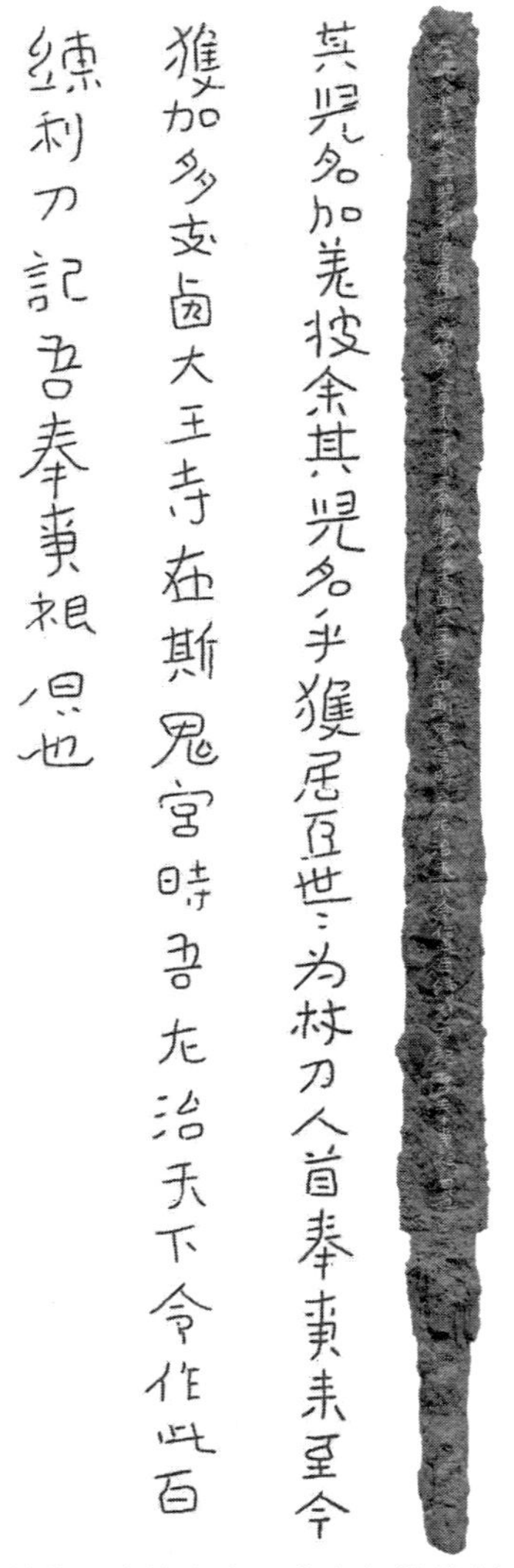
其児名加差披余其児名乎獲居臣世々為杖刀人首奉事来至今
獲加多支鹵大王寺在斯鬼宮時吾左治天下令作此百
練利刀記吾奉事根原也

稲荷山古墳出土の辛亥年銘鉄剣
＝埼玉県立さきたま史跡の博物館提供、所有：国（文化庁保管）

化財保存処理センターで真っ赤にさびた鉄剣の土落としをしていた西山要一研究員らは、キラリと輝く金糸に、「あっ」と驚きの声をあげた。鉄剣は埼玉県・稲荷山古墳の出土品で、依頼されて保存処理作業をしていた。それから約一カ月半後の九月十一日、X線写真に「世紀の大発見」といわれた百十五文字の金象眼銘文が浮かび上がる。

鉄剣銘文の読解は、奈良国立文化財研究所（当時）で、古代史専攻の岸俊男、田中稔、狩野久氏らが進めた。元興寺文化財研究所でも嘱託研究員の藤沢一夫氏らを中心に解読に当たった。X線写真には表と裏の文字がダブって写っており、判読そのものに苦労したが、明らかになった内容は、だれもが驚きの声を上げるものだった。次のように読み下された。

〈表〉辛亥の年七月中、記す。ヨワケの臣。上祖、名はオホヒコ。其の児、タカリのスクネ。其の児、名はテヨカリワケ。其の児、名はタカヒ（ハ）シワケ。其の児、名はタサキワケ。其の児、名はハテヒ。

〈裏〉其の児、名はカサヒ（ハ）ヨ。其の児、名はヲワケの臣。世々、杖刀人の首と為り、奉事し来り今に至る。ワカタケ（キ）ル（ロ）大王の寺、シキの宮に在る時、吾天下を左治し、此の百練の利刀を作らしめ、吾が奉事の根原を記す也（埼玉県教育委員会発行の概報による）

ヲワケの臣が、この鉄剣の所有者、つまり古墳の被葬者だったのだろう。オホヒコを上祖（始祖）として八代目にあたり、代々「杖刀人」、つまり武人の首長を務める家系だった、という。ワカタケル大王がシキの宮にいるとき、天下を治めることを助け、この鉄剣を作って「奉事の根源」を記した、とする。

「ワカタケル大王」は、書紀の「大泊瀬幼武《おおはつせわかたけ》」、つまり雄略天皇と断定された。「武」の字を含む。銘文に記された「辛亥年」は四七一年と解釈された。書紀に記す雄略の治世年代は四五六年から四七九年までなのでピッタリ合う。また、倭王武の中国への上表は四七八年で、ワカタケル大王＝雄略天皇＝倭王武ということになる。

熊本県・江田船山古墳出土の鉄剣の銀象眼銘文に「治天下獲□□鹵大王世」とある。従来は「蝮之水歯別《たじひのみずはわけ》」と推定、反正天皇のことと解釈されてきたが、これも「ワカタケル大王」とみなされるようになり、雄略天皇が関東から九州まで統治していたことを示す、と解釈されるようになった。

これは、「東は毛人を征すること五十六国、西は衆夷を服すること六十六国」とする上表文の記述に通じる。大和朝廷の全国統一は雄略の時代にほぼ完成していた、との考え方が急浮上することにもなった。

泊瀬朝倉宮

奈良県桜井市脇本で、昭和五十九年から磯城・磐余諸宮調査会による発掘調査が進められた。橿原考古学研究所の前園実知雄氏が担当した。六年にわたる調査で、五世紀後半、六世紀後半、七世紀後半の三期にわたる建物遺構が検出された。脇本遺跡と呼ばれる。五世紀後半の南北に連なる細長い二棟の大型建物遺構は、柱穴が直径三〇センチほどもあり、飛鳥時代の宮殿や寺院に匹敵する豪壮さ。一メートル以上に土を埋め立てた大がかりな敷地土層もあった。

この遺構が雄略天皇の泊瀬朝倉宮ではないか、との見方が強い。遺構そのものが宮殿風。背後には幅一二〇メートル、高さ三〇メートルもの切り立った崖があり、尾根を切断した大規模な敷地造成をうかがわせる。立地場所は「はせたに」の朝倉の地。大和川水運の終着点であり、「はせ谷」をさかのぼれば東国へ抜けられる。さらに、背後に山、前面（南）に流水（初瀬川）と形のいい山（外鎌山）があり、古代中国の風水思想の聖地にかなう地形とされる。

豪壮な建物遺構が検出された脇本遺跡の調査現場
（桜井市教育委員会提供）

鉄剣銘文に記されたワカタケル大王の宮名は「シキの宮」であり、「ハツセアサクラの宮」ではない。しかし、和田萃氏によると、『古事記』に「倭《やまと》者《は》師《し》木《き》登《と》美《み》豊《とよ》朝倉《あさくらの》曙《あけ》立《たつ》王《おう》」

の人名が見え、朝倉がシキ（磯城）の中の小地名だったことが分かる。また、脇本遺跡の地は、中世の興福寺の荘園「城島荘《しきしま》」の中に含まれることがはっきりしており、斯鬼宮＝泊瀬朝倉宮＝脇本遺跡とすることに矛盾はない。

一言主神

天皇（雄略）は葛城山で狩猟をした。突然、背の高い人に出会った。顔や姿が天皇によく似ていた。

「どこの方か」

と尋ねた。背の高い人は答えて、

「姿を現した神である。先に名乗りなさい。そうしたら、私が名乗ろう」。

「私は、幼武尊《わかたけるのみこと》である」

と名乗ると、背の高い人は

「私は一言主神である」

と名乗った。

ともに猟を楽しんだ。一匹の鹿を互いに譲り合った。日が暮れ て猟を終え、神は、天皇を来目《くめ》河まで送った。

〈巻第十四・雄略天皇〉

雄略天皇四年春のこととして記される。全国統一を成し遂げた〝天下人〟で、七国の大将軍を自称したはずの雄略が先に名前を名乗っている。轡《くつわ》を並べて狩をしている。どうみても対等ぐらいの扱い。一言主という神の神威の強さが読み取られる。

葛城山の東麓《ろく》、御所市森脇に一言主神を祭神とする葛城一言主神社がある。『延喜式』

一言主神社（御所市森脇）

の名神大社。古事記では、雄略天皇に対し「吾は悪事《まが》も一言、善事《よ》も一言に言い放つ神」と名乗ったと伝え、地元では一言《いちごん》さんと呼ぶ。一言の願いであれば何事でもかなえられる神、として信仰を集める。

古代豪族・葛城氏

同社の北方に「高宮」の伝承地がある。葛城山の山の中腹といっていい大和平野を見下ろす高台に水田が広がり、第二代綏靖《すいぜい》天皇の高丘宮跡を伝承する。仁徳天皇の皇后、磐之媛が夫の不倫を恨みながら那羅山《ならやま》で詠んだ「我が見が欲し国は葛城高宮、我家《わぎえ》のあたり」の「葛城高宮」にあたる、とも伝える。

磐之媛は、葛城襲津彦《そつひこ》の娘。我家と呼ぶ「葛城高宮」は生まれ育った実家のこと。高宮を本当に一言主神社付近に治定できるかどうか、確証があるわけではないが、同社を含む葛城山麓一帯、今の御所市、葛城市あたりが古代の「葛城」で、古代豪族・葛城氏の本拠地だったことは間違いない。

　葛城氏の始祖とされる襲津彦は、新羅を討つために派遣された人物として神功皇后紀に登場する。『百済記』にある「沙至比跪《さちひこ》」と同一人物で、実在性が高い、とされる。

　その娘、磐之媛は仁徳天皇との間に履中、反正、允恭の三天皇をもうけた。そして襲津彦の孫にあたる黒媛も履中天皇の妃となった。雄略天皇も葛城氏の韓《から》媛を妃とし、清寧天皇を生んでいる。「応神王朝」の天皇たちと葛城氏は極めて深い縁戚《せき》関係で結ばれていたのである。葛城氏は、五世紀の「倭の五王」の時代に王権の外戚として栄えた氏族だった。

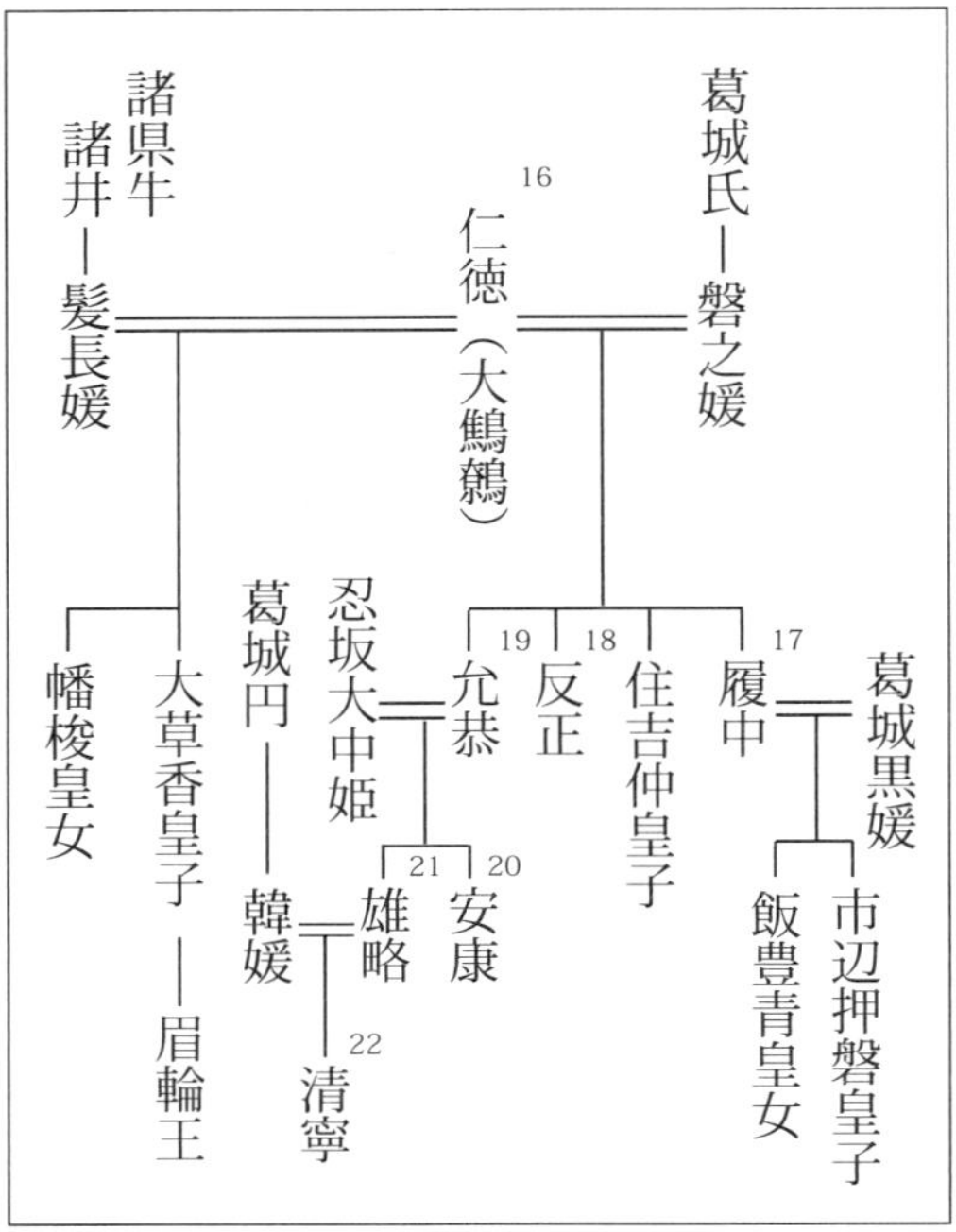

※数字は天皇即位代数

　御所市室の宮山古墳（室の大墓）は、全長二四六メートルの巨大な前方後円墳。後円部の竪穴式石室には兵庫県加古川流域の凝灰岩（竜山石）で作った豪華な長持形石棺が納め

室宮山古墳の竪穴式石室と長持形石棺
（橿原考古学研究所提供）

られていた。石室の周囲には、家、盾、靫《ゆき》などを形どったものも含め、大きくて特徴ある埴輪が多数立てられていた。遺物も豊富で、五世紀前半を代表する大型古墳として名高い。葛城襲津彦、あるいはその父とされ、神功皇后のもとで活躍する竹内宿祢《たけうちのすくね》あたりが被葬者ではないかとする考え方が古くからある。

書紀によると、安康天皇三年八月のある日、まだ幼かった眉輪王が、山荘で母（中蒂姫《ながしひめ》）とくつろいでいた天皇を襲い、刺し殺した。眉輪王の父は大草香皇子（仁徳天皇の子）。大草香は無実の罪で安康天皇に殺され、妻の中蒂姫（眉輪王の母）も奪われた。眉輪王は、義父となった安康天皇を強く恨んでいたのである。

安康天皇は大伯瀬《おおはつせ》皇子（のちの雄略《ゆうりやく》天皇）の兄。報せを受けた大伯瀬皇子は大いに怒り、眉輪王を取り調べた。眉輪王は「皇位を望んでいるわけではありません。ただ父の仇に報いただけです」と話した。
スキを見て脱出した眉輪王は、葛城の本

極楽寺ヒビキ遺跡（御所市極楽寺）＝橿原考古学研究所提供＝

宗家にあたる葛城円大臣《つぶらのおおおみ》の家に逃げ込んだ。円大臣は「君主が民の家に隠れるということは知らない。深く私の心を恃《たの》みとしておられる」と眉輪王をかくまった。大泊瀬皇子はただちに兵を発し、円大臣の家を囲んだ。円大臣は、大泊瀬皇子に、娘の韓姫《からひめ》と葛城の七カ所の屯宅を献上することを申し出たものの、眉輪王の引き渡しには応じなかった。このため眉輪王とともに焼き殺された。
葛城円大臣に関係する建造物ではなかったかとみられる遺構が二〇〇五年、御所市で発見されている。極楽寺ヒビキ遺跡と呼ばれる。古墳時代中期中ごろ（五世紀前半）の遺構で、三方が絶壁となった高台で発掘された。両岸に石垣を積んだ堀と塀で区画された約二〇〇〇平方メートルの敷地（屋敷跡）があり、内部に大型掘立柱建物跡と広場があった。大型建物は、五間×五間のほぼ正方形で、床面積約二二〇平方メートル《メートル》。

屋敷遺構に井戸はなく、日常生活に関わる遺物も出土しなかった。また、建物には壁がなく風が吹き抜ける構造。このため住むための居館ではなく、葛城の王が国見をするための高殿か、特別な下知などに用いられた政庁のような施設だったと考えられている。焼土が見つかり、火災で焼失したことをうかがわせた。眉輪王をかくまったために雄略天皇に焼かれた円大臣所有の構築物だった可能性は大いにある、とみられる。

天皇家（大王家）と葛城氏の関係は微妙だ。応神王朝の天皇（大王）は、仁徳天皇と葛城襲津彦《そつひこ》の娘、磐之媛《いわのひめ》の間に生まれ履中《りちゅう》、反正《はんぜい》、允恭《いんぎょう》が次々と即位した。外戚・葛城氏は全盛を誇り、大王権と葛城氏は蜜月状態にあったとみられる。

ところが、息長《おきなが》氏出身の忍坂大中姫《おっさかのおおなかひめ》（後の皇后）が登場した允恭天皇の時代に一転、対立が生じる。允恭天皇は、命令に従わなかった襲津彦の孫、玉田宿祢《たまたのすくね》を攻め殺した、と伝える。大中姫の産んだ安康、雄略が即位すると対立はさらに深まり、眉輪王の事件が起き、円大臣の葛城本宗家が滅ぼされるのである。

大泊瀬皇子は即位前、履中天皇と葛城氏出身の黒媛との間に生まれた市辺押磐《いちべのおしわ》皇子も殺していた。市辺押磐は葛城氏族の期待を一身に集める皇子だった。「近江（滋賀県）の蚊屋野へ馳猟に誘い、「猪がいた」と偽って大声を出し、弓で射殺したと伝える。だまし討ちだった。

　直木孝次郎氏は、河内王権は当初は氏をパートナーとしたが、最終的には葛城氏を服従させることで大和支配を完成させた、とみる。和田萃氏は、雄略天皇には「聖君王」の顔と「大悪天皇」の顔、二つの顔があった、と指摘する。

熊津

　雄略天皇の時代、朝鮮半島の百済では、高句麗の南下攻勢に苦しんだ。日本書紀は、雄略天皇二十年の冬に、「高麗の王が大いに軍兵を発して、百済を攻撃し滅ぼした」と書く。併せて、『百済記』を引用して蓋鹵王《こうろ》の乙卯《きのとう》の冬、狛（高句麗）の大軍が来て。大城《こにきし》（漢城）を七日の七晩攻撃した。百済の王城が陥落して、国王および太后、王子らが皆、敵の手にかかって死んだ—との記事も載せる。

　百済は、高句麗の攻撃を受け、百年以上にわたって百済の王城だった漢城を追われることになった。ソウルの南郊、ハン川（漢江）の左岸にある風納土城（ソウル―松城区）がその王城だったとされる。百済は高句麗軍によって朝鮮半島の中原から追われたのである。

　雄略紀は、続けて「天皇はその二十一年の春三月、百済が高麗に破られたと聞き、久麻那利《こむなり》を汶洲王《もんす》（文周王）に賜り、その国を救い起こした」と書く。この記事をそのまま信じない研究者も少なくないが、五世紀後半ごろ、日本は滅亡した百済を再興し、都を久麻那利に定めて汶洲《もんす》王を立てたというのである。汶洲王は蓋鹵王の「母弟」であるとされる。「母弟」というのは蓋鹵王の母の弟なのか、蓋鹵王と母を同じくする弟のことを意味するのかよくわからない。

日本書紀は、二年後の雄略天皇二十三年に、「百済の文斤《もんこん》王が薨じた」と書く。文斤王とは汶洲王のことだとみられる。そこで天皇は、「昆支《こんき》王の五人の子の中で第二子である末多《また》王が幼少ながら聡明なので後継の王とした」と記す。「勅して内裏にお召しになり、親しく頭を撫で、慇懃に誡め、兵器を賜り、筑紫国の軍士五〇〇人に守らせて送り届けた」と書く。そしてそれが東城《とうせい》王である、とする。幼年時代は日本にいたらしい。

そのまま信じれば、雄略天皇はいったん亡んだ百済を再興したばかりでなく、任那の一部だった熊津を与え、さらに二代にわたって百済王を擁立したことになる。

倭国の国家統一を成し遂げ、中国皇帝から「六国諸軍事安東大将軍倭王」に叙せられた未曾有の英傑、雄略大王（天皇）は、朝鮮半島でも多大な権力を振るったことを伝えるのである。

久麻那利《くまなり》は、任那国の下哆呼唎《あらしたこり》県の別邑とされるが、古称を熊津《くまなり》といった。いまの忠清南道の公州《コンジュ》市にあたる。

公州は、韓国第四の都市大田広城《テジュン》市の西北五〇キロ、バスで約一時間半、忠清南道に属する。百済王都だった公山城のある丘と武寧王などの王陵が居並ぶ宋山里古墳群がある丘をとり巻くように錦江《きんこう》という大河が流れる、

㊤公州の街（公山城より、街の背後は王陵の丘＝宋山里古墳群）
㊦錦江にかかる錦江大橋。左の丘には公山城、右の丘には宋山里古墳群がある

しっとり落ち着いた街である。

五世紀後半、雄略天皇がこの地まで大きな影響力をもっていた、というのはどこまで本当だろうか。滅亡した国（百済）を再興して王都とし、その王都に日本にいた王子をおくりこんで王としたというのである。ワカタケル大王と倭国のの権勢は半島のほぼ南半分に及んでいたことになる。

昆支王と斯麻王（武寧王）

軍君（昆支王）の渡来

日本書紀には、雄略天皇五年のこととして次のような記事がある。

夏四月、百済の加須利君《かすりきし》（蓋鹵王《こうろおう》）は、池津媛が日本で焼き殺されたことを聞き、協議して

「これまでは女人を貢いで采女としてきたが、礼を失して我が国の名を汚した。今後、女は貢がない」

と言った。そして、弟の軍君《こにきし》（昆支《こんき》）に

「おまえが日本へ行き、天皇にお仕えしろ」

と命令した。

〈巻第十四・雄略天皇〉

「池津媛が焼き殺された」というのは雄略二年の出来事だった。天皇の求めに応じて百済の蓋鹵王から貢進されていた池津媛が天皇のお召しにそむいて石川楯に密通した。怒った天皇は二人の手足を木にしばり、桟敷の上に置き、火を付けて焼き殺してしまった、という事件だった。身分ある女性を貢進していた蓋鹵王には耐えられない屈辱だったのだろう。

「日本へ行け」と言われた軍君は、

「ご命令に違うことはございません。願わくば君《きみ》の婦《みめ》を賜った上でお遣わし下さい」

と答えた。加須利君は妊娠した婦を軍君に娶《めと》らせ、

「身ごもった私の婦は既に臨月になっている。もし途中で産めば、その子と婦を同じ船に乗せて、いそいで国に送るように」

と命じた。

六月、身ごもった婦が加須利君の言ったように、筑紫の各羅嶋《かからしま》で出産した。そこで、この子を名付けて嶋君《セマキシ》といった。軍君はただちに婦と嶋君《しまぎみ》を同じ船で国に送り返した。嶋君は後の武寧王である。百済の人々はこの島を主嶋《タリムサマ》と呼ぶ。


〈巻第十四・雄略天皇〉

加唐島（各羅島）＝マツロ・百済武寧王国際ネットワーク協議会提供

嶋君を出産した筑紫の各羅島は佐賀県東松浦郡鎮西町の加唐島のこととされる。百済一番の英雄で、倭国とも関わりの深い武寧王の生誕にまつわる物語として注目される。

雄略紀によると、軍君（昆支王）は一カ月後の七月に京に

入った、という。また、「すでに五人の子どもがいた」と書く。五人の子どもを連れて渡来した、ということか、あるいは、日本で五人の子どもをもうけたということなのか、その辺のところは何ともいえない。

　大阪府羽曳野市飛鳥一〇二三番地に飛鳥戸《あすかべ》神社がある。ブドウ畑が連なる南向き斜面の小高い場所にある。近鉄南大阪線の上ノ太子駅に程近い。付近はかつての安宿《あすかべ》郡の加美《かみ》郷にあたり、「近つ飛鳥」の一角である。

　丘の上に、どちらかといえば粗末な社殿がポツリとある。羽曳野市が建てた案内板には「飛鳥戸神社は、飛鳥上の段の一角に鎮座する延喜式内社の名神大社であり、雄略朝に渡来伝承をもつ百済系飛鳥戸造一族の祖神である〈飛鳥大神（百済の琨伎王）〉を祀っている」とある。「百済の琨支王」は書紀に登場する蓋鹵王の弟で、倭国に派遣された軍君の昆支王のことだ。

飛鳥戸神社（大阪府羽曳野市飛鳥）

　付近一帯は『新撰姓氏録』にみえる河内国

諸蕃の百済系古代氏族である飛鳥戸氏の本貫地で、飛鳥戸神社は飛鳥戸氏が守ってきた古社らしい。「近つ飛鳥」は、飛鳥時代の政治、文化の中心地だった奈良県の明日香村付近を「遠つ飛鳥」と呼ぶことに対応する呼び名。日本の歴史においてまことに重要な土地柄である。昆支王はその大層な土地にデンと祀られる「大神」なのである。

昆支王の生年も事蹟もよく分かっていない。しかし、四五八年に百済の蓋鹵王が、中国・南朝の宋へ、十一人の臣下に対する爵号の追認を要請した際の記録から、左賢王という肩書をもっていたことが分かる。左賢王は、匈奴《きょうど》、突厥《とっけつ》などの遊牧民国家では王の後継者であり、軍事を担当する人物の肩書とされる。昆支は、「軍君」と表記されたことからみても、王位継承の資格をもち、百済の軍事権を握っていた人物だったことをうかがわせる。百済のナンバー2の立場にあったらしい。

武寧王陵の発見

昆支王が筑紫から送り返した嶋君は斯麻王のことである。

一九七一年、韓国忠清南道の公州《コンジュ》市の宋山里古墳群内から、武寧王の墓が発見された。暗渠工事中に見つかり、発掘調査の結果、レンガ状の石を積み上げた磚築墳《せんちく》で、長方形のトンネル型の玄室内には、武寧王の遺体を納めたとみられるコウヤマキの木棺が安置されていた。西側には王妃の遺体を埋納したらしい棺があった。北壁には、龕《がん》と呼ばれるくりぬき式の棚が設けられ、三つのランプが置かれていた。

羨道に置かれていた誌石（墓誌）には、「寧東大将軍百済斯麻王　年六十二歳　癸卯年五月丙戌朔七日壬辰崩到」と刻まれていた。

この墓誌銘によってこの墓が斯麻王の墓であること、つまり武寧王陵であることが確定した。同時に、文献で伝えられた斯麻王＝武寧王が実在の人物だったことを証明した。「癸卯年」（五二三年）の五月七日に亡くなったこと、年は六十二歳で、逆算すると四六一年か四六二年に生まれたことも判明した。

昆支王が来倭した時、「各羅嶋で生まれた

武寧王の像
（国立公州博物館）

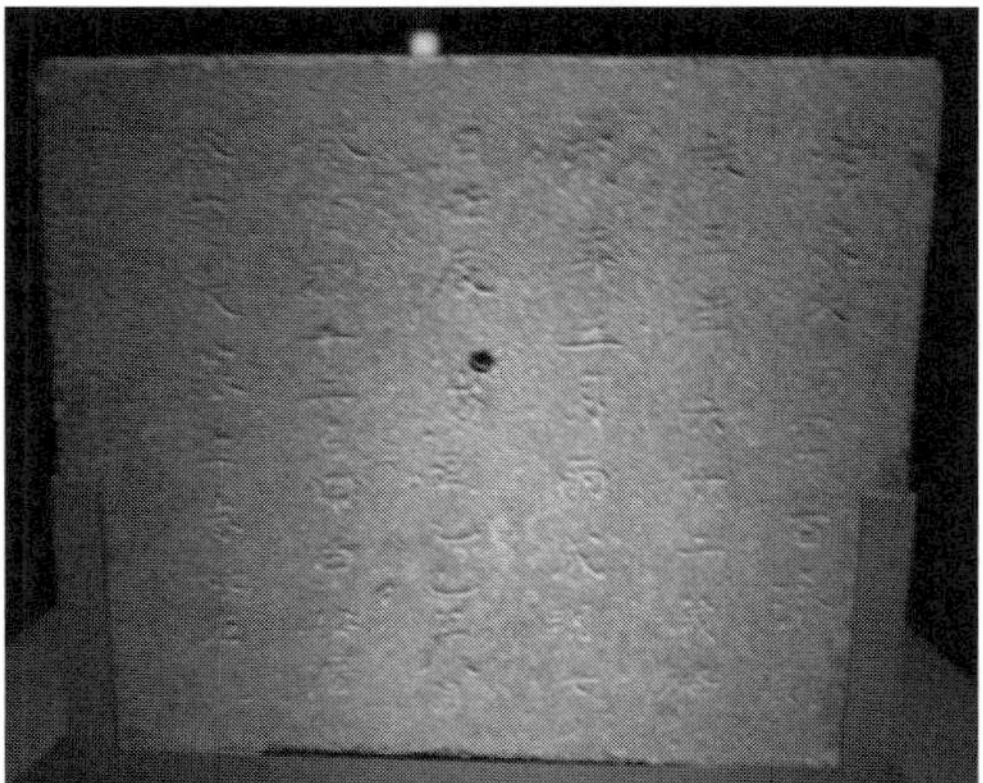

出土した誌石（墓誌）。銘文より百済斯麻王（武寧王）の墓であることが確定した（国立公州博物館）

斯麻王を本国に送り返した」とする日本書紀の雄略天皇五年は四六一年だから、没年の五二三年からちょうど六二年前にあたる。日本書紀の記述とも見事なまでに一致、日本書紀の記事の正確なことを実証したのである。

　武寧王陵からは金製の耳飾り、金箔を施した枕、足乗せ、冠飾などきらびやかな装身具や中国南朝から舶載した銅鏡、陶磁器など華

㊤武寧王陵（韓国・公州の宋山里古墳群）
㊦武寧王陵の石室復元模型。西壁の白虎の壁画や北壁の龕《がん》も見える
㊧華麗な副葬品の一つ。王の冠飾り（国立公州博物館）

麗な副葬品が三〇〇〇点近く出土した。漢城を追われいったんは滅亡状態にあった百済を立て直し、中国や倭国など東アジア世界と広く交流した武寧王の政治力や文化的素養、人柄などをほうふつさせる副葬品だった。

日本書紀の武烈天皇四年条に、「百済の末多王は無道で百姓に暴虐を働いていた。人々はついに王を排除して嶋王を立てた。これが武寧王である」とある。武烈四年は五〇二年とされ、この記事からすると武寧王は二十一年間在位していたことになる。

武寧王の血脈

書紀では、武寧王（斯麻王）は、昆支王によって各羅嶋で生まれてすぐさま送り返されたことになっているが、必ずしも信じられないところがある。また、蓋鹵王はいくら国王だったとはいえ、弟の昆支王に対し、臨月を迎えている自分の婦を与えるというのもいかにも不自然。斯麻王は蓋鹵王の子ではなく昆支王の子だった、と考える方が自然かもしれない。そして父、昆支王とともに倭国にそれなりの期間滞在していて、ある時期に帰国して即位した、とも推測できる。

『三国史記』は、武寧王（斯麻王）は、牟大王の第二子、としている。牟大王は末多《また》王のことであり、雄略天皇に擁立され即位した、と書紀が伝える東城《とうせい》王のことである。東城《とうせい》王は昆支王の子だから、その通りなら武寧王は昆支王の孫ということになる。

日本書紀は、武烈四年条で、武寧王即位の記事の後に、『百済新撰』による注釈として、

○『日本書紀』雄略天皇5年

蓋鹵王 ─ 婦人 ─ 嶋君（武寧王）
昆支王

○『日本書紀』雄略天皇23年

昆支王 ─ 末多王（東城王）

『三国史記』を引用する形で

昆支王 ─ 牟大王（末多王＝東城王） ─ 武寧王

○『日本書紀』武烈天皇4年

『百済新撰』を引用する形で

昆支王 ─ 斯麻王（武寧王）
　　　 ─ 末多王（東城王）

いま考えると

蓋鹵王 ─ 斯麻王（武寧王）
琨支王 ─ 末多王（東城王）

『日本書紀』が伝える昆支王と武寧王と末多王の関係

「斯麻王は琨支王子の子なり。即ち末多王の異母兄なり」とする。さらに、「王が生まれた嶋を百済人は号して主嶋《にりむせま》という」と注記し、続けて、「今案ずると嶋王は是れ蓋鹵王の子なり。末多王は是れ琨支王の子なり。此れを異母兄というは未だ詳らかならざるなり」としている。同じ注釈記事の中で、「斯麻王は昆支王の子」としながら「嶋王は蓋鹵王の子」として、混乱をみせる。わけの分からないところがある。

　整理すると、武寧王の父について、蓋鹵王、昆支王、東城王の三つの所伝があるのである。『三国史記』では、武寧王は東城王（牟大王）の子で昆支王の孫とする。日本書紀では蓋鹵王の子で昆支王からすれば甥にあたるとする。併せて、『百済新撰』の記事を引用して、琨支（昆支王）の子とし、蓋鹵王の子ともする。

ただ、いずれも武寧王は昆支王と強い血縁的つながりをもっていたことを伝える。その武寧王の直系の子孫が百済の百済の王系を継いでいった。

コウヤマキの棺

発掘された武寧王の棺はコウヤマキ（高野槙）で造られていた。コウヤマキは日本特産のスギ科の常緑樹で朝鮮半島にはない。材は桶《おけ》、船材、橋梁材などに用いられ、棺材としても秀れていたらしい。

問題は、武寧王の棺材がなぜ日本にしかないコウヤマキだったのだろうか、ということである。武寧王はよほどの日本通だったということか、造墓に当たった工人たちが日本のコウヤマキの良さに精通していたということか、倭国の誰かが棺用のコウヤマキを早くから武寧王のもとに贈っていたのか――。いろんな推測が成り立ちそうだが、武寧王と倭国との強い

コウヤマキ製の木棺（復元・国立公州博物館）

つながりを思慮せざるを得ない。

人物画像鏡に「斯麻」と「意柴沙加宮」

和歌山県橋本市の隅《す》田《だ》八幡神社に国宝・人物画像（象）鏡が伝わる。直径一九・八センチ、外区に次のような四十八文字の銘文がある。

隅田八幡神社（和歌山県橋本市）に伝わった国宝・人物画像（象）鏡＝隅田八幡神社提供

「癸未年八月日十大王年男弟王在意柴沙加宮時斯麻念長奉（寿）遺開中費直穢人今州利二人等取白上同（銅）二百旱作此竟（鏡）」

銘文の読み下し方や意味解釈にはさまざまな説がある。

骨子は、「癸未年八月、日十大王と（あるいは、の年）男弟王が意柴沙加宮《おしきさか》にいる時、斯《し》麻《ま》が長奉（寿）を念じ、開中費直《かわちのあたい》と穢人今州《あやひとのこんす》利《り》を遣わし、白い上等の銅二百旱（貫）を取り、この鏡を作った」というものだろう。

「癸未年」とはいつのことなのか、「日十大王」「男弟王」「斯麻」の三人は、どういう人物のことを指すのか、文字の使用開始や「大王」号の始まりに絡む古代史の重大な謎《なぞ》を秘めながらも、見解が分かれる。

「癸未年」は、四四三年説と六〇年後の五〇三年説がある。四四三年説では、允恭天皇の時代の鏡となり、「男弟王」は允恭天皇の皇后の忍坂大中姫の弟とみなす考え方が多い。

これに対し五〇三年説では、「大王」を仁賢天皇か武烈天皇とみなし、「男弟王」を継体天皇とする考え方が有力。そして「斯麻王」を百済の武寧王とみる。

「意柴沙加宮」は「忍坂の地の宮」と考えられる。そして、この鏡は忍坂の地にいた男弟王のために作られたとみなしていい。文献には登場しない「オシサカ宮」は確実に存在したことになる。

その伝承地は桜井市忍阪《おっさか》。集落には七世紀に造営された八角形墳の舒明天皇（在位六二九―六四一年）の押坂内陵（段の塚古墳）がある。また、田村皇女、大伴皇女、鏡女王ら、七世紀の宮廷を彩った女性らの墳墓がある。田村皇女は舒明天皇の母。大伴皇女は舒明天皇の父にあたる忍坂（押坂）彦人大兄皇子の叔母だった。忍阪には、七世紀の〝忍坂一族〟が眠るのである。「忍坂の地」は〝忍坂一族〟の大和における拠点の一つだったとみられる。

〝忍坂一族〟は血統的に息長氏と深いつながりがあり、〝息長ファミリー〟でもあった。中大兄皇子（天智天皇）と大海人皇子（天武天皇）は舒明天皇の子、やがて皇統の主流となっていく。人物画像鏡が、百済の王子の斯麻王が「意柴沙加宮」にいた男弟王、つまり〝忍坂一族〟の王か王子に贈ったものであるとすれば、わが国の皇統が百済の斯麻王と何らかの深い縁があったことを強く示唆する。

なお、人物画像鏡の制作が四四三年だったとすれば、允恭天皇の皇后の忍坂大中姫との関係が注目される。忍坂大中姫は、応神天皇の子である稚野毛二派皇子の子で、近江（滋賀県）の伊吹山麓の坂田や、天野川（息長川）流域を本拠とする息長氏の出身だったが、即位を強く辞退し続けた允恭天皇に強引に談判して即位を承諾させた、と書紀は伝える。允恭紀は、まるで忍坂大中姫が〝主人公〟のような書きぶりだ。

「ゆかり発言」

平成十三年（二〇〇一）、平成天皇（現上皇陛下）はワールドカップに先立って開かれた六十八歳の誕生日の記者会見で、「私自身としては、桓武天皇の生母が百済の武寧王の子孫であると、続日本紀に記されていることに韓国とのゆかりを感じています」と述べた。

日本の天皇家は、韓国の百済王家と古代より深い縁によって結ばれているという歴史認識を述べられたものだった。いわゆる「ゆかり発言」と呼ばれるもので、国内外から注目された。

続日本紀は、桓武《かんむ》天皇の生母である皇太后の高野新笠《たかののにいがさ》について、「皇太后の姓は和《やまと》氏、諱《いみな》は新笠。贈正一位の和乙継《やまとのおとつぐ》の女なり。母は贈正一位大枝朝臣真妹なり。后の先は百済武寧王の子純陀《じゅんだ》太子より出づ」としている。

また、『新撰姓氏録』は和朝臣《やまとのあそん》、つまり和氏のことを「百済国都慕《つも》王の十八世孫、武寧《ぶねい》王より出づ」としている。二つの文献は、「桓武天皇の生母の高野新笠は、和乙継の女《むすめ》であり、和氏は百済武寧王の子の純陀（淳陀）太子の子孫である」と伝えているのだ。

「純陀太子」の名前は日本書紀にもみえる。継体《けいたい》天皇七年条に「秋八月の二十六日に百済の太子淳陀が薨じた」とある。淳陀は純陀と同一人物とみていい。

　高野新笠は、桓武天皇の父、白壁王《しらかべ》（後の光仁天皇）の夫人だった。即位前の白壁王が皇位など考えもしなかった非主流の王族時代に出会ったらしい。二人の間にできた山部親王が光仁天皇の譲位により即位、桓武天皇となった。

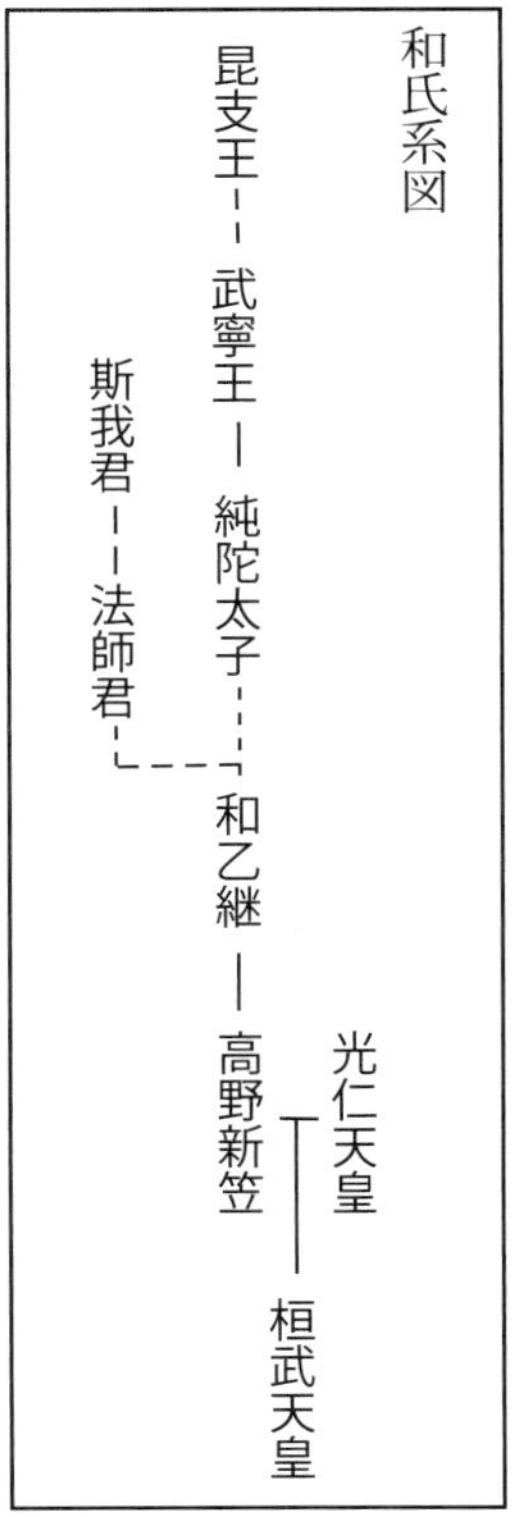

　桓武天皇は、平城京を棄てて長岡京から平安京に遷り千年の都の基礎を造ったことで有名だが、生母が百済系渡来氏族の出身だったこともあって渡来系氏族を優遇し、渡来人たちとはさまざまに関係が深かった。長岡京と平安京の造営に関しても秦氏など渡来人の強力な支援を受けたといわれる。

　桓武天皇の血脈が現代の皇室にまでつながっていることは疑えない。百済（韓国）との「ゆかり発言」は間違いではないのだ。

応神王朝の落日、四県割譲

吉備の反乱

雄略天皇は在位二十三年でこの世を去った。日本書紀によると、文斤《もんこん》王の後継の百済王に昆支王の第二子、末多《また》王を擁立して東城《とうせい》王とした後すぐのことだった。四七九年のこととされる。後継には、葛城円大臣から〝献上〟された韓媛《からひめ》が生んだ第三子の白髪《しらか》皇子が即位、清寧《せいねい》天皇となった。

清寧には二人の兄があった。吉備上道臣《きびのかみつみちのおみ》の娘の稚媛《わかひめ》が産んだ磐城《いわき》皇子と星川《ほしかわ》皇子だった。稚媛は二人の皇子に、「天皇の地位に即こうとするなら、まず大蔵の官を取れ」と教えた。国の財政のことをよく知り掌握しろということだろう。磐城皇子は反対したが、星川皇子は母の意向に従って大蔵の官を取り、財物を欲しいままにした。朝廷は軍を発し、大蔵を囲み、星川皇子を焼き殺した。母の稚媛もいっしょに焼き殺されてしまった。

報せは、吉備の稚媛の実家に届き、吉備上道臣らは軍船四十艘を出して、海を渡ろうとした。しかし、稚媛と星川皇子が既に焼き殺されてしまったことを知ると、途中で引き返した、と伝える。星川皇子事件である。

雄略天皇生存中にも「吉備の反乱」事件が二つあった。

一つは、雄略七年のこととして伝える。吉

備下道臣前津屋《さきつや》は、小女を天皇、大女を自分として闘わせ、小女が勝つとすぐさま殺した。また、毛を抜き翼を切った小さい雄鶏を「天皇の鶏」と呼び、「自分の鶏」と呼ぶ大きな雄鶏と闘わせた。小さな雄鶏が勝ったら刀を抜いて殺した—。怒った天皇は兵を出し、前津屋と同族七〇人を謀殺した。

いま一つ。雄略妃の稚媛は、元は吉備上道臣田狭《たさ》の妻だった。田狭は都で、「天下の美人で、私の妻に及ぶ者はない」と大いにのろけ回っていた。これを耳にした雄略天皇は、稚媛を自分のものにしたいと思い、田狭を任那国司に任命した。田狭が単身赴任中、雄略は稚媛を奪った。納まらない田狭は新羅と通じた。天皇は、田狭の子の弟君《おときみ》と吉備海部直赤尾《きびのあまのあたいあかお》に新羅討伐を命じたが、弟君も赤尾も田狭の反乱に加わった。

この反乱事件以降、倭国は新羅や高麗《こま》（高句麗）と激しい戦闘を繰り広げていく。書紀によると、膳臣斑鳩《かしわでのおみいかるが》、紀小弓宿祢《きのおゆみのすくね》、蘇我韓子宿祢《そがのからこのすくね》、大伴談連《おおとものかたりのむらじ》ら多数の将軍たちを送り込んだ。将軍たちの華々しい活躍を伝える一方、悲惨な戦死も伝える。

一連の「反乱」記事は、近畿の大王権（ヤマト王権）に対する吉備王国の反乱、あるいは近畿勢力と吉備勢力の葛藤という史実を反映した物語という見方が定着しているのだが、なぜか朝鮮半島情勢と微妙にからむ。

岡山平野は、弥生時代の埴輪の原型とされる特殊壺や特殊器台をもつ墳丘墓が造られ、直弧文や弧帯文もこの平野で産声を上げた。岡山市の造山古墳《つくりやま》（全長三五〇メートル）は、仁徳陵《にんとく》、応神陵《おうじん》、履中陵《りちゅう》（いずれも大阪府）についで全国四番目の巨大さ、総社市の作山古墳《つくりやま》（全長二七〇メートル）は全国第十二位の大きさ。岡山平野東部の田狭や稚媛の里とされる赤磐市にも、吉備第三位、全長一九四メートル、周囲を濠で囲まれた堂々たる両宮山古墳《ふたみやま》がある。

　こうした考古学的事実から、吉備には独自の政権が存在し、時にはヤマト政権に拮抗する勢力を有していた、との考え方が強い。

造山古墳（岡山市北区）

憶計王・弘計王発見

　清寧天皇の後継者問題が浮上しかけたころ、播磨国に遣わした伊予来目部小楯《いよのくめべのおたて》が、赤石郡《あかしのこおり》の縮見《しじみ》（兵庫県三木市志染《しじみ》付近とされる）に隠れ住んでいた憶計王《おけ》・弘計王《をけ》の兄弟を見つけ出した。二王は、雄略天皇に狩猟に誘いだされだまし討ちにされた市辺押磐皇子《いちべのおしわ》の遺児だった。

　二王発見のいきさつは顕宗天皇《けんぞう》即位前紀に詳しい。近江の蚊屋野で父の市辺押磐皇子が射殺された後、二皇子はいったん丹波国の余社郡《よさのこおり》（京都府の丹後半島の与謝《よさ》郡付近）に身を隠した。やがて赤石郡へ移り、名前を変えて、縮見の屯倉《みやけ》の首の忍海部造細目《おしぬみべのみやつこほそめ》の使用人として仕えていたのだった。

細目の家の新築祝いの宴席、立ち働いていた兄弟の立ち居振る舞いに目をつけた小楯が、二人にひとさし舞うように命じた。兄の憶計王に続いて弟の弘計王が新築の祝いの舞を舞い、「倭《やまと》は　そそ茅原《ちはら》、浅茅原《あさちはら》　弟日《おとひ》、僕《やっこ》らま」と歌い上げた。「私は浅茅原の弟王である、日本の国の弟王である」と名乗ったのである。「市辺宮《いちべのみや》に天下治しし…」と市辺押磐の子であることも名乗り上げた。小楯は驚き、席を替えて兄弟を上座に座らせ、何度も拝礼した。

大和の朝廷に迎えられた二王は、清寧天皇の後継者と定められ、兄の憶計王が皇太子になった。

飯豊青皇女と忍海

清寧の死後、二人は皇位を譲り合った。譲り合っている間が長かったので、飯豊青《いいとよのあお》皇女が忍海角刺宮《おしぬみのつのさしのみや》で政治を執ったとの伝えがある。「倭辺《やまとへ》に見が欲しものは忍海《おしぬみ》の　この高城《たかき》なる角刺《つのさし》の宮」と歌われる程に立派だったと伝える。

飯豊青皇女は、忍海郎女《いらつめ》、忍海部女王などとも呼ばれた。古事記では、億計、弘計王の姉ではなくて叔母だったとする。記・紀は「称制」として即位したとはしないが、『扶桑略記』は皇女の即位を認め、第二十四代天皇とする。

忍海郡は、現在の葛城市南端部、葛城山の東方に設置された東西に細長い小郡だった。その中心地というべきところに、大字忍海がある。白壁の土蔵の多い古い集落に角刺《つのさし》神社がある。祭神は飯豊青皇女。ホコラのような社殿がポツリとあるだけの小さな神社だが、

忍海の角刺神社。飯豊青皇女の忍海角刺宮はこの辺りにあったと伝承する（葛城市忍海）

「見が欲しもの」と歌われた角刺宮は同社付近にあった、と伝承する。

忍海で忘れられないのは、同市笛吹の葛城山麓にある笛吹神社。正式には、葛城坐火雷《かつらぎにいますほのいかづち》神社といい、『延喜式』の名神大社。古代朝廷で楽奏を職とした笛吹連《むらじ》らが祭った、といわれる。

同社の周辺には古墳が多い。笛吹古墳群、山口千塚古墳群、平岡西方古墳群など、後期古墳の群集墳が存在し、その数は数百基に上る。平岡西方古墳群では鉄鉗《かなはし》（ヤットコ）、鉄床《かなとこ》、鉄鎚《かなづち》などの鍛冶道具が出土。また、鉄製の馬具、鉄製の紡錘車、スキ先、カマなど鉄製品が多く出た。これらには朝鮮半島と関係深い遺物が目立ち、渡来系の鍛冶集団の墳墓群を示唆した。

寺口忍海古墳群から出土した鍛冶具（橿原考古学研究所附属博物館、葛城市歴史博物館提供）

笛吹神社から傾斜地を東に下ると、県道に沿って二つの古代寺院遺跡がある。直径二・五メートルほどもある大きな塔心礎の礎石が二個あり、新羅系の特異な鬼面文のある軒丸瓦などが出土している。鬼面文軒丸瓦は、太い眉、細い目。写実的でいかつい鬼の顔。類例は、明日香村の大宮大寺跡、滋賀県長浜市の柿田遺跡ぐらいしかない。

　同寺院跡からは、鉄滓を含む炭層も多く見つかった。鉄器製作と何らかのつながりをうかがわせた。忍海は、葛城襲津彦が新羅から

地光寺跡から出土した鬼面文軒丸瓦
（橿原考古学研究所附属博物館提供）

連れ帰った人々を桑原、佐糜《び》、高宮、忍海に住まわせたと応神紀に記す四邑の一つとされる。渡来人の古墳、新羅系の鬼面文瓦、鍛冶関係遺品…。忍海の古代遺跡は、渡来系鍛冶集団がいたという文献記録とよく符合する。

なお、億計王と弘計王が隠れ住んでいた播磨の忍海部造の家があったという「縮見《しじみ》」は兵庫県三木市の志染《しじみ》に比定できるが、三木市付近には韓鍛冶が居住したという記録があり、「三木金物」はいまも名高い。なぜか、「忍海」は鉄や鍛冶と結びつくのである。

皇位を譲り合っていた二王だが、結局、名乗りを上げて迎えられるきっかけをつくった弟の弘計王が先に即位して顕宗《けんぞう》天皇となった。顕宗の死後、兄の億計王が即位して仁賢《にんけん》天皇となった。

顕宗天皇の時、近江の蚊屋野で市辺押磐皇子の遺骸の捜索を行った。一人の老婆が埋め

市辺押磐皇子の墓。円墳が二つ並ぶ
（東近江市市辺町）

た場所を知っていた。掘り起こすと二体分あり、そっくりな陵を二つ造り、葬儀も同じようにした、と伝える。いまも、滋賀県東近江市市辺町にその陵墓と伝える古墳が残っている。住宅地の中に円墳が二つ並び、二つとも宮内庁指定の陵墓として管理されている。

遺骨の発見に功のあった老婆の兄は、近江の名族、狭狭城山君の祖となった、と伝える。

平群氏の台頭

仁賢天皇が亡くなった後、大臣《おおおみ》の平群真鳥《へぐりのまとり》と子の鮪《しび》が国政をほしいままにした。平群氏は、武内宿祢《たけうちのすくね》に発し、葛城《かつらぎ》、巨勢《こせ》、波多、蘇我、紀氏などと同族だった、とされる。五世紀に権勢を誇った葛城、和珥《わに》氏が衰え、六世紀に大伴、物部氏が台頭するまでの間隙をぬい突如、頭角を現した氏族だった。

古事記には、平群志毘《しび》（鮪）が宮殿の軒端が傾いているのを見て、「大君の　心を緩み
臣の子の　八重の柴垣　入り立たずあり
（大王の心がたるんでいるので、臣下の私たちのような八重に柴垣をめぐらした家に入ることができないのだ）」とあざ笑った、というような記事もみえる。

生駒山系と矢田丘陵にはさまれ、竜田川の流れに沿う南北に細長い平群谷《へぐりだに》が、平群氏の本拠地だった。平群谷には、平群町西宮の烏土塚《うどづか》古墳（史跡）など注目される古墳が数多くある。平群町三里の三里古墳の石室の奥壁には、板状の石を取りつけた石棚がある。用途は分かっていないが、和歌山市の岩橋《いわせ》千塚ぐらいでしか見られない特異な施設。岩橋

千塚は、紀ノ川流域に勢力を張った紀氏とのつながりが深いとされるが、平群谷にも紀氏神社が存在する。平群氏と紀氏は同族だったらしい。

暴君の武烈天皇と末多王

平群氏を倒して即位したのが武烈天皇だったが、たいへんな暴君として描かれる。妊婦の腹を割いて胎児を見た。人のナマ爪《つめ》を抜いてイモを掘らせた。人を池の樋に入れ、流れ出るところを三刃の矛《ほこ》で刺し殺すのを楽しみとした。女を裸にして板の上に座らせ、馬の交接を見せた…。書紀は、常識では考えられないような行為を羅列する。「しきりに多くの悪業をされ、ひとつも善業を行われなかった。人民はことごとく震い怖《おそ》れた」。

応神王朝末期の腐敗と没落を象徴するエピソードとの解釈がある。王朝が断絶して次に登場する継体天皇の新王朝を正当化するために、あえて武烈を腐敗極まる暴君として描いた、との解釈もある。

武烈紀の四年条には、「この歳、百済の末《ま》多《た》王は、無道であって、暴虐を働いていた。国人は、ついに王を排除して、嶋王を王に立てた。これが武寧王《むねいおう》である」とある。

前後に武烈天皇の悪業を並び立てて書き、この百済の王交代の記事を挿入する。日本と百済で軌を一にして、暴虐の限りを尽くす王から英明の王への交代を伝えるのである。その理由は分からないが、不思議といえば不思議なことである。

継体登場

武烈天皇が亡くなった。皇子女がなく、継嗣が絶えようとした。大伴金村は、応神天皇の五世の孫、男大迹《をほど》王を越の三国（福井県三国町）から迎える提案をした。

男大迹の父は彦主人《ひこうし》王といい、はじめ近江の高島郡の三尾（滋賀県高島町）にいた。母は垂仁天皇の七世の孫にあたる振媛。彦主人王が早く亡くなったので、振媛は高向《たかむこ》（福井県丸岡町付近）に帰郷して男大迹王を育てた。

男大迹王は五十七歳になっていた。威儀をととのえて迎えに行くと、平然とあぐらに座り、既に帝王の威風を備えていた。

まもなく、樟葉《くすは》宮（大阪府枚方市付近とされる）で即位した。継体天皇である。仁賢天皇の娘、手白香《たしらか》皇女を皇后に立てた。即位五年目に都を山城の筒城宮（京都府綴喜郡田辺町付近とされる）に移し、十二年目に弟国《おとくに》宮（京都府長岡京市付近とされる）に移った。さらに、二十年目に大和入りして磐余玉穂《いわれたまほ》宮を定めた。

〈巻第十七・継体天皇〉

継体天皇の即位は五〇七年とされる。「応神の五世の孫」とされるが、それまでの王統とは関係のない地方豪族の出身ではないか、との考え方がある。「王朝交代論」だ。武力によって王権を簒奪したのではないか、との説もある。

即位の場所は北河内。以後、山城の筒木宮と乙訓《おとくに》宮を転々とし、二〇年もの間大和入りを果たせなかった。陵も歴代の陵墓地帯から一つポツンと離れたところ（三島藍野陵＝大阪府茨木市に比定）にある―。こうしたことも、新王朝説の根拠になっている。

書紀によれば、継体には九人の皇妃があった。三尾氏、息長《おきなが》氏、坂田氏など、近江の豪族の娘が多い。尾張（愛知県）の大豪族、尾張連の娘もいる。また、母の振媛は越の出身で、祖父は美濃（岐阜県）から妻を迎えていた。琵琶湖周辺を中心に畿内北辺部に勢力を張り、北陸や愛知、岐阜県あたりともゆかりが深かったことは間違いなさそう。

四県の割譲

継体天皇は、ガタガタになった倭国の王権を再建し、建て直した英傑王とみなされることが多い。だが、朝鮮経営では苦労の連続だったようだ。任那を通した南鮮支配は、百済、新羅の台頭と加耶諸国の離反や反攻で破綻に向かってひた走ったようだ。

日本書紀には、継体六年のこととして次のような記事がある。

冬十二月、百済は使を来朝させ、任那国の上哆唎《おこしたり》、下哆唎《あるしたり》、娑陀《さだ》、牟婁《むろ》の四県の割譲を請うてきた。哆唎国主であった穂積臣《ほづみのおし》押山《おしやま》は、

「四県は百済に近接し、日本からは遠く隔たっている。哆唎と百済とは朝夕に通りやすく、鶏や犬の声もどちらの国のものかわからないくらいです。今百済に賜れば、この地を保つために最上の政策でしょう」

と申し上げた。大伴連金村も同調した。天皇は、四県を百済に賜った。

　勾大兄皇子（のちの安閑《あんかん》天皇）は、後でこの割譲のことを知り、驚き、残念がって、勅命を改めようと思い、百済の使に伝えた。ところが、百済の使は
「父君の天皇に賜った勅命です。皇子が天皇の勅命に違い、命令を改めて発するということがありましょうか」

と拒否した。

〈巻第十七・継体天皇〉


大和朝廷を揺るがす事態だった。ところが、

5世紀後半の朝鮮半島
（『古代日本と百済』〈大巧社〉より）

翌七年夏六月、百済は、朝廷に五経博士の段楊爾《だんように》を献上する一方、「伴跛《はへ》国がわが国の己汶《こもん》の地を略奪しました。本来の領有者にお返しいただきたい」と申し入れてきた。伴跛国は大加羅国とみられる。

　冬十一月、朝廷は百済、新羅、安羅、伴跛の将軍たちを集め、己汶ばかりでなく帯沙《たさ》の

地を百済国に賜る勅を宣した。己汶と帯沙は加耶諸国の中央部を北から南へ流れる蟾津江（ノムシン川）流域の国。先に割譲した四県の東に接する国だった。伴跛国は不満と怒りをあらわにし、倭国に備える城を築くなどした。大和朝廷にとっては、朝鮮経営の大ピンチだった。

磐井の反乱

継体紀によると、二十一年六月、近江毛野《おうみのけなの》臣《おみ》に六万の兵を率いさせ任那に派遣、新羅に破られた南加羅《ありひしのから》と喙己呑《とくことん》を取り戻そうと企画した。ところが、筑紫国造の磐井《いわい》が大和朝廷に反逆心を持っていることの知っていた新羅は、ひそかに磐井に賄賂を贈り、毛野臣の進攻を防ぐように勧めた。火国《ひのくに》（佐賀県、長崎県、熊本県）、豊国《とよのくに》（福岡県、大分県）にも勢いを張る磐井はこの誘いにに乗り、海路を任那に向かおうとする毛野臣の軍の進攻を阻止する反乱を起こした。

天皇は、大友金村らと協議して鎮圧に物部麁鹿火《あらがひ》を派遣することを決め、みずから斧鉞《おのまさかり》を授け、「筑紫より西はお前が思いのままに統治せよ」と送り出した。麁鹿火は御井郡《みいのこおり》（福岡県三井郡）で磐井を破り、乱の鎮圧に成功した。磐井の子、葛子《くずこ》は命乞いして糟屋屯倉《かすやのみやけ》（福岡県粕屋郡）を献上した。

筑紫国造磐井の墓と伝える全長一二五《メートル》の大きな前方後円墳が、福岡県八女市にある。岩戸山古墳である。『筑後風土記』にも詳しい記事があり、磐井が生前に造営していた、とされている。阿蘇凝灰岩を彫刻した石

岩戸山古墳の石人（八女市岩戸山歴史文化交流館）

人・石馬、石盾などが多数、今に伝えられている。古墳の東北部に「衛頭《かとう》」と呼ばれる区画があり、石人などを並べていた。裁判の様子を現したものらしい。戦後、多数の石人・石馬、鶏、刀、靫《ゆき》、壺などを型どった石製品が発見された。いま、古墳周辺は美しく整備され、石人・石馬などのレプリカが置かれ、収蔵庫では本物も公開されている。

特徴的な石人・石馬は、五世紀中ごろから六世紀初めにかけて福岡県南部、熊本県北部、大分県の一部の古墳に立てられたローカル的な遺物だ。土を焼いた埴輪の代わりに加工しやすい阿蘇凝灰岩を用いて制作したものらしい。

もう一つ、北九州に特徴的な装飾古墳は、石人・石馬とほぼ重なる分布を示す。六世紀に、石人・石馬に代わって最盛期を迎えた。横穴式石室の壁面や石棺に彩色画を描いたり、彫刻を施したりしている。壁画は

敷塚古墳の壁画（福岡県うきは市教育委員会提供）

円文、三角文、直弧《ちょっこ》文、蕨手《わらびて》文などの文様、人物、馬、靫《ゆき》、楯《たて》、さしばなどを描いている。

福岡県うきは市吉井町にある珍敷塚《めずらしづか》古墳（六世紀の円墳）の壁画は航行する大船を描いている。船上には大きな楯が並べられ、船をこぐ人があり、一羽の鳥が止まっている。後方には太陽が輝いている。航行する船の図は福岡県宮若市の竹原古墳などにも見られる。

どちらも内陸部に位置するが、この地の豪族たち、あるいはその先祖が朝鮮半島へ軍事行動で海を渡った記憶なのか、あるいは半島から海を渡ってきたことの記憶を描いたのか、大いに気になるところだ。

近江毛野臣

磐井の乱を鎮圧して、毛野臣の軍はやっと任那への渡海を果たした。ところが同じ頃、加羅の多沙津の港の割譲を求める百済の要求に応じた朝廷に対して、加耶諸国は強く反発、新羅と結ぶ動きさえ見せた。加羅の王は新羅の王の女《むすめ》を娶《めと》った。女を送ってきた従者たちが新羅の衣服を着けていたことに怒った任那の王が従者たちを追い返し、面目を失った新羅は任那国内の八つの城を襲い、落とした——などの伝えがある。

毛野臣は百済と新羅の二国の王を招集して打開策を探ろうとしたが実現できず、三千の軍兵を引き連れてやって来た新羅の使者は、多多羅など任那の四つの村を侵し、人民を連行していった。大和朝廷の朝鮮半島経営は、百済と新羅のはさみうちに合う格好で、ますます泥沼にはまり込むことになったのである。任那諸国の反発、離反も加速した。

毛野臣は訴訟がもつれた時に、熱湯の中に手など身体を入れさせただれればウソの証言とする盟神探湯《くがたち》を行ったりして人々の信用を失い、呼び戻されることになった。毛野臣はなかなか応じようとしなかったが、継体二十四年、強制的に招集され帰国することになった。途中、対馬《つしま》で病死した。

毛野臣の遺体を積んだ舟は、近江に向かって淀川を上った。毛野の妻は大阪府枚方市付近の淀川沿いに立ち、「枚方ゆ　笛吹き上る　近江のや　毛野の若子《わくご》い　笛吹き上る」と歌ったと伝える。いかにも悲しく寂しい歌である。

今城塚古墳

翌二十五年の春二月、継体天皇は八十二歳で亡くなった。三嶋藍野陵《あいののみささぎ》に葬った。

三嶋藍野陵は、淀川右岸の茨木市太田三丁目にある太田茶臼山古墳が治定されているが、五世紀の築造とみられることもあり、研究者の多くは東一・三キロの高槻市郡家新町にある今城塚《いましろづか》古墳を真の継体天皇陵とみな

し、ほぼ定説になっている。

今城塚古墳は六世紀前半の築造で全長一九〇メートル、淀川流域では最大規模。高槻市は平成九年（二〇一二）以降、史跡公園としての整備を進め、墳丘南側から見つかった埴輪祭祀場を復元した。幅（南北）六メートル、長さ（東西）六五メートルの区画に、武人、力士、鷹匠、冠帽男子、座わる男子、巫女《みこ》などを形どった人物埴輪のほか、馬などの四足動物、鶏、水鳥、さらに家、柵、蓋《きぬがさ》、大刀、楯、靫《ゆき》などを形どった形象埴輪を発掘調査に基づいてレプリカで復元している。自由に見ることができる。壮観である。

復元された今城塚古墳の埴輪祭祀場
（高槻市郡家新町）

任那滅亡

二朝対立説

日本書紀によると、継体天皇は、在位二十五年目に磐余玉穂宮で病死した。八十二歳だった。死の直前に長子の勾大兄《まがりのおおえ》皇子を天皇に立てた。安閑天皇である。都を大倭《おおやまと》の勾《まがりの》金橋《かなはし》宮に置いた。

安閑天皇は、わずか在位二年で亡くなった。子がなく、同母弟の桧隅高田《ひのくまたかた》皇子が皇位を継いだ。宣化天皇である。都を桧隅の盧入野《いおりの》宮に定めた。即位四年目に亡くなり、身狭桃花鳥坂上《むさのつきさかのへ》陵に葬った。

続いて継体と手白香皇后の間に生まれた天国排開広庭《あめのくにおしはらひろにわ》が即位した。欽明天皇である。欽明の治世は三二年に及んだ。

この時代になると実年代がほぼおさえられる。書紀本文に記す継体の死は「辛亥年」で五三一年。安閑元年は「甲寅年」で五三四年。さらに宣化元年は五三六年、欽明元年は五四〇年、欽明の死は五七一年――。

しかし、これには様々な異説があり、ここには大きな謎と問題とをはらむ。

まず、継体の崩年については、三つの説がある。古事記では五二七年とする。また書紀はある本の伝えとして五三四年説も併記する。

また、安閑の即位年についても、継体紀で

は「丁未年に大兄を立てて天皇とし、その日のうちに亡くなった」とするのに、安閑天皇元年は「申寅年」としている。前者なら五三一年だが、後者をとれば五三四年、二年間の「空白」があり、自己矛盾をおかしている。

　さらに、書紀は欽明の在位期間を三二年とするのに対し、『上宮聖徳法王帝説』は四一

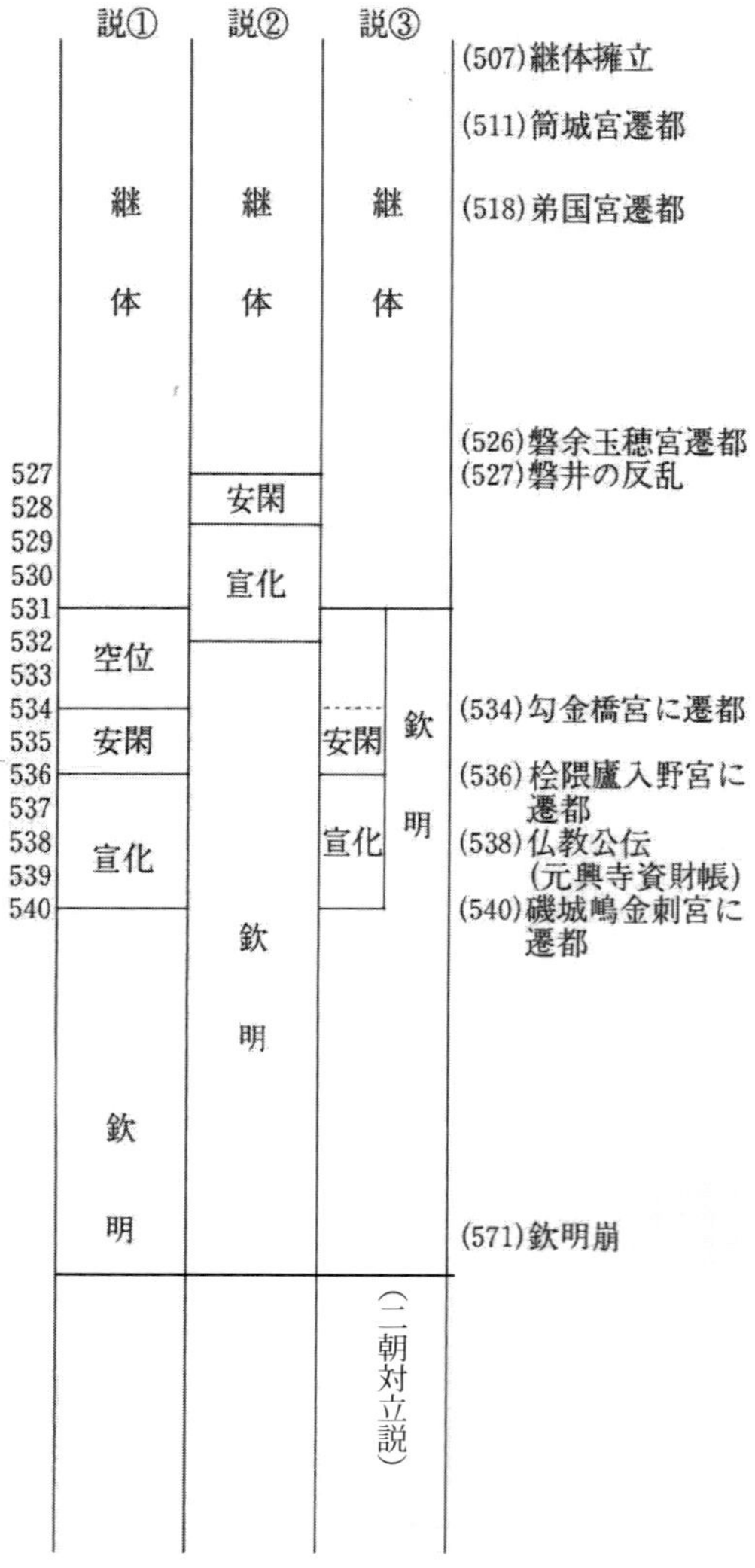

欽明朝の始まりについての各説

年間とする。欽明の崩年の五七一年は動かし難いとされ、在位四一年間とすれば、継体が亡くなってすぐ欽明が即位したことになる。

『元興寺伽藍縁起并流記資材帳』では、仏教伝来の年を「欽明七年戊午年」としている。「戊午年」は五三八年、書紀の記述に従えば欽明はまだ即位しておらず、欽明朝ではなく宣化朝にあたる。逆に「欽明七年」が正しいのなら、欽明朝は五三二年に始まっていたことになり、やはり継体に次いですぐ欽明が即位したと考えなければならない。

つまり、継体の死後、安閑、宣化を経て欽明が登場したとする伝えと、継体の死後すぐに欽明が即位したとする二通りの伝えがあるわけだ。

こうしたことから、喜田貞吉氏や林屋辰三郎氏らによって、欽明と安閑・宣化が同時に皇位にあった時期が何年かあったとする、いわゆる「両朝対立説」が唱えられた。継体は安閑を皇位に即けて亡くなったものの、蘇我《そがの》稲目《いなめ》らを中心とする反対派が「皇統系」の手白香《たしらか》皇女を母とする欽明を擁立。ところが、大伴金村らを中心とする勢力が安閑を守り、さらに宣化を立て、二つの朝廷が対立した――というものである。安閑と宣化の母は尾張（愛知県）出身の目子媛《めのこ》だった。

他にもさまざまな解釈、説などがあり、六世紀の大きな謎として、論争が続いている。

継体紀では、同天皇が二十五年（五三一）に八十二歳で亡くなったとするのは「百済本記による」とわざわざ注記している。

それにしても、日本の正史であるはずの『日本書紀』が、王権を立て直した英傑の王とされる継体天皇の没年を記述するのに外国の史書の『百済本記』を用いるというのはいったいどういうことなのだろうか。

それはそれとして、「その本（『百済本記』）には、その年（辛亥年）三月に百済の軍は進んで安羅に至り城を築いた。聞くところによると日本では天皇及び太子、皇子がそろって亡くなった、ということである」と注記している。

林屋氏は、「継体天皇とその皇子らは蘇我氏の手にかかって殺されたのだろう」とみた。朝鮮経営の失敗によって没落した大伴氏に代わって蘇我氏が台頭、欽明―蘇我政権を成立させた、とみるわけだ。

井上光貞氏は、「二つの朝廷が対立していたという形勢を認めがたく、一つの朝廷のなかで二派の勢力が皇位継承にからんで争った」とみた。しかし、喜田―林屋説を「大筋において誤りのないものであろう」ともした。（『日本の歴史Ⅰ　神話から歴史へ』中央公論社）

大伴金村の〝失政〟

大伴氏は、「神話の時代」からその名が見える。「天孫降臨」で高千穂峯に天降《くだ》った神の一人、天忍日命《あまのおしびのみこと》は大伴氏の祖神とされる。「神武の東征」で大活躍した道臣命《みちつおみのみこと》は、大伴氏の遠祖とされる。雄略天皇没後に吉備氏の反乱を鎮圧したという室屋《むろや》から頭角を現した。金村の祖父にあたる人物だ。軍事面での活躍が特に目立つ。王権を支えた軍事氏族だったらしい。

金村は、大伴氏の中でも一番の著名人。仁賢天皇没後、大王への野心を表したという平群氏の真鳥《まとり》、鮪《しび》親子を討ち、武烈天皇を即位させた。継体天皇の擁立でも活躍する。「王朝断絶」の危機の中で、政権内第一の実力者としてリーダーシップを発揮したことが、書紀の記述からうかがえる。

その金村は、継体天皇六年（五一二）に百済が任那の上哆唎《おこしたり》、下哆唎《あるしたり》、娑陀《さだ》、牟婁《むろ》の四県を割譲するよう要求してきた時、要求に応じるよう主張した。物部麁鹿火《あらかひ》らが強く反対したが聞き入れなかった。

それからおよそ三十年後、

欽明天皇元年（書紀に従うと五四〇年）、天皇は諸臣に尋ねた。

「どれだけの兵をもって新羅をうてばよいのだろうか」。

物部尾輿らが答えた。

「わずかの軍ではとうてい討てません。かつて、百済が四県の割譲を求めてきたとき、大伴金村はやすやすと応じ、そのため新羅の日本に対するうらみが生じたのです。この事態は簡単に好転できません」。

このとき、金村は住吉《すものえ》（大阪市）の自宅にいて出仕していなかった。天皇は見舞いの使いを出した。金村は言った。

「病気と称して出仕しないのは、諸臣らが、私が任那を滅ぼしたと申しているからです。恐れて出仕しないのです」

〈巻第十九・欽明天皇〉

任那はいつごろか、どのように日本が支配を及ぼすようになったかはよく分からない。存在自体を否定する考え方もある。百済や新羅の圧迫を受けて破綻したことは確かで、破綻の出発は「四県の割譲」だった。それだけに、金村への風当たりは強かったらしい。

批判の矛先をかわそうとしたのか、金村は宣化二年（五三七）、わが子・狭手彦《さでひこ》を将として形勢挽回のための大軍を派遣するようなこともあったが、この〝失政〟が命取りになって、大伴氏は急激に没落の道をたどった。

金村の子、大伴狭手彦が九州・松浦から朝鮮にわたるときの逸話は名高い。九州地方の風土記などに載る。恋人の佐用姫は、沖に姿を消してゆく軍船を山の上から見送りながら、力いっぱい領布《ひれ》（ネッカチーフ）を振って別れを告げた。これを見て涙を流さない者はいなかった。

領布《ひれ》を振る佐用姫の像（佐賀県唐津市）

以来、その山を「領布ふりの嶺」と呼ぶようになった―と伝承する。後世、同地を訪れた万葉歌人、山上憶良は、「遠つ人、松浦《まつら》佐用姫　夫恋《つまこい》に　領布ふりしより　負へる山の名」の歌を残している。

聖明王の戦死と任那滅亡

欽明紀は朝鮮関連の記事一色である。ほぼ全部が、滅びゆく任那にからむ記事といっていい。

それによると、大和朝廷の天皇は、任那日本府や加羅国ばかりでなく、百済や新羅にも「任那の復興」の呼びかけや要請を繰り返す。百済の聖明王も「任那の復興」に対する強い意欲を示し続け、大和朝廷に「救援軍の派遣」を繰り返して要請する。ところが任那は風前の灯火となり、やがて完全に滅んでしまうのである。

欽明朝の朝鮮の情勢は極めて複雑だった。天皇は「任那は百済の棟梁」として、百済に対し、任那の復興を図るよう求めた。百済の聖明王は、「古来、百済国は任那と、子たり、弟たることを約している」とし、「任那の復興」、具体的には新羅に滅ぼされた南加羅、喙己呑《とくことん》、卓淳等の回復を声高に叫んだ。

ところがその一方で、任那諸国の中には新羅に内応する王があったり、百済王の軍議の呼びかけに応じようとしない王がいたり、なかなか思うようにことは運ばなかったらしい。任那日本府の役人や日本から派遣された将軍たちも百済王の思い通りには動かなかったらしい。

百済の聖明王は強い王だった。欽明十二年（五五一）三月、みずから百済の兵と新羅、任那の兵を率いて高麗（高句麗）を攻撃、漢城（京畿道広州）と平壌（いまのソウル）を落とした。また、失っていた六郡の旧領を回復した。それも束の間、翌年、新羅が高麗側についた

聖明王の像。百済の最後の王都だった扶余の扶蘇山城（泗沘城）入口に立つ

ため、せっかく回復した漢城と平壌を放棄、退却したのだが、聖明王の優秀さを伝えている。

聖明王は、「斯羅《しらき》（新羅）は無道で天皇を恐れず、狛《こま》（高句麗）と結んで海北の弥移居《みやけ》（半島南部の諸国）を滅ぼし尽くそうとしています」と倭国に救援軍派遣を要請し続けた。一方で、王子の余昌は、周囲の諫めに耳を貸さず、国内の兵すべてを動員して高麗・新羅を攻めた。聖明王は我が子を気遣い、みずから出陣した。新羅と全面対決となり、激戦の中で聖明王はあえなく戦死した。欽明十五年（五五四）暮れのことだった。日本書紀は、聖明王の最期を次のように伝える。

聖明王は、佐知村の飼馬奴《うまかいやつこ》の苦都《こつ》に捕まった。苦都は再拝して

「王の首を斬らせていただきたい」

と言うと、明王（聖明王）は

「王の頭は、奴の手に受けるべきものでは

ない」

と答えた。苦都は、

「わが国の法では、盟約に違背すれば、国王といえども奴の手に受けるべきとされております」

と言った。明王は天を仰ぎ、涙を流し
「自分はそれを思うと骨髄に入るほど心が痛む」

と苦都の申し出を許し、首を差し出し、刀を受けた。苦都は穴を掘って首を埋めた。

（ある本には、新羅は頭骨以外は礼をもって百済に送った。今新羅は、明王の骨を北庁の階段の下に埋め、この庁を都堂と名付けている、とある）


〈巻第十九・欽明天皇〉

王子余昌は、弟の恵を倭国に派遣して聖明王の戦死を報告した。天皇は大変悲しみ、蘇我稲目は「聖王は天地の道理に通じ、その名は四方に知られていた」と悲しんだ、と伝える。余昌は、諫言を聞かずに新羅に進攻し聖明王の死を招いたことを大いに悔いたが、三年後の欽明十八年、威徳王として即位した。

　その五年後の欽明二十三年（五六二）一月のこととして、「新羅が任那の宮家《みやけ》を討ち滅ぼした」と、日本書紀は伝える。『三国史記』は「加耶を滅ぼす」としている、とも付記する。「ある本には二十一年に滅びたとある。総称して任那といい、加羅国、安羅国、斯二岐《しにき》国、多羅国、卒麻《そつま》国、古嵯《こさ》国、子他《した》国、散半下《さんはんげ》国、乞飡《こつきん》国、稔礼《たんれ》国の十国」と注記する。

　任那滅亡の報せに天皇は、「新羅は西方の

小さく醜い国で、天に逆らって無道である。恩義に違背してわが宮家を破り、人民や郡県を侵害した。長い戟《ほこ》や弩《ゆみ》をもって任那を侵略し、鋭利な牙《き》や爪《つめ》で人々を殺した。肝《きも》を裂き、足を切るだけであき足らず、骨を曝《さら》し屍《かばね》を焚《や》いた。このことを聞いて痛む心を起こさない者があるだろうか」と嘆き悲しみ、新羅を罵《ののし》った、とも書く。

大葉子の悲しみ

任那滅亡後も、倭国は新羅に対抗する軍兵を何回か発したらしい。河辺臣瓊缶《かわべのおみにへ》という武将が戦いに敗れ野営していると、新羅の闘将がやってきて、婦人たちは捕まった。闘将は「命の婦人とどちらが大事か」と問うと、河辺臣は「一人の女を愛するより命が大事だ」と答えた。婦人は姧された。後に婦人は、「あなたはあっさりと私の身をお売りになった。何の面目あってお会いできましょうか」と、会うこともしなかった—と書紀は伝える。

同じ時、捕虜になった調吉士伊企儺《つきのきしいきな》という武将は、新羅の闘将に刀をかざされ、褌《はかま》を脱がされ、尻を日本に向けさせられ、「日本の将よ、わが尻を食らえ」と大声で号叫《さけば》せられようとした。しかし伊企儺は「新羅の王《こきし》よ、わが尻を食らえ」と号叫び、いくら責められても応じず、ついに殺された。その子も父を抱いて死んだ。

妻の大葉子《おおばこ》も捕虜になった—。この大葉子のことを詠んだ歌が残っている。

韓国《からくに》の　城の上に立ちて　大葉子は

頒巾《ひれ》振らすも　日本《やまと》へ向きて
〈巻第十九・欽明天皇〉

このほか、新羅の使人が帰国せずに定住したり、高句麗の使人が日本の海岸に漂着したりすることが相次いだ。日本側は使人らを厚くもてなした、とする。任那を失った日本（大和朝廷）のとまどい、悲しみ、喪失感などをしみじみと伝える。そうした中で欽明天皇はその三十二年四月、「新羅を討って任那を建てるのだ」と言い残して、亡くなった。

任那論争

任那問題と古代日朝関係史を考える基本となってきた『任那興亡史』（一九四九年）を著わした末松保和氏は、「任那は地理的には百済・新羅を含まないが、政治的には百済・新羅と切り離して存立するものではない。さらに広大な政治機構の中の一部分＝中枢部として把握されねばならぬ」としている。そしてその理由を「任那も百済も新羅も、すべて〝ミヤケの国々〟の中のものであるから」と述べ、高句麗を除く朝鮮半島南部全域に大和朝廷の支配が及んでいた、との見解を示した。

そして、任那は、大和朝廷が直接支配する「ミヤケの国の棟梁」とされ、各国の首長＝旱岐《かんき》の上に大和朝廷から派遣された支配者を置いていた。一方、百済・新羅は間接支配、既成の統一を認めた上で百済王・新羅王によるいわゆる調《みつぎ》の貢上を義務づけていた――と解釈した。（『任那興亡史』より）

末松氏はまた、任那滅亡について、「任那

ないし日本に対する新羅の勝利というよりも、百済に対する新羅の勝利である。何となれば、残存諸国の地を併せんとすることは、新羅と相ならんで、百済も同じ程度に熱心に画策し希求したところであったからである」とした。そして、「百済は、任那回復の主人を自ら買って出るようにして、実は新羅に先んじて、残る任那地域を獲らんと企んでいたのである」との解釈も付け加えた。任那の滅亡とは「百済・新羅による任那分割」とみたのである。(『任那興亡史』より)

ただ、こうした末松氏の見解に疑問を呈する考え方もたくさん出ている。「任那日本府説」を裏付けする基本史料とされる好太王碑文をほぼ十年がかりで検討してきた李進熙《リジンヒ》氏が『広開土王陵碑の研究』(一九七二年)などで末松説に全面的に反論、四世紀後半の朝鮮出兵や「任那日本府」の存在を根底から否定したことは、「好太王碑と七支刀」編で詳しく書いた。

李氏は、好太王碑文と神功紀後半の記事を結びつけて導き出された「任那日本府」説を、「好太王碑文の改ざん」を主張することによって全面否定したのである。「参謀本部のねらいどおり、碑文は日本の朝鮮侵略と植民地支配の各段階において、それを歴史的に合理化するのに役立ったのだった」(『好太王碑の謎』)とした。

百済から仏教伝来

百済・聖明王から仏教

欽明《きんめい》十三年冬十月、百済《くだら》の聖明王（聖王）が遣わした達率《たつそつ》、致契《ちけい》が来朝、金銅の釈迦《しゃか》仏一躯《く》、幡蓋《はたきぬがさ》若干、経論若干巻をもたらした。

次のような上表文を添えていた。

「この法《みのり》は多くの法の中でも最もすぐれています。限りない幸福や果報をもたらし、人々を無上の菩提《ぼだい》に導くことができます。この妙法の宝は物ごとが思いのままになる宝珠《ほうじゅ》のようなもので、願いごとはすべてかないます。遠く天竺《てんじく》から三韓《みつからくに》に至るまで、仏法の教えを護持し、尊びうやまっていない国はございません」

これを聞いた天皇は、躍り上がらんばかりに喜んだ。

〈巻第十九・欽明天皇〉

日本書紀の伝える「仏教公伝」である。その年次は「欽明十三年」、五五二年のことだった。『上宮聖徳法王帝説』や『元興寺《がんこうじ》伽藍縁起《がらんえんぎ》』は「戊午年」、五三八年のこととした。十四年の開きがあるが、いずれも、「欽明天皇の時に百済の聖明王から伝えられた」—とする。

五三八年なら、百済の聖明王が都を熊津

（公州）から扶余（四泚）へ移した年だった。五五二年なら、聖明王は高麗（高句麗）に攻め入り、漢城（いまの広州）と平壌（いまのソウル）

韓国・扶余の定林寺跡。五重石塔は聖明王の時代のものとされる

を一時的ながら回復した翌年のことだった。絶頂期にあった聖明王は、得意満面で大和朝廷に伝えたのが仏教だったということか。

いずれにしても六世紀初めから中ごろにかけてのことだった。任那は滅亡寸前の状態だった。この頃、イマキノアヤヒト（今来の漢人）と呼ばれる渡来人が多数、日本に渡ってきた。また、百済から五経博士を招聘することが制度化されたりした。書紀には欽明天皇十四年、医、易、暦の三博士の交代を要請したというような記事も見える。これについて末松保和氏は、「日本は任那に於ける権益と交換的に、百済の文化及びその指導者を輸入したとみなし得ると思う」（『任那興亡史』）と解釈している。

向原の家

　欽明天皇は
「これほどすばらしい法は聞いたことがない。しかし、どちらとも決めかねる」

と、群臣らを集めて、

「西蕃《にしのとなりのくに》のたてまつった仏の相貌はおごそかで、これまでまったくなかったものだ。礼拝すべきかどうか」

と尋ねた。

　蘇我稲目《そがのいなめ》が答えた。

「西蕃の諸国がみな礼拝しています。日本だけがそれに背《あざむ》くべきではありますまい」

　しかし、物部尾輿《もののべのおこし》と中臣鎌子《なかとみのかまこ》は強く反対した。

「わが国家を統治する王は、天地《あまつやしろ》社稷《くにつやしろ》の百八十神を春夏秋冬にお祭りすることをその務めとしておられる。蕃神を礼拝されるならば、国神《くにつかみ》の怒りはまぬかれないでしょう」

〈巻第十九・欽明天皇〉


受容か否かをめぐってさまざまな相剋があった。当時既に民間ルートも含めてさまざまな形で仏教の教えや仏像、仏具などがもたらされ、渡来人を中心に信仰が広まり始めていたとみられるが、一種のカルチャーショックだったらしい。政治の世界をも揺るがした。

　賛否の分かれるのを知った欽明天皇は、

「礼拝を願っている稲目に授け、試みに礼拝させてみることにしよう」

と裁断した。稲目は喜び、小墾田《おはりだ》の家に安置して修行し、向原《むくはら》の家を寺とした。

やがて、疫病が流行して人々が次々と死んだため、物部尾輿と中臣鎌子が「私たちの方策を無視されたため、このようなことになったのです。早く仏を投げ棄て、後の幸福を求めるべきです」と奏上。天皇は承知し、仏像を難波の堀江に流し棄て、伽藍《がらん》に火をつけて焼いた。すると、風もないのに、にわかに大殿（欽明の磯城嶋金刺宮《しきしまのかなさしのみや》から出火した。

〈巻第十九・欽明天皇〉

稲目が仏像を安置した「小墾田《おはりだ》の家」と寺に改修したという「向原《むくはら》の家」は、甘樫丘の北麓、飛鳥川沿いの集落、明日香村豊浦あたりにあったといわれる。集落内にある浄土真宗・向原寺《こうげんじ》は、その名などから「ムクハラの寺」の地に建つと伝承する。飛鳥地方最初の

向原寺。「向原の家」伝承地に建つ。境内から推古天皇の豊浦宮跡とみられる遺構が発掘されている（明日香村豊浦）

宮都となる推古天皇の豊浦宮《とようらのみや》が営まれた地とも伝承する

向原寺境内から、奈良文化財研究所の昭和六十年の調査で厚さ九〇チセンほどに版築した基壇跡が見つかった。さらに、その下層から石敷き遺構と建物跡が発見された。『元興寺伽藍縁起』には「等由良宮を寺にし等由良寺と名付ける」という記事があり、『三代実録』にも「豊浦寺は推古天皇の旧宮」と記すことから、折り重なる上下二層の遺構は、上層が豊浦寺、下層が豊浦宮の跡と推定された。

向原、豊浦、小墾田などの地名をいまに伝える甘樫丘の北麓、飛鳥川に沿うあたりが、仏教がわが国で最初に根を下ろした地とみてよさそうだ。蘇我氏の本拠地である。そして、飛鳥時代開始の地でもあった。

崇仏と廃仏

日本書紀によると、仏教公伝の翌年の欽明十四年（五五三）、茅淳海《ちぬのうみ》（大阪湾）から発見された光り輝く樟木《くすのき》で二躯の仏像を造った、との伝えがある。敏達《びだつ》六年（五七七）には、百済から経論のほか、律師、比丘尼《びくに》、造仏工、造寺工などが送られてきた、との記事もある。

仏教は着実に根を下ろしていったらしい。しかし、「破仏」も続く。崇仏派の代表は蘇我氏だったのに対し、排仏派の代表は物部氏。いがみ合いが続いた。

敏達《びだつ》十三年（五八四）、百済から弥勒《みろく》の石像一躯と仏像一躯を将来した。蘇我馬子の手に入った。馬子は、司馬達等《しめたっと》らに各地から修行者を求めさせ、播磨国（兵庫県）で高麗の恵便《えべん》という還俗僧《げんぞくそう》を探し出した。また、達等の娘が得度して善信尼となった。善信尼の弟子の禅蔵尼と恵善尼も得度した。馬子は三人の尼を敬い、衣食を供給した。

馬子は、邸宅の東に仏殿を営み、弥勒の石像を安置し、三人の尼を迎えて法会を行った。このとき達等が、仏に供える食器の中から舎利を見つけた。舎利は、カナトコに置いて鉄の槌で打ってもビクともせず、カナトコと槌が砕けた。水に入れると、願いのままに浮き沈みした。感動した馬子は、石川の邸宅にも仏殿を造った。

翌十四年、馬子は塔を大野丘の北に建て、達等の会得した舎利を納めた。まもなく馬子が病にかかり、人々の間にも疫病が流行して死者が相次いだ。物部守屋と中臣勝海《なかとみのかつみ》が「これは蘇我臣が仏法を広めているからに違いありません」と奏上、天皇は「仏教の禁断」を決断した。

さっそく守屋は大野丘の塔を切り倒して火を放ち、仏像や仏殿も焼き払った。焼け残りの仏像は難波の堀江に棄てた。さらに、尼たちの法衣をはぎ取り、身を縛って海石榴市《つばきいち》で鞭《むち》打った。

ところが間もなく、疱瘡《ほうそう》が国中に流行し、天皇と守屋もわずらった。多くの死者が出た。人々はひそかに「仏像を焼いた罪だ」と語り合った。

馬子が造った「邸宅の東の仏殿」や「石川の宅の仏殿」、さらに「大野丘の塔」もその位置ははっきりしていない。しかし、近鉄橿原神宮前駅東口から明日香村の甘樫丘のふも

甘樫丘から畝傍山方面を望む。仏教が最初に根を降ろした地だった

との豊浦集落あたりへ通じる道、のちに山田道となった古道沿いに、わが国最初の仏教の聖地が形成されていったことは間違いないようだ。そこは、地理的にも、歴史的にも、飛鳥の入口だった。

藤ノ木古墳

崇仏と廃仏の相剋は、天皇は欽明、敏達、用明の三代にわたり、蘇我氏は稲目、馬子、物部氏は尾輿、守屋のそれぞれ父子二代にわたった。政権争いが、いがみ合いに拍車をかけ、ついに大きな武力衝突を引き起こすことになる。

敏達《びだつ》天皇が、その十四年（五八五）八月、亡くなった。殯宮《もがりのみや》を広瀬《ひろせ》に造った。

蘇我馬子大臣《そがのうまこおおおみ》が誄《しのびごと》をすると、物部守屋大連《もののべのもりやおおむらじ》が、これをあざ笑った。
「まるで猟箭《ししや》（狩猟用の矢）で射られた雀《すずめ》のようだ」
守屋が手足をふるわせながら誄をすると、こんどは馬子が笑った。
「鈴を懸《か》けたら良い」
二人の怨恨《えんこん》はつのった。

〈巻第二十・敏達天皇〉

殯《もがり》は、埋葬までの間、遺体を喪屋《もや》（大王の場合は殯宮）に安置し、遺族や近親者が死者の霊を慰める儀式。当時の葬送儀礼の中心を占める重要儀式だった。和田萃《あつむ》氏によると、六世紀はじめごろから特に大規模になり、大王の殯では誄《しのびごと》儀礼を繰り返し、最後に日嗣《ひつぎ》（王統譜）が奏上され、和風諡《し》号が献呈されるなど、皇位（大王位）継承儀礼としても重要な意味を持っていた、という。

敏達天皇の広瀬の殯は一年以上にも及んだらしい。日本書紀は、穴穂部《あなほべ》皇子（欽明《きんめい》の皇子）が突然、「どうして死んでしまった王のもとに奉仕して、生きている王のもとに仕えようとしないのか」と怒鳴り散らした、と書く。皇子は翌年の五月、敏達の殯宮に奉仕していた炊屋姫《かしきやひめ》皇后（敏達の皇后、後の推古《すいこ》天皇）をおかそうとして無理やり殯宮に入ろうとしたが、三輪君逆《みわのきみさかう》に追い返された、という奇妙な記事もみえる。

皇位は、異母兄弟の橘豊日《たちばなのとよひ》大兄皇子が継ぎ、用明《ようめい》天皇となっていた。穴穂部は失意のどん底にあったらしい。結局、物部守屋とともに、三輪君逆追討を口実に、用明天皇の磐余池辺双槻宮《いわれのいけべのなみつき》を囲む。反乱である。双槻宮への突入は、駆けつけた蘇我馬子によって阻止されたが、守屋は逆《さかう》を殺す。（一書によると穴穂部自身が逆を殺した）

病弱だった用明天皇は五八七年四月、即位二年目にして亡くなる。すぐさま守屋は、野心満々の穴穂部皇子の擁立に向けて動く。

しかし、この動きは馬子に筒抜けだった。馬子はすぐに炊屋姫を奉じて軍を起こし、穴穂部の宮を囲んだ。楼の上にいた皇子は、右肩に斬りつけられ、楼から転げ落ちた。近くの建物に逃げ込んだが、捜し出され、殺された。馬子は翌日、宣化《せんか》天皇の皇子、宅部《やかべ》皇子も殺した。穴穂部と親しい仲だったから、と書く。

豪華な鞍《くら》金具の出土や未盗掘石棺の調査で大きな注目を集めた斑鳩・藤ノ木古墳は男性二人を合葬していた。橿原考古学研究所員として調査を担当した前園実知雄氏は、二人の被葬者は穴穂部皇子と宅部皇子だったと考えている。

前園氏の著書『斑鳩に眠る二人の貴公子　藤ノ木古墳』（新泉社）によると、出土土器から古墳の築造時期は六世紀後半から末葉であることが分かった。年代的に矛盾しない。棺内には、金銅製品、銀製品、おびただしいガラス玉などが残され、半島からの影響を強く受けたきらびやかな装具で身を飾る被葬者像が浮かんだ。ただ、大刀など副葬品は伝統的な倭風スタイルを踏襲していた。北側被葬者の装具の方が圧倒的に優り、二人の立場の違いをうかがわせた。

人骨鑑定結果では、北側被葬者は二十歳前後のわりに華奢《きゃしゃ》な体格の男性、南側被葬者は、二十～四十歳の壮年男性だった。

棺内の遺物に混じってアカガシの花粉があった。遺骸の納棺時にまぎれ込んだものらしい。納棺の時期はアカガシの花粉が舞う初夏だった、と前園氏は推測する。二人の皇子が殺されたのは五八七年の夏四月七日と八日、まさに初夏の頃だった。

藤ノ木古墳の石棺。被葬者は穴穂部皇子と宅部皇子か（橿原考古学研究所提供）

守屋討伐、物部本宗家滅亡

最終決着は、馬子が守屋を倒す用明《ようめい》二年（五八七）の崇仏・廃仏戦争へ持ち越された。

七月に入り、馬子は守屋討伐を呼び掛けた。泊瀬部《はつせべ》皇子（のちの崇峻天皇）、竹田皇子、厩戸《うまやど》皇子（聖徳太子）、難波《なにわ》皇子、春日皇子、紀男麻呂《きのおまろ》、巨勢比良夫《こせのひらふ》、膳傾子《かしわでのかたぶこ》、葛城烏那羅《かつらぎのおなら》が呼応した。大伴臣、安倍臣、坂本臣、春日臣らも出陣、守屋の渋河《しぶかわ》の家（東大阪市）に軍を進めた。

守屋は孤立の状態にあった。稲城《いなき》（稲を積んで作ったとりで）を築いて戦った。自ら朴《えのき》の木の上に登り、雨のように矢を射た。馬子軍は三度も退却した。馬子と厩戸皇子は四天王らに堂塔建立を誓願して勝利を祈った。

やがて、迹見赤檮《とみのいちい》が守屋を木から射落とし、殺した。守屋軍はたちまち敗走した。

餌香川原《えがのかわら》（大阪府羽曳野市）には、斬られて死んだ人々の遺骸が数百も折り重なった。やがて腐乱して姓も名も分からなくなり、遺族は衣服の色などわずかな手掛かりで遺骸を引き取った。

〈巻第二十一・崇峻天皇〉

崇峻暗殺、推古女帝の登極

物部守屋《もののべのもりや》が、蘇我馬子《そがのうまこ》らに討たれ、物部本宗家が滅んで直後の五八七年八月、ほぼ四カ月にわたって空位だった皇位に、泊瀬部《はつせべ》皇子が就いた。崇峻《すしゅん》天皇である。倉梯《くらはし》に宮を営んだ。

崇峻五年（五九二）十月、イノシシを献上した者があった。天皇は指さし、

「いつかはこのイノシシの首を斬るように、きらいな男の首を斬ってしまいたいものだ」

と言った。多くの武器を用意した。

伝え聞いた馬子は、自分が憎まれている

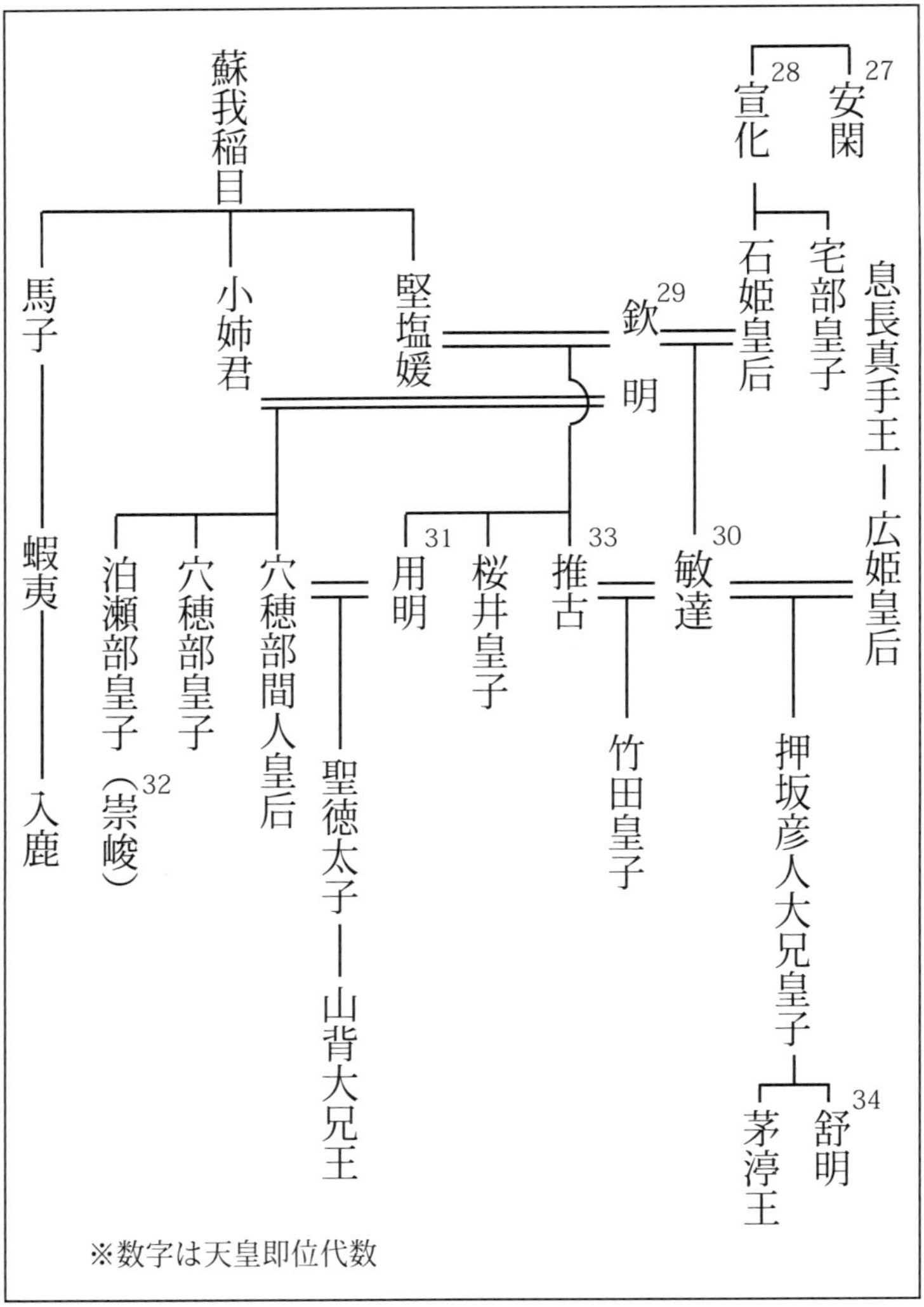

6世紀～7世紀前半ごろの皇統系譜

ことを恐れ、徒党を集めた。十一月三日、東漢直駒《やまとのあやのあたいこま》に命じて天皇を暗殺させた。その日のうちに倉梯岡陵《くらはしのおかのみささぎ》に葬った。

〈巻第二十一・崇峻天皇〉

赤坂天王山古墳。崇峻天皇陵か（桜井市倉橋）

崇峻天皇は欽明天皇の子で、母は蘇我稲目の娘の小姉君《おあねのきみ》。馬子には甥にあたっていた。穴穂部の死後は、馬子の呼びかけに応じて守屋討伐の連合軍に加わったが、馬子とはソリが合わなかったのか、感情的対立は解消されずに続いたらしい。

「倉梯宮」は、『古事記』では「倉椅柴垣《くらはしのしばがき》宮《のみや》」と記す。桜井市倉橋《くらはし》の寺川の渓流沿いがその伝承地。「天皇屋敷」の名を残す地や宮内庁が治定する崇峻陵も近くにある。ただ、「本当の崇峻陵」は、北東約一キロにある赤坂天王山古墳、と考える研究者が圧倒的に多い。一辺約四〇㍍《メートル》の大きな方墳。花崗岩《かこうがん》の巨石を積み上げた立派な横穴式石室が南側で開口し、石室内には凝灰岩製の大きな家型石棺が置かれている。

崇峻の次に皇位に即いたのは推古女帝だった。天皇暗殺という未曾有の事件に次いで、これまた前例のない女帝の登極――。

推古天皇は、諱《いみな》を額田部《ぬかたべ》皇女、諡号《おくりな》を豊御食炊屋《とよみけかしきや》姫といった。欽明《きんめい》天皇と堅塩媛《きたしひめ》（蘇我稲目《いなめ》の娘）の間に生まれた第四子。母は異なるが、崇峻の姉か妹にあたる。欽明三十二年（五七一）、十八歳で異母兄、敏達《びだつ》の妃となり、敏達五年（五六七）、二十三歳のとき皇后となった。前年に広姫《ひろひめ》皇后が死去したため、と書紀は伝える。三十二歳で夫・敏達と死別した。即位したときは三十九歳。六二八年、七十五歳で死去するまで、在位は三十六年にわたった。

女性の天皇は十代（八人）を数える。推古、皇極《こうぎょく》（再祚《さいそ》して斉明《さいめい》）、持統《じとう》、元明《げんめい》、元正《げんしょう》、孝謙《こうけん》（再祚して称徳《しょうとく》）の八代（六人）は七、八世紀に即位している。他は江戸時代の明正《めいせい》と後桜町《ごさくらまち》。推古天皇は、「女帝の時代」の幕開けでもあった。

即位の翌年（五九三年）、厩戸皇子を皇太子に立て、政務のすべてを委ねた、と書紀は記す。聖徳太子である。「太子と嶋大臣《しまのおおおみ》（馬子）がともに政治を輔《たす》けた」とも書く。微妙なバランスのもとに、推古天皇、聖徳太子、蘇我馬子による共同執政が進められたらしい。

みてきたように、百済から伝えられた仏教は、蘇我氏の権勢拡大と歩を一つにして日本に根を降ろし、飛鳥時代の開始を告げた。

手末《たなすえ》の才伎《てひと》——技術の渡来

飛鳥寺

五八七年に物部《もののべ》氏を打ち倒した戦争は、基本的には皇位継承問題をはらんだ権力争いだった。しかし、結果的には、崇仏派の代表、蘇我氏の権勢が確立、「仏教国家」への道を歩み始める出発点となった。

河内の渋川《しぶかわ》の物部守屋《もりや》の家に総攻撃をかけたときの次のエピソードは大変名高い。

守屋の軍勢は強く、盛んで、家に満ち、野にあふれた。馬子側の軍衆はおじけづき、三度も退却した。

このとき、厩戸皇子《うまやど》（聖徳太子）は、束髪於額《ひさごはな》をする少年（十四歳）だった。軍の後方に従っていたが、戦況を敏感に察した。

「このままでは敗れるかもしれない」

と、すばやく白膠木《ぬりで》から四天王像を彫り出し、頭髪に刺し、

「敵に勝たせていただけるなら、きっと護世四王のために寺塔を建立しよう」

と誓願した。

続いて馬子も誓願を発し、

「私を守り助け、勝利を与えて下さるなら、きっと寺塔を建て仏法を広めよう」

たちまち戦況は一変し、守屋を倒した。

〈巻第二十一・崇峻天皇〉

太子の発願した四天王寺（荒陵《あらはか》寺、大阪市）は、推古元年（五九三）に造営が開始されている。戦争終結後すぐに造り始められたわけではないらしい。しかし、馬子の発願した寺はさっそく戦争の翌年（五八八年）から、飛鳥の真神原《まかみのはら》で工事に着手された。飛鳥寺である。法興寺《ほうこうじ》、元興寺《がんこうじ》とも呼ぶ。わが国最初の本格的寺院だった。

日本書紀によると、飛鳥寺の造営にあたって、百済から舎利《しゃり》がもたらされ、寺工《てらたくみ》、鑪盤《ろばんの》博士《はかせ》、瓦博士《かわらのはかせ》、画工《えかき》らが次々とやってきた。建築、鋳造、瓦作りの技術者や画家たちだった。推古《すいこ》元年（五九三）の正月には塔の心礎に舎利を納め、心柱《しんばしら》を立てた。推古四年（五九六）には、馬子の子の善徳臣《ぜんとこのおみ》が寺司《てらのつかさ》となり、高麗僧・慧慈《けいじ》と百済僧・慧聡《えそう》が住み始めた。推古十三年（六〇五）には、女帝が太子や馬子らとともに銅と刺繍《ししゅう》の二つの丈六仏《じょうろくぶつ》を発願、鞍作鳥《くらつくりのとり》（止利仏師）が制作を始めた。

飛鳥寺（安居院）。左後方は甘樫丘

翌年完成して金堂に安置した。飛鳥寺は着工から十八年を経てほぼ完成をみた。

真っ赤に丹を塗ったエンタシスの柱。屋根の上では瓦がみごとな直線美、曲線美を描き、堂内にはさんぜんと輝く金色の仏像。見上げるばかりの塔の上には、まばゆく光り輝く相輪。透かし彫りの水煙には、飛天が華麗に舞っていた。大陸渡来の最先端技術を駆使した堂塔伽藍に、飛鳥人たちもド肝を抜かれたに違いない。庶民は竪穴式住居に住み、宮殿といえども掘立柱の建物で、屋根は草葺きか板葺きの時代だった。

飛鳥寺はいま、創建時の大伽藍《がらん》のおもかげはない。安居院《あごいん》と呼ばれてきた堂一つと庫裡《くり》、鐘楼などを残すだけ。止利仏師の作った本尊・釈迦如来座像（飛鳥大仏）があるが、中世は雨ざらしだったといい、つぎはぎだらけ。歴史的には最古の仏像のはずだが、国宝に指定されず、重文にとどまっている。しかし、飛鳥観光の一つの拠点として訪れる人は多く、一四〇〇年の法灯を守り続けている。

飛鳥寺跡は、昭和三十一年から二年間、奈良国立文化財研究所（現奈良文化財研究所）によって大がかりな発掘調査が実施された。本尊の下から竜山石《たつやま》（凝灰岩）の切り石を組み合わせて作った大きな台座を見つけ、安居院は元の金堂の位置にあり、本尊も元の場所を動いていないことを突きとめた。金堂基壇、石敷き参道、塔跡などが次々と検出され、塔の東西にも西金堂がある「一塔三金堂」形式の伽藍配置が明らかになった。

「一塔三金堂」は百済にはない。高句麗の

㊤百済からもたらされたとみられる飛鳥寺跡出土の軒丸瓦（奈良文化財研究所提供）
㊦韓国・扶余出土の軒丸瓦。よく似ている（国立扶余博物館展示）

都だった平壌の清岩里《せいがんり》廃寺に例がある。飛鳥寺は、文献記録のほか、出土する素弁蓮華文《すべんれんげもん》軒丸瓦の文様や、すぐ東南で見つかった瓦窯跡の構造が百済のものそっくりなことなどから、百済の技術で造営されたことは明らかだが、高句麗とのつながりも注目されることになった。

中金堂には金銅仏、東金堂には敏達十三年（五八四）に百済からもたらされたという弥勒《みろく》の石仏（未発見）、西金堂には金銅仏といっしょに制作されたという繍仏《しゅうぶつ》が安置されていた、と推測されている。

塔跡の発掘も人々を驚かせた。基壇の上表面から三メートル程もある地下の深いところから花崗岩の心礎が発見された。この心礎周辺から▽挂甲《けいこう》▽馬鈴《ばれい》▽蛇行状《だこうじょう》鉄器（馬に飾った幡の金具とされる）のほか、メノウ、ヒスイなどの勾玉《まがたま》四個▽管玉《くだたま》五個▽水晶の切子玉《きりこだま》二個▽メノウの丸玉一個▽琥珀玉《こはくたま》多数▽銀製空玉《うつろだま》三個▽銀製くちなし玉一個▽トンボ玉三個▽紺、緑、黄、赤などのガラス小玉二二六六

飛鳥寺の発掘調査（奈良文化財研究所提供）

個▽金製耳環《じかん》一三個▽金の延板《のべいた》七枚▽銀の延板五枚▽円形と剣菱形《けんびしがた》金銅製品六〇点以上▽刀子《とうす》一二本▽金銅の鈴七個▽金銅製歩揺《ほよう》数百個—などが出土した。

それはまさに古墳の副葬品を思わせる遺物だった。飛鳥寺は、古墳時代から飛鳥時代へ橋渡しをした「ハイテク文化センター」だった。

聖徳太子と斑鳩寺

推古《すいこ》元年（五九三）夏四月、厩戸豊聡耳《うまやどのとよとみみ》皇子を皇太子に立てた。「政務を総裁させ、国政執行のすべてをゆだねた」と書紀は記す。摂政・聖徳太子の誕生で、推古と太子と馬子の共同執政が行われたのだろう。

推古二年（五九四）に「三宝興隆」の詔を出して仏教国家への歩みをはっきり打ち出したばかりでなく、同十一年（六〇三）には、「冠位十二階」を制定し、翌年には「以和為貴（和を以て貴しとなす）」の書き出しで始まる「憲法十七条」をつくった。教科書にも必ず登場する内政の諸政策である。

遣隋使《けんずいし》の派遣についても忘れてはならない。遣隋使は、『隋書』には六〇〇年に日本の使節が入朝したという記録があるが、『日本書紀』では推古十五年（六〇七）の小野妹子《おののいもこ》の派遣を最初とする。

妹子は皇帝・煬帝《ようだい》と面会し、「日出ずる処の天子、書を日没する処の天子にいたす。つつがなきや云云」の書き出しで始まる国書を奉った。煬帝は「蛮夷《ばんい》の書、礼を無《な》みする者あらば、また以て聞するなかれ」と激怒した。しかし、隋は東方政策の上で日本を無視し難い状態にあったのか、結局、裴世清《はいせいせい》を使節として送る。翌年、妹子とともに来日した。飛鳥入京のときは、海石榴市《つばきいち》（桜井市付近）に飾馬《かざりうま》七十五匹を仕立ててにぎにぎしく迎え入れた。

裴世清一行が帰国する際、小野妹子は再び隋に渡り、八人の留学生も同行した。留学生らは帰国後、さまざまな分野の指導者として活躍した。なかには、大化改新の口火となった乙巳の変（六四五年）のブレーンとなった高向玄理《たかむくのげんり》、僧旻《そうみん》、南淵請安《みなみぶちの》らもいた。

書紀の推古九年（六〇一）条に「皇太子、初めて宮室を斑鳩に興《た》てたまう」とある。斑鳩に住んだ太子はまもなく、宮殿に隣り合わせて斑鳩寺（法隆寺）を建立した。法隆寺金堂の薬師如来像の光背銘《こうはいめい》には、同十五年（六〇七）に完成した、と記す。

斑鳩寺は法隆寺。しかし、太子の法隆寺は、

「世界最古の木造建築」として名高い、いまの法隆寺ではない。『日本書紀』の天智九年

法隆寺（西院伽藍の金堂と五重塔）

（六七〇）条に「法隆寺炎《ひつけ》り。一屋も余ることも無し。大雨ふり、雷なる」とあり、太子の法隆寺は数十年にして炎上してしまったことを伝える。

建築史学では、現法隆寺の金堂、五重塔など西院伽藍の主要建築は、中国六朝《りくちょう》の影響を受けた推古朝の飛鳥様式としてきた。七世紀はじめの建築であり、炎上した後に再建された七世紀末以降の建物ではありえない、というのが美術史の様式論の立場だった。明治二十年代から再建・非再建論争がわき上がった。

考古学調査が〝百年論争〟に決着をつけた。西院伽藍の東南から一列に並ぶ四天王寺式の塔と金堂の跡が確認され、「若草伽藍」と呼ばれるようになった。

同四十三年（一九六八）と四十四年に国によって再調査され、伽藍の中軸線が磁北から西に約二〇度振れることなどが明らかになった。さらに、同五十七年（一九八二）に寺域を囲む北の柵列と西の柵列が発見され、「若草伽藍」の範囲が確定した。

鞍作鳥と手末《たなすえ》の才伎《てひと》

飛鳥寺の造営で、丈六《じょうろく》の金銅仏が完成したときのこととして、書紀は次のようなエピソードを伝える。

仏像が金堂の戸より高く、納めることができなかった。工人たちは「戸を壊して中に入れよう」と相談し合った。

ところが、鞍作鳥《くらつくりのとり》はすぐれた工《たくみ》で、戸を壊さずに入れた（方法は書いていない）。

このため天皇は鳥をほめたたえ、上から三番目の大仁《だいにん》の位と近江《おうみ》国坂田郡の水田二十町を授けた。鳥は感謝のしるしとして飛鳥に坂田寺を建立した。

〈巻第二十二・推古天皇〉

鞍作鳥は、継体《けいたい》朝に渡来して坂田原（明日香村）に草庵を営み、仏像を礼拝したと伝える司馬達等《しばたつと》の孫にあたる。父の多須奈《たすな》は用明《ようめい》天皇の病気平癒のために出家して丈六仏を造った。叔母の嶋女（善信尼《ぜんしんに》）は女性として初めて出家した。

本来は、馬具作りで朝廷に仕えた渡来工人だったらしい。馬具作りには、金工や木工の高度な技術を必要とする。その技術は、やがて仏像制作に応用されたようで、法隆寺・金堂の釈迦三尊像(国宝)なども鳥の作品と伝える。鳥は、その名をいまに残すわが国最初の芸術家といっていいだろう。

しかし、鳥一人が秀れた工人だった、ということではなかった。飛鳥文化を切り開く上で、渡来系の技術者がいかに大きな役割を果たしたか、また、彼らのもたらしたハイテク技術がいかに人々を驚かせたか、を物語るエピソードと考えるべきだろう。

飛鳥寺が建立された「真神原《まかみのはら》」は、明日香盆地の中央部で、飛鳥の中心部だった。雄略天皇紀には、百済など半島から渡ってきた多くの「手末《たなすえ》の才伎《てひと》」らを居住させた土地三カ所のうちの一カ所として登場する。他の二カ所は上桃原《かみつももはら》と下桃原《しもつももはら》。石舞台古墳は「桃原墓」とも呼ばれ、付近一帯とみられる。

「手末の才伎」は手先を使う技術をもつ工人や知識人のことをいったらしい。雄略紀には、陶部《すえつくり》、鞍部《くらつくり》、画部《えかき》、錦部《にしごり》、訳語《おさ》(通訳)の技術者の名がみえる。「今来《いまき》の才伎《てひと》」とも呼ばれ、飛鳥時代の産業、経済、文化の発展を支えた。こうした先進技術や知識を備えた渡来人が、他地域に先駆けて飛鳥地方に居住したことが、後に飛鳥の地を王都たらしめることになったことは疑えない。

雄略紀には、身狭村主青《むさのすぐりあお》らが呉《くれ》の国から連れ帰った手末《たなすえ》の才伎《てひと》の漢織《あやはとり》、呉織《くれはとり》、衣縫《きぬぬい》の兄媛《えひめ》・弟媛《おとひめ》らの呉人を「桧隈野」に住まわせ、その地を呉原《くれはら》と名づけた―と書いている。呉国を中国の呉国(春秋時代の呉は前六～五世紀、三国時代の呉は三世紀)とするには時代がずれることから、呉は高句麗《こうくり》の「句麗」のことだとの見方もある。五世紀ごろ、大陸あるいは半島から、後に「呉服」と呼ばれることになる織物関係の技術をもった人々が多く渡来し、桧隅野など飛鳥地域に定住した事実を伝えるものとみていい。

東漢氏《やまとのあや》と桧隈《ひのくま》

阿知使主《あちのおみ》と都加使主《つかのおみ》父子を祖とする東漢氏は、渡来系氏族の代表格だった。応神天皇二十年に「党類十七県の人々」を率いて渡来してきた、とされている。一族郎党を引き連れて大挙、渡来してきたものと考えられる。

明日香村桧前《ひのくま》には東漢氏の氏寺だった桧隈《ひのくま》寺跡があり、阿知使主を祭神とする於美阿志《おみあし》神社がある。平安時代末の建立とされる十三重石塔（重文）が、「渡来人の寺」の象徴としていまに残る。「於美阿志」は「使主阿知《おみあち》」が転じたものといわれる。

桧隈寺跡は、いまは廃寺だが、奈良文化財

桧隅寺跡に建つ十三重石塔（明日香村桧前）

研究所による発掘調査で、西に門、北に講堂、南に金堂を配し、それぞれを回廊でつないで真ん中の塔を囲む、類例のない奇異な伽藍配置だったことが明らかになっている。また、講堂の基壇は、瓦を積んで周囲を化粧する珍しいものだったことも分かった。七世紀後半の建立らしい。

隣接して栗原の集落がある。呉人たちを住まわせたという「呉原」のことか。ムラの真ん中に呉津彦神社がある。東漢氏の一族、平田氏の氏寺だったらしい定林《ていりん》寺の跡（史跡）も、北東一キロあまりの同村立部にある。

かつての高市郡、いまの橿原市、明日香村、高取町あたりは、かつて今来郡と呼ばれた。奈良時代末の七七二年、坂上苅田麻呂《さかのうえかりたまろ》が「高市郡内には他姓の者は十にして一、二なり」と言上したという記事が『続日本紀《しょくにほんき》』にみえる。高市郡の人口は、八、九割までが東漢氏系の渡来人で占められていた、というのだ。

東漢氏や坂上氏は、その高市郡のど真ん中、桧隈の里を拠点とし、ハイテク集団を統率し、中央政界でも重要な立場を占めた。

明日香村に隣接する高取町では、半島渡来の大壁《おおかべ》建物（壁面全部が土壁の建造物）遺構が三〇棟以上見つかっている。中には、オンドル施設を伴った遺構も発掘されている。

雄略天皇没後に起きた星川皇子の反乱事件で鎮圧に活躍した東漢掬《つか》に三子があった。その三子の山本直、志努直、爾波伎《にわき》直が、兄腹、中腹、弟腹という「東漢氏三腹」の祖になったとされる。また、その後裔は六三氏に上った。

高取町教委が制作した大壁建物の復元模型

「中腹」だった坂上氏はやがて、東漢一族の宗家的立場に立つ。最初の征夷大将軍として名高い坂上田村麻呂は「高市郡内に他姓の者は一、二なり」と上表した刈田麻呂の息子。平安時代初めに行われた東北の蝦夷征討で大活躍、蝦夷最強の首長だった阿弖流夷《あてるい》を降服させ、捕虜として京の都へ連れ帰った。弘仁二年（八一一年）、五十四歳で死去したが、死後も「平安京の守護神であれ」との嵯峨天皇の命で、甲冑、剣など武具を付けて立ったままで葬られたと伝承する。

王辰爾と船氏・葛井氏・津氏

敏達《びだつ》天皇元年五月、天皇は、相楽館に居留させていた高麗の使（前年、越の海岸に漂着していた）がもっていた上表文を史《ふひと》たちを招集して解読させたが、三日経っても誰も解読できなかった。ところが王辰爾《おうしんじ》が読み解いた。天皇は

「よくやった。おまえが学問に親しんでい

なかったら誰も解読できないところだった。今後は殿中に近侍するように」と、王辰爾をほめた。

高麗の上表文は、烏《からす》の羽根に書かれており、羽根が黒いため判読できなかったのだ。王辰爾は、羽根を飯気《いいのけ》（御飯を炊く時の湯気）で蒸し、上質の綿布を押しつけて文字を写しとった。人々は一様に驚いた。

〈巻第二十・敏達天皇〉

「烏羽《からすう》の表疏《ひょうそ》」と呼ばれる秘密外交文書判読に関するエピソードである。

王辰爾は百済からの渡来人だった。欽明紀に「王辰爾に船の賦《みつき》（船に関する税）を数え記録させた。船長《ふねのつかさ》とし、姓を賜って船史《ふねのふびと》といった。船連の先祖である」とある。計算や事務能力に長じていたということらしい。

大阪府柏原市の大和川左岸の小高い丘の頂に松岳山古墳がある。前方後円墳で石棺の一部が露出、石棺の前後に育孔板石と呼ばれる縄掛け用だったらしい板石が突き出した特異な古墳である。この古墳から、江戸時代に盗掘された際に、縦三〇チセン、横七チセンほどの青銅製墓誌が出土した。被葬者である「船首王後《せんのおびとおうご》」の名前など約一五〇字に及ぶ銘文が表と裏に刻まれていた。

〈表〉は、「惟《おも》うに、王後の首は船氏中興の祖である。王智仁の子那沛故首《なほにのおひと》の子である。敏達天皇の御世に生まれ、推古天皇の朝廷から舒明天皇の朝廷まで出仕、奉仕した。天皇は、知識とその才能と出仕の功勲を認め、勅命によって大仁の官位を賜った」と生前の活

松岳山古墳。「船首王後」の墓誌が出土している

動などを記している。
〈裏〉には「舒明天皇十三年（六四一）十二月三日に死した。天智天皇七年（六六八）十二月松岳山上に埋葬した。夫人と合葬した。伯兄である刀羅古首《とらこのおひと》の墓も並べて造り、永遠の霊地とした」と記している。

墓誌に見える船王後の祖父、王智仁は、欽明朝に船史という姓を賜ったとする船氏の祖、王辰爾《おうしんに》のことである。つまり、松岳山古墳は船氏三代目の墓だったのだ。

大阪府羽曳野市野々上にある野中寺《やちゅう》は船氏の氏寺とされる。飛鳥時代の寺院で、京都・嵯峨野の太秦寺や斑鳩・中宮寺の半跏思惟像とそっくりの金銅製弥勒像（国宝）が伝わる。

船氏の子孫に、乙巳《いっし》の変（六四五年）で燃える蘇我蝦夷の家から国記など重要文書を持ち出したと伝える僧恵尺《えさか》がいた。その子の道昭《どうしょう》は、飛鳥寺（元興寺）で受戒した後、唐に渡って三蔵法師に師事し、我が国に法相宗《ほっそうしゅう》を伝えた。各地を行脚して、井戸を掘り、橋を架け、港を設け、布施屋（簡単な医療機関）設置などの社会公益事業にも尽くした、と伝える。

船氏の同族に葛井《ふじい》氏と津氏があった。いずれも南河内を拠点とした。藤井寺市藤井寺にある葛井《ふじい》寺は、葛井氏の氏寺。津氏は、大和川の舟運や港の管理運営に携わったらしい。『続日本紀』の編纂にも携わり、多くの官史や学者を輩出している。

猪名部工《いなべのたくみ》

応神天皇三十一年秋八月の条に次のようなエピソードが載る。

伊豆国から貢上された枯野という船はすっかり老朽化してしまった。そこで、船の材を薪として塩を焼いた。五百籠と塩を得た。諸国に配り船を造らせたところ、五百船が献上された。すべて武庫水門《むこのすいもん》に集めた。

この時、近くにあった新羅の使の宿泊所から火災が発生、延焼して集まっていた船の多くが焼けてしまった。

新羅を責めたところ、新羅王は驚いて恐愕し、良い匠者《たくみ》（木工技術者）を貢上した。これが猪名部《いなべ》らの始祖である。

〈巻第十・応神天皇〉

猪名部工《いなべのたくみ》たちは摂津国の猪名川の流域を本拠としていたと伝える。為奈《いな》、為奈野とも呼ばれる地域、いまの伊丹市、豊中市あたりである。書紀に出てくる武庫の水門（武庫川）は程近い。

日本書紀の雄略天皇秋九月条に次のような記事が載る。


木工の韋那部真根《いなべのまね》は石を台にして斧で木材を削っていた。誤って傷つけることはなかった。不思議に思った天皇は、

「誤って石に当てることはないのか」

と問うた。真根はお答えして、

「決して誤ることはございません」

天皇は、采女《うねめ》を集め、衣服を脱がせ、ふんどしをさせて相撲をとらせた。それを見て真根は思わず、誤って刃を傷つけてしまった。天皇は怒って、真根を責め、死刑にしようとした。

その時、仲間の工匠が、真根のことを惜しんで、
あたらしき　韋那部の工匠　懸けし墨縄
其が無けば誰か　懸けむよ　あたら墨縄
（もったいない、韋那部の工匠が使った墨縄よ。彼がいなかったら誰がかけよう、もったいない墨縄よ）と歌を詠んだ。
天皇はこの歌を聞いて大いに後悔、
「もう少しで人を失うところであった」
と赦免の使を処刑場に走らせ、処刑執行をやめさせた。

〈巻第十四・雄略天皇〉

猪名部《いなべ》の工匠たちの優秀さをいまに伝えるエピソードである。猪名部の工匠たちの子孫はその技術を生かし諸国の社寺造営に活

躍した、と伝える。東大寺の工事責任者は猪名部百世《いなべのももよ》だった。

百済の須恵器（国立公州博物館蔵）

須恵（陶）器は一、一〇〇度以上で焼かれた古代の陶質土器である。それまでの土師器《はじ》に代わって、古墳時代中期以降、主流の土器となった。四世紀末から五世紀にかけて渡来

「陶邑」にある陶荒田神社（堺市中区上之）

してきた朝鮮半島の工人たちが造ったといわれる。

堺市の旧大村郷（現在の福田、上之、辻、高倉など）あたりは書紀の崇神天皇条に「茅渟《ちぬ》県《あがた》陶邑」と記されたところ。わが国最初の須恵器生産地といわれる。付近の堺市東南部の泉北丘陵には、須恵器を焼いた登り窯跡が多数ある。泉北ニュータウンの造営で多くが壊され、いまに残るのは一―二割程度という。

須恵器をもたらしたのは加耶からの渡来人、百済人、新羅人などとする見方があって定まらない。

朝鮮半島から渡来した人々は、文筆、計算などいわゆる「読み、書き、そろばん」に長じた知識人だった。製鉄、鍛冶、武器・武具作り、織物、染色、建築、陶器作りなどでも活躍した。仏像制作や絵画、刺繍など芸術分野でもリードした。我が国の古代文化の礎となった。

横穴式石室と群集墳と韓国の前方後円墳

桧隅坂合陵

欽明天皇は五七一年四月に亡くなった。河内の古市（大阪府羽曳野市）で殯をし、九月に桧隅坂合陵に葬った。推古紀には、その桧隅坂合陵のこととみられる記事が二つある。

推古《すいこ》二十年二月、推古天皇は亡き母、堅塩《きたし》媛を桧隈大陵《ひのくまのおおみささぎ》に改葬した。軽《かる》の路上で誄《しのびごと》（死者の霊に弔辞を述べる儀式）を行った。霊前に供えた明器《みけもの》（祭器）や明衣《みけし》（死者に着せる衣服）は一万五千種に上った。蘇我大臣馬子《そがのおおおみうまこ》も、一族を引き連れて参列した。

推古二十八年十月、桧隈陵《ひのくまのみささぎ》を改修してさざれ石（小石）を葺《ふ》いた。陵域の周囲に土を山盛りにし、氏ごとに大きな柱を建てさせた。倭《やまとの》（東）漢坂上直《あやのさかのうえのあたい》の建てた柱が最も大きかった。人々は坂上直のことを大柱直《おおはしらのあたい》と呼んだ。

〈巻第二十二・推古天皇〉

推古二十年は六一二年、推古二十八年は六二〇年のことだった。

桧隈坂合陵はいま、宮内庁によって高市郡明日香村下平田にある梅山古墳に治定されている。全長一三八メートルの前方後円墳。すぐ西側にある小さな陪塚（孝徳・斉明天皇の母、吉備姫の桧隅墓とされる）には、飛鳥の謎の石造物の一つ、猿石四体が置かれている。異国ムードがただようが、元禄時代、梅山古墳南側の水田から掘り出されたと伝える。東漢氏傘下の渡来人が陵の守りに置いた、とも推測できる。墳丘上にはみごとな葺石が施されている。周濠の外側からでもよく観察できる。さざれ石を葺いたと記す推古二十八年の改修記事とみごとに一致する。梅山古墳が立地するのはまさに「桧隅」である。

猿石。梅山古墳西側の陪塚内に置かれる

　一方で、北方約八〇〇メートルにある見瀬五条野《みせごじょうの》丸山《まるやま》古墳を桧隅坂合陵、つまり欽明陵とみなす考え方が、研究者の間などで強い。

　見瀬五条野丸山古墳は、橿原市見瀬町、大軽町、五条野町にまたがって横たわる巨大前方後円墳。全長三一八メートルを測る。「とにかく大きな墓を造ろう」という時代が過ぎた六世紀の後期古墳でありながら奈良県下で最大、全国でも第六位の大きさだ。

「本当の欽明陵」との見方が強い見瀬五条野丸山古墳。前方部から後円部を望む

後円部に、南面する巨大な横穴式石室がある。かつては開口していて、自由に出入りできたらしいが、いまは鉄条網が巡らされ、入ることはできない。

たまたま、平成三年（一九九一）十二月、写真マニアによって撮影された石室内部の写真が、マスコミを通じて公開された。直交して置かれた二基の家形石棺は、見るからに風格があり、威厳に満ちていた。墓の主は、時代の第一人者だったことは疑えない。欽明《きんめい》天皇のほか宣化《せんか》天皇、蘇我稲目《そがのいなめ》などが被葬者候補に挙げられてきたが、最近は欽明天皇陵説でほぼ固まりつつある感がある。

追葬された堅塩媛は蘇我稲目の娘で、馬子の姉だった。欽明の妃となり、用明天皇と推古女帝を生む。推古女帝にとっては母親を父親と同じ墓へ葬ることだったが、そのバックに蘇我氏の強大な権力があったことは疑えない。欽明の〝正妻〟、つまり皇后は宣化天皇の皇女、石姫だったが、馬子はこれを押しのけて「わが姉」を合葬したのである。追葬とその儀式の盛大さは、蘇我氏の権力の誇示だったとみていい。

追葬儀式の場は「軽《かる》の路上」だった。同古墳のある橿原市大軽町付近がその「軽」の地の推定地であり、大和盆地を南北に貫いていた古代幹線道路の下ツ道はここを南の起点としていた。軽《かる》は韓《から》、あるいは加羅のことだったかもしれない。

丸山古墳の西方約二〇〇メートル《メートル》、近鉄岡寺駅すぐ西側の高取川沿いの高台に牟佐坐《むさにいます》神社がある。近世には境原《さかいばら》天神と呼ばれた。付近は孝元《こうげん》天皇の軽境原《かるのさかいばら》宮跡と伝承する。本居宣長《もとおりのりなが》の『古事記伝』は、「境は坂合」とする。その通りならこれも丸山古墳が欽明の坂合陵である傍証となる。

牟佐坐神社は、壬申の乱（六七二年）のとき、高市県主許梅《たけちのあがたぬしこめ》に神がかりし、神武陵に馬と武器を供えるように託宣、大海人（天武）軍を勝利に導いたという生霊《いくみたま》神がいた社としても知られる。牟佐は身狭。書紀には身狭村主《むさのすぐり》青《あお》、身狭君勝牛、身狭臣などの人名が見え、欽明紀には、「高市郡に韓人大身狭屯倉、高麗人小身狭屯倉を置かせた」との記述があり、渡来人とかかわり深い。

ただ、見瀬五条野丸山古墳には書紀が伝える葺石《ふきいし》があったようすがない。「桧隅陵にさざれ石を葺いた」という記事とは合わない。

蘇我馬子と石舞台古墳

蘇我馬子は、ライバル物部守屋を倒し、崇

峻天皇を殺し、姪の推古女帝を登極させ、自らの権力を確立した。飛鳥寺の建立は野望成就の記念碑だった。

馬子には、「悪人」のレッテルが貼られ続けてきた。しかし、東漢氏、鞍作一族などを傘下に収め、大陸渡来の先進技術や思想を定着させて飛鳥時代を切り開いたのは馬子にほかならない。蘇我氏の開明性、進取性は、やはりだれよりも馬子に象徴される。

権勢において並ぶものがなかった馬子に死が訪れたのは推古三十四年（六二六）だった。この年は、正月に桃やスモモが花をつけたかと思えば、三月に霜が降りた。そして五月二十日、馬子が亡くなり、「桃原墓に葬った」と書紀は記す。

桃原墓は、明日香村島ノ庄にある石舞台古墳（特別史跡）との考え方が有力。年間五〇万人余が訪れる飛鳥観光の拠点。累々と積み上げられた巨石は、見る人をいやおうなしに古代へ誘う。「古代」「古墳」「飛鳥」などの言葉から真っ先に連想するのは「石舞台」という人も少なくなかろう。

芝居の舞台のようにも見える巨石は、もちろん横穴式石室。封土がなくなって露出している。蘇我氏の横暴を世に示すために封土がはぎ取られ、石室がムキ出しになったという伝承も、記録や証拠があるわけではないのだが、現実味のある話として語り継がれてきた。玄室《げんしつ》、羨道《せんどう》部を含めた石室の全長は約二〇<ruby>メートル</ruby>。見瀬丸古墳に次ぐ規模だ。花崗岩《かこうがん》の巨石を積み重ねて造った巨石墳で、最も大きい天井石は約七七<ruby>トン</ruby>と推定されている。

石舞台古墳（明日香村島庄）

昭和八年（一九三三）から京都大学考古学研究室が発掘調査した。後、昭和十三年（一九三八）に橿原考古学研究所を創設することになる末永雅雄氏が担当した。既に石棺はなく、金銅製の帯金具、土器片などが出ただけだったが、一辺約五五㍍の方墳だったことを確認。また、空濠と外堤がめぐることなどを明らかにし、巨石墳の構築技法を突きとめた。

ただ、石舞台が本当に馬子の墓なのかということについては、築造が六世紀後半とみられ、馬子の死亡した六二六年とは時代的にややズレることなどから、近年疑問視する見解も出されている。

蘇我氏の墳墓

蘇我氏四代のうち稲目の墓は、石舞台のすぐ近くにある都塚古墳が注目されたりしている。墳丘には階段状の積み石が発見され、「ピラミッド状の墳丘」と注目された。五世紀に高句麗や百済で造られた階段状の積石方墳との類似性が指摘される。

蝦夷《えみし》・入鹿《いるか》父子の墓は、生前のうちに今来《いまき》の地に双墓《ならびばか》として造営された、と伝える。ひとつを「大陵《おおみささき》」と呼んで蝦夷の墓とし、もうひとつを「小陵《こみささき》」と呼んで入鹿の墓とした、と皇極《こうぎょく》紀にある。「陵《みささき》」は天皇にだけ許された呼称だった。上宮大娘姫王《かみつみやのいらつめのみこ》（聖徳太子の娘？）は「蘇我氏は無礼。天に二つの太陽がないように、国に二人の君主はいないはず」と憤慨、蘇我氏と上宮《じょうぐう》王家（山背大兄《やましろのおおえ》皇子）との対立をさらに深め、乙巳のクーデターの呼び水となったともされる。

今来双墓《いまきのならびはか》は、かつて御所市古瀬《こせ》にある二つの水泥《みどろ》古墳（塚穴山古墳と蓮華文古墳）が候補に上がっていたが、時代が合わないことなどからいまは否定されている。

その一方で、二〇一四年に明日香村川原の養護学校の敷地内で発見された小山田古墳

小山田古墳の周濠跡。一辺70メートルの大方墳。蘇我氏の今来双墓の一つとの見方がある（明日香村川原）＝橿原考古学研究所提供

が、七世紀中ごろに築造された一辺約七〇メートルの大きな方墳だったことが分かった。そして西側一〇〇メートル程に隣り合わせる一辺三〇メートルの方墳である菖蒲池《しょうぶいけ》古墳（橿原市菖蒲町）とセットとなるいわゆる「今来の双墓」ではなかったか、という見方が急浮上した。小山田古墳を蝦夷の「大陵」、菖蒲池古墳を入鹿の「小陵」とみるものだ。小山田古墳は周濠などに整美な河原石の石敷きをもち、菖蒲池古墳には豪壮な家型石棺が現存する。

大阪府河南町の平石川（石川の支流）に沿う平石谷にある平石古墳群のアカハゲ古墳とツカマリ古墳を蝦夷・入鹿父子の双墓とみなす考えもある。どちらも大きな方形墳で、切石の横口式石槨《せっかく》をもつ終末期古墳。平成十五年（二〇〇三）から同十七年にかけて、大阪府教育委員会によって発掘調査された。アカハゲ古墳は、墳丘が長辺（東西）約四五メートルあり、ツカマリ古墳は、東西約四三メートル、どちらも石槨は南に開口し、奈良県の宇陀地方で採取できる榛原石《はいばらいし》（室生安山岩）の切石が用いられ、

シショカツカ古墳
（大阪府河南町の平石古墳群）

隙間には漆喰《しっくい》が塗り込められていた。

平石谷では、もうひとつ、同じような造りの大型方形墳が平成十一年（一九九九）に発見され、シシヨツカ古墳と名付けられた。漆塗りの棺片、銀象眼の大刀飾り、金銅製馬具の飾り金具、銀製帯金具、金糸、銀糸、銀線、ガラス玉などきらびやかな遺物が出土、稲目か馬子の墓との見方がある。

最近では、見瀬五条野丸山古墳を稲目の墓とする考え方も浮上している。

横穴式石室の植山古墳

見瀬五条野丸山古墳、石舞台古墳などのように豪壮な石室をもつ、いわゆる巨石墳は六世紀を中心に築造された。斑鳩の藤ノ木古墳や御所市の條ウル神古墳、石上の塚穴山古墳（天理市）などがある。條ウル神古墳と塚穴山古墳の石室の大きさはは、藤ノ木古墳をしのぎ、見瀬五条野丸山、石舞台に次ぐ規模をもつ。

横穴式石室は、墳丘の横から石積みの穴をうがって、遺体を納める玄室とその玄室に通じる羨道《せんどう》を設けた構造の古墳主体部のことをいう。中国・漢代や楽浪郡、帯方郡など朝鮮半島北部で発達、百済や加耶を経て日本列島へ伝えられた墓制。四世紀後半から九州北部で始まり、五世紀には瀬戸内地方や近畿にも広がり、六世紀には列島各地に定着した、とされる。それまでの直葬墓や竪穴式石室墓とは違って、複数人を埋納する合葬も可能で何度も追葬を繰り返すことが可能になったのが特徴。

平成十二年（二〇〇〇）、橿原市五条野町の植山《うえやま》古墳（橿原市五条野町）が、同市教育委員会によって発掘調査された。東西約四〇メートル、南北約二七メートルの長方形墳。南側に開口する大きな横穴式石室が二つ設けられた「双室墳」だった。石室は二つとも花崗岩《かこうがん》の大きな自然石を積み上げて造っていた。終末期古墳の一種で、石舞台古墳と同じ構造のいわゆる巨石墳だった。

　東側の石室には、凝灰岩《ぎょうかいがん》で造られたくりぬき式の家形石棺が、身《み》、蓋《ふた》とも完形で残っていた。西側石室には、玄室と羨道を仕切るドア形式の扉《とびら》が

植山古墳の㊨東石室と㊧西石室。
東石室には竹田皇子、西石室には推古天皇を葬ったとみられる。

あったらしく、凝灰岩で造られた仕切り石(閾《しきみ》石)が残っていた。石棺はなかった。

東側の石棺の石材は「馬門石《まかどいし》」、あるいは「阿蘇《あそ》ピンク石」と呼ばれる、熊本県の宇土半島で産出する阿蘇溶結凝灰岩だった。西側の仕切りの凝灰岩は兵庫県揖保《いぼ》川流域産の「竜山石《たつやまいし》」だった。どちらも、海をわたってはるばる運ばれてきたものらしい。

石室は、どちらも羨道を含め長さ約一三メートルを測った。石舞台には及ばないが、六世紀後半から七世紀初めにかけてたくさん造られた横穴式石室の中でも屈指の大きさといえる。

橿原市教委は、東石室は六世紀末頃、西石室は七世紀前半頃の築造と推定、「被葬者について、当時(飛鳥時代)の日本で一、二の権力を有していた人物と想定してよい」とみた。マスコミは一斉に、「推古天皇とその子、竹田皇子を合葬か」と報道した。百家争鳴になりがちなこうした被葬者推定では珍しく、研究者らからもほとんど異論は出なかった。

推古天皇は、その三十六年(六二八)二月に病にかかり、翌三月七日亡くなった。七十五歳だった。天皇は群臣たちに、「ここ数年、五穀が実らず、百姓らは大変飢えている。自分のために陵を造って厚く葬ることはしないように。竹田皇子の陵に葬ればいい」

と遺勅していた。

それで、竹田皇子の陵に葬った。

〈巻二十二・推古天皇〉

竹田皇子は、推古女帝（炊屋姫）と敏達天皇の間に生まれた皇子だった。

竹田皇子に関する記事が日本書紀に最初に登場するのは、蘇我氏と物部氏の対立がいよいよ激しくなった用明天皇二年（五八七）のこと。物部守屋《もののべのもりや》が河内の阿都（現在の八尾市付近）に退いて軍勢を固める一方で、数少ない守屋の味方だった中臣勝海《なかとみのかつみ》連が、押坂彦人《おしさかのひこひと》大兄《おおえ》皇子（敏達《びだつ》天皇の第一子）と竹田皇子の像を作って二人の死を祈るまじないをした、と伝える。

同年七月の物部守屋討伐戦で、守屋の「渋《しぶ》川《かわ》の家」（東大阪市あたり）を攻めた時の参戦者の中にも、泊瀬部《はつせべ》皇子（後の崇峻《すしゅん》天皇）、厩戸《うまやど》皇子（後の聖徳太子）らとともにその名がみえる。竹田皇子は泊瀬部皇子に次いで二番目に名前が挙げられている。

ところがこれ以降、日本書紀から竹田皇子の名前はぷっつり途絶え、再びその名が登場するのが推古天皇の遺勅の中なのだ。物部氏滅亡からほどなく、何らかの理由で亡くなった、と考えざるを得ない。

竹田皇子は、その人となりもほとんど分かっていない。しかし、推古にとっては誰よりも愛しい息子だったことは間違いない。欽明天皇の「孫世代」の皇位継承候補者はひしめいていたが、敏達と広姫皇后の子として生まれた押坂彦人大兄皇子とともに最右翼にあっただろう。蘇我氏にとっても、非蘇我系の押坂彦人の即位を阻止して世間を納得させる天皇を擁立するとすれば竹田皇子以外になかったはずだ。

竹田皇子の死は推古女帝と蘇我政権にとっては、この上ない痛恨事だったに違いない。しかし、日本書紀には竹田皇子の死にまつわる記事は一行も出ていない。深い謎である。

竹田皇子の死が、五八七年の物部氏滅亡から間もない頃だったとすると、六世紀末と推定される植山古墳の東石室の築造時期は、ぴったり合う。推古天皇がなくなったのは六二八年。西側の石室の築造推定時期と合致する。つまり、植山古墳は「大野の岡の陵」、遺勅と合致する推古天皇・竹田皇子合葬墓だった

推古女帝は、まもなく「大野の岡の陵」から「科長《しなが》の大きな陵」（大阪府太子町）に改葬された、と伝える。「大野の岡の陵」（植山古墳）の発掘は、飛鳥の謎の地名の一つであった「大野岡（丘）」の場所を特定することにもつながった。

群集墳

横穴式石室は、多数の小古墳が集中して造られ千塚と呼ばれるような六世紀の群集墳によく用いられ、七世紀のいわゆる終末期古墳にも用いられた。

群集墳の代表ともいえる新沢千塚古墳群は、橿原市川西町にあり、六〇〇基ほどの古墳が集中する。大半は一〇―三〇メートルの小円墳だが、前方後円墳、方墳、長方形墳などもある。

昭和三十七年から四十一年にかけ、橿原考古学研究所が約一二〇〇基を発掘した。とりわけ注目されたのは126号墳（五世紀末）。見栄え

のしない長方形墳（二二メートル×一六メートル）だったが、長さ二〇センチもの垂飾付き耳飾り、竜を透かし彫りした方形金具（冠の一部か）、指輪、髪飾りなど、きらびやかな純金製の遺品がザクザク出土した。さらに、シルクロードを西域から運ばれてきたらしいガラス器（カットグラスの碗とコバルト色の皿）も出土、人々を驚かせた。出土遺物の豊富さ、きらびやかさ、国際性は、大和でもピカ一だろう。

新沢千塚古墳群（橿原市川西町）

新沢千塚 126 号墳出土のガラス碗
＝橿原市提供、復元模造品（橿原市蔵）。
現物は重要文化財（東京国立博物館蔵）

同古墳の築造は、普通の群集墳よりも半世紀ほど早く五世紀中ごろから始まり六世紀いっぱい続く。東漢《やまとのあや》氏など渡来系氏族とのかかわりが有力視される。また、中国・遼西地方に四―五世紀ごろ栄えた北方騎馬民族国家の三燕文化との関わりについても「応神王朝と騎馬民族説」編で既述した。

「応神王朝の落日と四県割譲」編でも触れたが、葛城市笛吹の葛城山麓に笛吹《ふえふき》神社がある。本殿のすぐ西隣で、横穴式石室が開口、立派な凝灰岩の家形石棺が安置された笛吹神社古墳がある。この古墳を含む群集墳は笛吹古墳群と呼ばれる。近くには山口千塚古墳群や寺口忍海古墳群などの群集墳もあり、古墳の数は数百基に上る。

葛城山麓には、南隣する御所市内には巨勢山古墳群、石光山古墳群などの群集墳があり、山を越えた西側の大阪府側にも一須賀古墳群、平石古墳群などの大規模な群集墳が立地する。

和歌山市の岩橋《いわせ》千塚古墳群も大規模な群集墳。片岩の板のような石を積み上げて構築した横穴式石室や奥壁に設けられた石棚などが特徴的だ。たびたび半島に出兵して活躍した紀氏との関わりがいわれる。

大阪府柏原市には高井田横穴古墳群がある。百三十基以上の群集墳。凝灰岩の山の斜面に、玄室と羨道から成る横穴を掘り込んでいる。特異な横穴墓の群集墳である。百三十基のうち二十数基に線刻画がある。ゴンドラ様の舟上に武人が乗る絵や家屋、鳥、樹花などが、玄室や羨道の壁面に素朴に描かれている。線刻画のモチーフは、北方民族の誕生説話や騎馬民族の風習を表現したものとの見方が強く、古墳群の築造者は、高句麗あるいは百済からの騎馬民族の渡来集団、との見方が強い。

南東一・七キロ程にある玉手丘陵横穴古墳群にも高井田古墳群同様、壁面に線刻画がある横穴墓がある。筒袖の上衣にズボンのような衣服を着た図像、鳥羽のような立飾の冠帽をかぶった人物像などがあり、やはり百済か高句麗の北方系渡来人が描いたものとみられている。

横穴墓の群集墳は天理市の龍王山麓にある龍王山古墳群にたくさん見られ、埼玉県比企郡吉見町の吉見百穴なども有名だが、そんなに多く分布しているわけではない。

吉見百穴（埼玉県吉見町）

韓国の前方後円墳

日本特有の墳形とされる前方後円墳が、一九八〇年代以降、韓国南部の栄山江流域で相次いで発見され、大いに注目された。一〇基以上が確認されている。

いずれも六世紀に築造されたことが明らかになっており、前方後円墳の起源の問題とは切り離して考えなければならないことは明らかなのだが、被葬者の性格についてどう考えるか、日韓両国でさまざまに論議されてきた。韓・日の考古学に詳しい朴天秀《パクチョンス》氏によると、その解釈は大きく在地首長説と倭人説に分かれ、倭人説については倭からの移住者説と倭系百済官僚説などがある、とする。

朴氏自身は、「従来古墳の造営されなかった地域に在地的な基盤をもたず突如として出現することからも、在地首長説は受け入れがたい」とし、「北部九州に出自をもつ倭人が被葬者」と主張した。倭人の被葬者の出自については、周防灘沿岸、遠賀川流域、さらに

韓国の前方後円墳（光州広域市の光州月桂洞１号墳）

佐賀平野、菊池川下流域などの有明海沿岸地域を含むかなり広い範囲の北部九州一帯とみる。

その北部九州の首長らが四七〇年代前後に百済に渡り、そのまま帰国せずに倭王権と百済王権に両属、百済王権によって一時的に各地に派遣され、倭系百済官人として対大加耶、対倭交渉などに従事していた―とみるのである。栄山江流域の前方後円墳の分布が分散的であること、百済の威信財が副葬されていることなどを根拠としている。（著書『加耶と倭』〈講談社、2007年〉などによる）

このように、朴天秀氏は、栄山江流域の前方後円墳の被葬者を百済王権により配置された倭人首長たちとみなすわけだが、倭王権が百済王権と協議した上で友好的に派遣した北九州の豪族たちと解釈することも可能ではなかろうか。朴氏の説はどちらの解釈も可能なような気がする。

古代日朝関係はまことにややこしい。しかし、古代の墓制については、半島と列島の間で深いつながりや共通性が色濃く見い出せ、共通した死生観や社会意識をもっていたことは疑えない。

百済宮・百済大寺

舒明天皇の百済宮・百済大寺

日本書紀によると、推古《すいこ》女帝は、その三十六年（六二八）三月七日、七五歳で亡くなった。女帝は亡くなる日の前日、田村《たむら》皇子と山背大兄《やましろのおおえ》皇子を呼んだ。

田村皇子には、

「皇位について安易に口にすべきではありません。行動を慎み、よくものごとを見通すように心掛けなさい。軽々しい言動を慎みなさい」

山背大兄皇子には、

「おまえはまだ未熟です。心でこうしたいと思っても、あれこれ言ってはなりません。必ず人々の意見を聞き、それに従いなさい」

〈巻第二十二・推古天皇〉

女帝の遺詔は、どちらの皇子を推挙したのか判断がつかず、半年後に女帝の葬儀が終わっても皇嗣が定まらなかった。大臣の蘇我《そがの》蝦夷《えみし》が群臣を集めて相談した。意見はまっ二つに割れた。蝦夷は、内心では早くから田村皇子に決めていたらしい。山背大兄王を強く推していた一族の境部摩理勢臣《さかいべのまりせのおみ》と対立を深め、攻め殺したりするような出来事もあった。推古の死から九カ月後、結局、蝦夷の望み通り田村皇子が即位して舒明天皇となった。

舒明天皇は、最初は飛鳥岡本《あすかおかもと》宮に居た。飛鳥京跡の下層遺構と考えられている。ところが、八年（六三六）六月、岡本宮が火災にあったため、田中宮、有間《ありまの》温湯《ゆ》宮（有馬温泉）、伊予《いよの》温湯《ゆ》宮（道後温泉）、厩坂《うまやさか》宮などの仮宮を転々とした後、十二年（六四〇）の十月、百済宮に入った、と書紀は伝える。

その百済宮は、舒明十一年（六三九）七月に出た詔に従って百済川の側を宮処とし、大寺とともに造営を進めたとする。「西の民は宮を造り、東の民は寺を造った。書直県《ふみのあたいのあがた》（倭《やまとの》漢《あや》氏一族）を大臣にした」と伝える。舒明天皇は十三年十月、その百済宮で亡くなった。一年三カ月間の宮居だった。

吉備池廃寺の発見

百済宮と百済大寺の所在地については、古くから大論争が繰り返されてきた。

通説では、鎌倉時代の三重塔が残る百済寺のある広陵町百済付近とされてきた。百済川とは東側を北流する曽我川のことだったのだろう、と考えられてきた。ところが、三重塔周辺で幾度か発掘調査が実施されたが、古代の宮跡や寺跡らしい遺構はまったく出なかった。

和田萃氏は、「百済」「百済」「西百済」の小字名がみえ、細流ながら「百済川」と呼ばれる川もある橿原市高殿町説を打ち出した。すぐ東南の香久山西麓には、百済大寺と時代的に矛盾しない大ぶりの瓦が出土する「木之本廃寺」があり、研究者の間でも多くの賛同者を得ていた。

こうした中、平成九年（一九九七）、桜井市吉備の吉備池廃寺が発見された。七世紀前半の巨大な金堂と塔の基壇遺構が発掘され、最古の法隆寺式伽藍配置の存在が確認された。金堂基壇は東西約三七メートル、南北約二八メートルを測り、山田寺跡（桜井市山田）の二・八倍、藤原宮や平城宮の大極殿にも匹敵する巨大なものだった。塔基壇は一辺約三〇メートル、本薬師寺跡塔基壇の四倍の面積をもち、同規模のものは、史跡・大官大寺跡（明日香村小山）くらいにしか例がなかった。調査した奈良文化財研究所は、高さ一〇〇メートルにも達する九重塔がそびえていたと推定した。

吉備池廃寺跡。巨大な金堂と塔の基壇遺跡が出土、百済大寺跡とみられた（桜井市吉備）

出土瓦は筆頭官寺にふさわしい大ぶりで、舒明十三年（六四一）に造営が開始された山田寺よりやや古い特徴をもっていた。また、軒丸瓦、軒平瓦ともに二種類しかなく、量も少なかった。こうした事実も含めた総合的な検討の結果、調査した奈良文化財研究所は、「六三〇年から六四〇年代初頭に創建され、やがて別の場所へ移転した寺院と考えられる。発掘調査で明らかになった金堂・塔および伽藍の規模は、同時代の国内寺院をはるかにしのぎ、新羅の皇龍寺や文武朝大官大寺に近い。これらが国家の大寺として建立されたように、吉備池廃寺も天皇（大王）の発願によるものとみてよいだろう。すると、年代とあわせてそれに合致するのは百済大寺しかない」（『吉備池廃寺発掘調査報告―百済大寺跡の調査』奈良文化財研究所、2003年）と断定した。

同報告書では、吉備池廃寺の南方から西北方向へ流れる米川が「百済川」に該当すると解釈している。さらに「はじめて天皇家の寺として創立された百済大寺は、蘇我氏の氏寺である飛鳥寺に対する対抗意識の産物でもあった。飛鳥寺をはるかに凌駕する九重塔は、その象徴にほかならないであろう」と、百済大寺建立の意義を解説する。

百済川の側、子部社の地

百済大寺所在地をめぐる論争は決着をみた、百済大寺は吉備池廃寺で固まった――とみていいのだろうか。必ずしもそうではないのである。平林章仁氏は、その著書『七世紀の古代史―王宮・クラ・寺院』（白水社）などで、百済大寺＝吉備池廃寺とすることにいくつかの疑問を投げかけ、通説の広陵町説を強く支持する。

『七世紀の古代史』によると、①舒明天皇が十市郡吉備にどのようなゆかりがあったのか、どうしてここに百済大寺を創建したのか分明でない②吉備池廃寺の近辺には百済川や百済の地名は分布しない。南方の埋没河川もしくは西方の米川を百済川とみなすことにも疑問がある③百済大寺の近側には子部社があったと伝えられるが、吉備池廃寺付近の小字カウベ、コヲベ、高部などが子部の転訛であるとの確証はない④子部社との関係を認めるかぎり、舒明朝創建の百済大寺跡には火災の痕跡があってしかるべきだが、吉備池廃寺にはそれが認められない⑤十市郡の吉備は七世紀末以前に成立した国号地名とみられ、舒明朝頃にここが百済と呼ばれていた可能性は非常に少ないと考えられる――などを吉備池廃寺を百済大寺とすることへの疑問点としている。

平林説に賛同する塚口義信氏は、曽我川をはさんで西側に百済宮、東側に百済大寺が造営された、と考えた。西側の百済宮が造営された地は現在の広陵町百済の百済寺付近。これに対して東側の百済大寺が造営された地は、曽我川の東側にあたる橿原市飯高《ひたが》町付近と推定する。宮は百済川（曽我川）の西の民を、寺は百済川（曽我川）の東の民を動員して造ったと推測する。

舒明朝の百済大寺のことは、日本書紀のほか、『大安寺伽藍縁起《だいあんじがらんえんぎ》 并《ならびに》 流記資財帳《るきしざいちょう》』と平安時代の『三代実録』にも登場する。いずれも「十市《とおち》郡の百済川辺に造った」と記す。また、「子部社《こべのやしろ》の地を切り開いて造った」（『大安寺資財帳』)、「子部大神が近側にある。恨みを含みてしばしば堂塔を焼く」(『三代実録』)などの記述が見える。

百済大寺と子部社は大変縁が深いのだが、飯高町にはその子部神社が現存する。小子部《ちいさこべの》命《みこと》などを祭神とする旧村社で、瑞花院《ずいげいん》(吉楽《きちらく》寺)の本堂(重要文化財)と隣り合わせて社が建つ。西南約五〇メートルの集落西はずれにも、もう一つの子部神社(螺贏《すがる》神社)の小さな祠《ほこら》がある。二つの神社は、『延喜式』神名帳の十市郡のところにみえる「子部神社　二座　並大月次新嘗」に当たるとみられる。

橿原市飯高町にある子部神社２社

『大安寺縁起』や『三代実録』の記事が信用できるとすれば、「百済川の側の宮処」は、子部神社がある橿原市飯高町・小槻町あたりと考えざるを得ないのである。瑞花院本堂を葺いた瓦は驚くほど大きい。

水派邑の城戸

日本書紀には、武烈天皇三年のこととして、大伴室屋《おおとものむろや》大連に「信濃国の男丁を徴発して、城の像《かたち》を水派邑《みまたのむら》に作れ」と命令があった、そこを城戸《きのへ》といった―との記事がみえる。用明天皇紀によると、舒明《じょめい》天皇の父にあたる押坂彦人《おしさかのひこひと》大兄皇子は水派《みまた》宮に居たとするが、この水派宮は水派邑（城戸）にあった、と考えられる。

天武天皇の長子の高市皇子の死にあたって柿本人麻呂が献呈した『万葉集』の挽歌《ばんか》に「百済の原ゆ　神葬り　葬りいませて　麻裳《あさも》よし　城上の宮を　常宮と…」とあり、高市皇子の殯宮《もがりみや》は城上に営まれたことが分かる。

奈良市の百貨店建設地の事前調査で発見された長屋王邸（平城京左京三条二坊一・二・七・八

「木上」（キノヘ）がみえる長屋王家木簡（奈良文化財研究所提供）

坪）跡から出土した長屋王家木簡の中に「城上進□」「木上進　供養分米六斗」「木上進糯米四斛」「木上進　竹百六根」「木上司進採交四斗」など、「キノヘ」というところからからさまざまな産物が王邸に届けられていたことを示す付け札木簡が多数出土した。

「城戸」、「城上」、「木上」、「木戸」はいずれも「キノヘ」のことであり同一地とみられている。現在ではまったく消えうせ、所の失った歴史地名だが、古代史の上ではなかなか大層な地だったようである。

「水派邑」や「水派宮」の「水派」は「水の分かれるところ」と解釈できる。多くの河川が集まっていたところと考えられる。

付け替えられた大和川

現在、大和平野を流れる大和川支流の主要河川のほとんどは、付け替え改修が行われ、本来の流れとは違うとみていい。河川の付け替え工事は大工事である。付け替えの目的は、第一義的には治水と利水だったはずだ。本来の流れは気ままそのもの、出水のたびに氾濫を繰り返し、流路を変えていたことだろう。出水時だけ水が流れ、普段は沼沢、湿地、草原などになっていた河川敷は広大だっただろう。そうした川を治め、未開の土地を活用する目的があったからこそ、困難でも大土木工事が実施されたと考えられる。

付け替え工事の内容として最もポピュラーなのは堤防を築いて流れを固定するケースだっただろう。洪水被害を防止するだけでなく、広大な河川敷をはじめ、氾濫《はんらん》原、沼地、湿地などを耕地化できた。また、流路をできるだけ高いところにもっていけば、広い範囲への灌漑が可能になったはずだ。水田づくりは、いかに水を引いて排水するか、利水のシステムづくりといえる。それは、河川の流れを整え、分水や配水のシステムを整えることにほかならなかった。

このほか、蛇行流を直線的な流れに変えるショートカットや新しい分水路の開削などさまざまな工事があっただろうが、合理的な治水と分配水のシステムづくりを広面積で実施する場合は、局所的には自然地形に抗《あらが》う必要があったとしても、方格地割《ほうかくぢわり》による計画的で画一的な開発が最適だったのではないだろうか。そうした開発の集大成が大和条里となっ

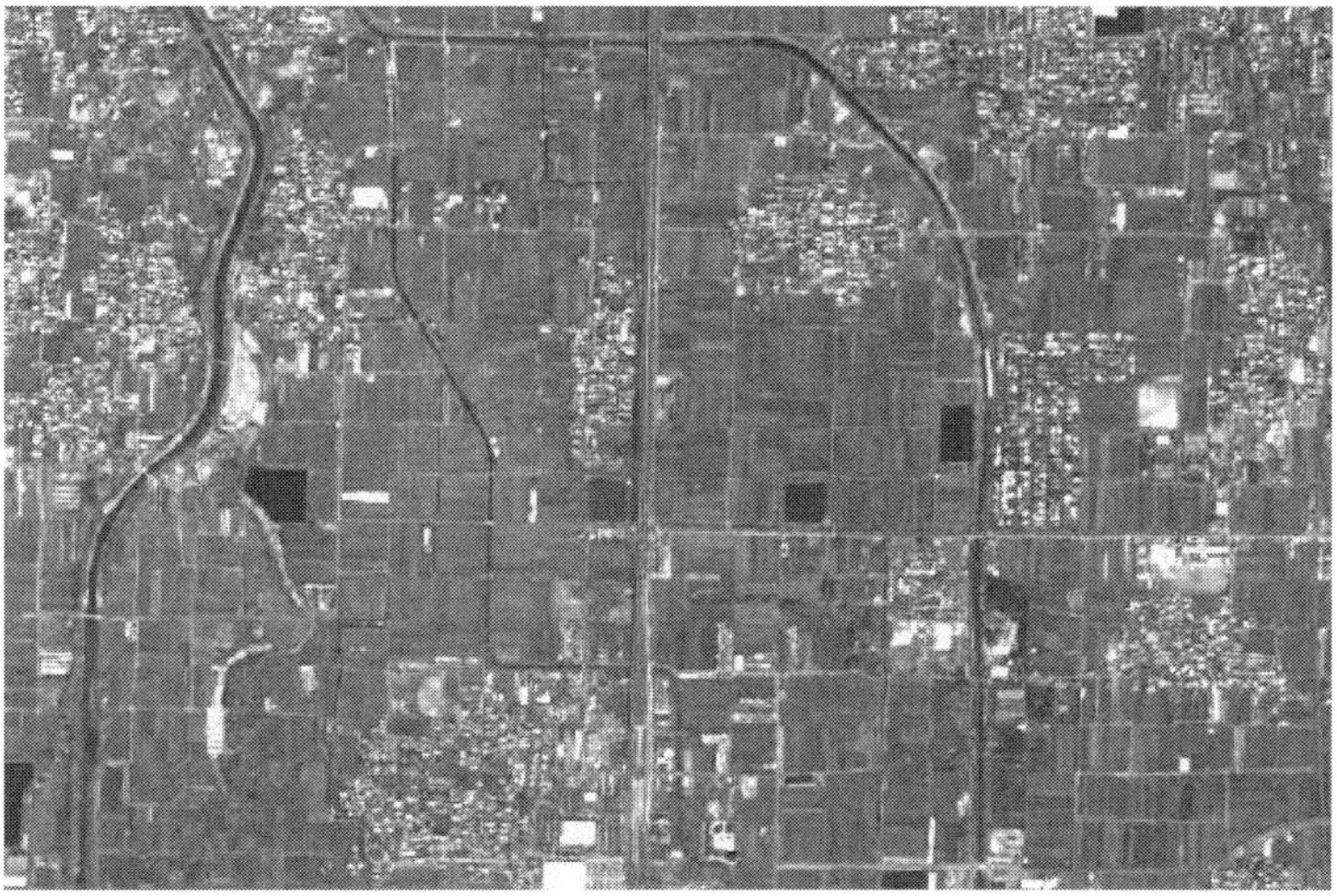

橿原市飯高・小槻町（中央下の集落）。この集落の北側（上）付近で大和側の諸河川が合流していたと推測できる

た。つまり、大和条里は、付け替えをはじめとする大和川諸河川の改修を通じてつくり上げた分配水システムによる水田開発が大和平野全体を覆い尽くした結果と考えられる。

寺川、飛鳥川、曽我川、葛城川の付け替えは明らかだ。四河川はいま、橿原市北部で平行して真っ直ぐ北流する。正方位の条里地割に沿い、まったく行儀が良い。寺川は、米川と合流して、橿原市新賀町から田原本町今里付近まで約四キロにわたってほぼまっ直ぐに北流するし、飛鳥川は田原本町矢部で西向きに、大綱では北向きに、ほぼ直角に流れを変える。

寺川と飛鳥川の流域の自然地形は、南東から北西方向に向かって斜めに標高が下がる。本来の流れは基本的に斜めだっただろう。寺川が四キロにもわたってまっ直ぐ北流するのは極めて不自然といえる。両側を幅の広い頑丈な土堤に守られ、人工的に造られた堤防であることがありありと分かる。

本来の流れをさまざまな角度から探ると、飛鳥川と米川は橿原市飯高町・小槻町あたりで、西南方向から流れてきた曽我川、葛城川と合流していたのではないかと推測できる。少し北で寺川も合流していた可能性が高い。田原本町多や橿原市大垣地区では古くから「初瀬川の水を受けている」という言い伝えがあり、初瀬川の分流も耳成山の北方を西流し、大垣から飯高町方面へ流れ込んでいた可能性がある。

つまり、寺川、米川、飛鳥川、曽我川、葛城川、さらに初瀬川の分流など、大和平野南部の諸河川は全部、現在の合流点より五キロ以上も上流で一つになり、川幅の大きな流れとなっていた可能性が高いのである。合流した河川は、文字通りの「広瀬」を形成していたのではなかろうか。合流点付近は、「水派邑」や「水派宮」が所在した地で、「キノヘ」の地ではなかっただろうか。

『角川地名大辞典』は、「キノヘ」のことを「河川の流域からみて一段高い土地、あるいは自然堤防上の地」と解説する。固有名詞でなく一般名詞なのである。合流する川に半島のように突き出た飯高・小槻町はピッタリの地形だ。

武烈紀にみえる「城の像」づくりとはこれらの水路を整備し、城柵施設を造営することだった可能性が考えられる。東側と西側を川にはさまれ、すぐ北で合流する土地はまさに自然の要塞だっただろう。

「キノヘ」の「へ」は、「辺」「上」「部」「家」などと通じることが考えられる。水辺の地形や一段小高い地形、そうしたところに形成された城柵や集落を連想させるのである。

「舳」とのつながりを考えるのもおもしろい。「舳」は船のへさきのことだが、川の合流点へ突き出た半島状の地形は水に乗り出す船のへさきとそのものといえよう。川の合流点、川の分かれるところは水運の拠点でもあっただろう。

敏達王家の「キノヘ」

平林章仁氏はかねがね、敏達天皇系王家と旧広瀬郡との強いつながりを指摘、敏達天皇から押坂彦人大兄皇子─舒明天皇─天武天皇─高市皇子─長屋王へと伝わる反蘇我系の王家に伝領されたのが、権力や生活を支える基盤としての広瀬の地の百済の王宮だった、と説いてきた。

敏達《びだつ》天皇は、磐余の訳語田幸玉宮《おさだのさきたま》（桜井市戒重付近か）に遷るまで百済大井宮に居たとされる。そしてその敏達天皇の殯宮は広瀬に営まれたと伝える。敏達天皇の子で、舒明天皇の父にあたる押坂彦人大兄皇子も水派宮にいたと書紀は伝える。

柿本人麻呂の挽歌によって高市皇子の殯宮が城上に営まれたことが分かること、長屋王家木簡によって長屋王が城上（木上）に所領地をもっていたらしいことが分かることについては既に書いたが、高市皇子は天武天皇の長子で舒明天皇の孫、長屋王は高市皇子の長子だった。父祖から伝えられた城上の地が、舒明、天武をへて高市皇子─長屋王へと、二〇〇年以上にわたり伝領されていったことをうかがわせるのである。

平林氏は、蘇我氏系王族の飛鳥、上宮王家の斑鳩などの例を上げて、古代王宮伝領の理由・意味を「王宮が単に天皇の居所、王権の所在地であっただけでなく、王宮の主の権力や生活を支える基盤だったからであり、宮殿のほかに奴婢・屯田・御薗・倉蔵・道路や港津など、人・経済・交通等の機構・機能が備わっていたからに他ならない」（同前掲書）と書いている。

そして、敏達系王家に伝領された王宮の地は、平安時代に編さんされた『和名類聚抄《わみょうるいじゅうしょう》』

にみえる広瀬郡城戸郷の地にほかならないとみる。そこは百済を含む広陵町南部の地域一帯のことだったと考える。

『延喜式』によると、押坂彦人大兄は広瀬郡の成相《ならい》墓に葬られたと伝える。広陵町・馬見《みま》丘陵にある牧野《ぼくや》古墳とする見方が有力だ。豪壮な横穴式石室がある。高市皇子が葬られた三立岡《みたておか》墓も広陵町三吉《みつよし》小字見立山《みたてやま》付近がその伝承地。どちらもいまは真美ケ丘ニュータウンの中にあるが、旧広瀬郡内に属する。

敏達天皇の百済大井宮が子の押坂彦人大兄に伝えられて水派宮とされた可能性は十分にある。さらに、高市皇子から長屋王にも伝領されたとすると、その王宮の地は城上にほかならなかったことになる。

そうであるなら、押坂彦人大兄の子であり、高市皇子の祖父である舒明天皇の百済宮だけが「キノヘ」とは違う別の離れた場所にあったとは考えにくい。百済宮や百済大寺

牧野古墳。広陵町の真美ケ丘ニュータウン内にあり、押坂彦人大兄皇子の成相墓とみられる

も、父祖から子孫へと伝領されていった王宮の地、つまり「キノヘ」の地に含まれていた、あるいはそのものだったと考えざるを得ない。その「キノヘ」の地を大和川の寄り集まるところに突き出た高台、橿原市飯高・小槻町あたりと推定するならば、舒明天皇が百済宮と百済大寺を営んだ「百済川の側」も飯高・小槻町あたりと考えざるを得ない。

吉備池廃寺は皇極朝の百済大寺

吉備池廃寺は確かに百済大寺の遺構だろう。しかしそれは、皇極天皇が夫・舒明の遺志を承けて造営した百済大寺ではあるが、舒明天皇がその十一年（六三九）に発願、「百済川の側」に宮とともに造営した百済大寺ではない、と筆者は考える。

『大安寺縁起』では、「百済大寺は子部社の怨みによって失火、九重塔と金堂の石鴟尾が焼けた。このため、舒明天皇は崩御にあたり、太后尊（皇極天皇）に再建を遺勅した」、とする。皇極天皇は、この夫の遺志を受け、〃未完の大寺〃の再建に執念を燃やした。ただ、城上に於いてではなかった。そこは、夫の死により既に宮居の地ではなくなっていたからである。別の場所において新しく造営を進めた。それが吉備池廃寺にほかならないと考えるのだ。以下、そのように考える理由のいくつかを述べてみたい。

まず、やはり子部社との関係が気になる。飯高町には『延喜式』記載の二座とみられる子部神社二社がちゃんと存在している。そして神社付近はそれなりの高台となっていて、うっそうと樹木の生い茂った杜《もり》が存在していたことを十分にうかがわせる。一方、吉備池廃寺の方は、調査報告書によると、金堂基壇東方に「カウベ」「コヲベ」、北側に「高部」の小字名が残り、奈文研は「子部社が存在したことを強く示唆するものとみてよい」としているが、果たしてどうだろうか。

日本書紀によると、皇極天皇は即位した年（六四二年）の九月に、大寺の造営を発願、近江（滋賀県）と越（北陸地方）の人夫の徴発を命じた。同じ月に、宮殿の造営のために東は遠江（静岡県）から西は安芸（広島県）までの国から人夫の徴発を命じている。

「大寺」は「百済大寺のこと」と注釈しているので、百済大寺造営のための徴発だったことは間違いないが、その造営地はどこであったかは書いていない。新宮殿造営とセットの記事であることからみれば、新しい「大寺」の造営とみるのが自然ではなかろうか。

『大安寺縁起』には、皇極天皇は阿倍倉橋麻呂と穂積百足の二人を「造此寺司」に任じたと書いている。阿倍倉橋麻呂は、孝徳天皇の改新政府の左大臣にもなった朝廷の重臣で、阿倍氏は吉備池廃寺のすぐ東側の安倍丘陵を代々の本拠地としてきた。現在、安倍文殊院にその法灯を伝える古代寺院の安倍寺（伽藍跡周辺は国史跡）の発願者とも伝承される。吉備池廃寺出土の瓦の詳細な調査によると、安倍寺の創建瓦の一部が吉備池廃寺へ供給されていたことが推測できるという。（報告書『吉備池廃寺—百済大寺』所収「出土瓦をめぐる諸問題」）

阿倍氏は、桜井茶臼山古墳やメスリ山古墳との深いつながりがいわれ、伝説上の人物ながら崇神朝の四道将軍の一人で北陸へ派遣された大彦命の流れをくむものとされる。伝統的に北陸地方とのつながりが深いのだ。斉明朝に奥羽地方の蝦夷征討に大活躍したのも越国守の安倍比羅夫《あべのひらふ》ら阿倍氏の一族だった。

吉備池廃寺は、その阿倍氏を軸に、本拠地に隣り合わせた場所に造営を進めたのだろう。この推理は、近江と越の人夫を徴発して進めたとする皇極紀の百済大寺造営の記事とよく符合する。つまり、吉備池廃寺は、舒明天皇の百済大寺ではなくて、皇極朝から急ピッチで造営が進められた百済大寺だったことを強く示唆するのである。

なお、皇極の母は吉備姫だった。欽明天皇の子、桜井皇子の娘とされる。桜井市吉備の地にある吉備池廃寺と皇極は、地名的なつながりが濃いのである。偶然だろうか。

高市大寺―大官大寺―大安寺

日本書紀や『大安寺縁起』などによると、百済大寺は、天武朝に高市の地に移されて高市大寺とされ、やがて大官大寺と改められた。書紀には、天武十四年（六八五）の九月二十四日から三日間、大官大寺、川原寺、飛鳥寺で天皇の病気回復を祈る法要が営まれた記事があるが、その記載順は大官大寺がトップで、飛鳥寺が最後。国の筆頭寺院はかつての飛鳥寺ではなく、大官大寺となっていたことを示す。

香久山の南方、橿原市南浦町から明日香村

小山・奥山にわたる地域に史跡・大官大寺跡がある。いまは、水田の中に残る二つの土壇上に石碑が立つだけだが、明治のころまでほとんど全ての礎石が残っていた。天武天皇の大官大寺跡と考えられてきた。

　昭和四十八年以来およそ十年がかりで、奈良（国立）文化財研究所が発掘調査した。その結果、中軸線上に中門、金堂、講堂が並び、金堂の前（南）方東側に塔を配し、回廊は中門、金堂に取り付き、講堂の背後（北側）で閉じる、という前例のない、壮大な伽藍配置が明らかになった。

　金堂基壇は東西五三メートル、南北二八・五メートル、高さ一・七メートル。あまりに大きく、発掘前は講堂跡と考えられていた。間口九間《けん》、奥行四間《けん》で、四面に廂《ひさし》が付く建物だったことが分かった。飛鳥時代の他の寺院と比べると格段に大きく、藤原宮や平城宮の大極殿《だいごくでん》並みの規模だった。

史跡・大官大寺跡。発掘調査で文武朝の大官大寺跡であることが分かった（明日香村小山）

塔跡の基壇も大きかった。東西三六メートル、南北三七メートル、吉備池廃寺よりさらに一回り大きい。塔本体は一辺一五メートルを測った。法隆寺の五重塔や薬師寺の三重塔の二倍から二倍半に相当する。高さは一〇〇メートル程もあったと推定されている。香久山をはるかに超える高さにそびえていたらしい。

発掘調査で出土した瓦は藤原京時代のものだった。金堂と中門の基壇を造成した土の中にも藤原京時代の土器が混入していた。さらに、基壇の下層から、藤原宮が造られる直前まで機能していた建物跡が見つかった。いずれも、飛鳥から藤原宮への遷都（六九四年）以後に造営されたことを物語るデータだった。寺城は、藤原京の条坊にきっちり乗って、左京四坊九・十条の六町分（東西二六六メートル、南北四〇〇メートル）を占めていた。史跡・大官大寺跡の大官大寺は藤原京時代のもので、天武朝の大官大寺ではなかったのである。

『続日本紀』には、藤原宮へ遷って八年後の大宝二年（七〇二）、文武天皇が造大安寺司を任命した記事がある。『大安寺縁起』にも、文武天皇が九重塔と金堂を建て、丈六の仏像を造らせた、という記事がある。香久山南方で発掘された大官大寺跡は、その文武朝の大官大寺の遺構だった。

天武天皇が発願した大官大寺（高市大寺）は別の場所にあったことになる。文献からは想定できなかったことだった。謎を解明するはずの発掘調査が新たな謎を生み出す典型的な事例となった。

『大安寺縁起』をはじめ『続日本紀』『三代

実録』『大安寺碑文』などは、七一〇年の平城遷都に伴って大官大寺を平城京左京六条四坊に移して大安寺とした、とする。いまも、奈良市大安寺町にその法灯を伝える。奈良時代の建物は全く残らないが、巨大な七重塔跡などが壮大だった伽藍をしのばせる。

九重塔がそびえる筆頭官寺

百済大寺は、「キノヘ」から吉備の地へ、そして飛鳥の高市大寺へ、さらに藤原京の大官大寺へ、平城京の大安寺へと移転・変遷を重ねた。国家の筆頭官寺として飛びぬけた規模を誇り、高さ一〇〇メートルを超えるような九重塔がそびえていた。九重塔は、舒明天皇紀にみえる「於百済川側、建九重塔」以来の伝統といえる。

大脇潔氏は、蘇我氏の権力の象徴である飛鳥寺を圧倒する寺の建立が重大だったこと、高い九重塔の建設が、当時の東アジア社会の中で国力を示威するシンボル的存在だったことを指摘する。(『飛鳥から藤原京へ』吉川弘文館所収「飛鳥・藤原京の寺院」)

同書などによると、北魏の都・洛陽《らくよう》では五一六年に永寧寺の九重塔が建立され、百済の弥勒《みろく》寺でも六三九年に、新羅の皇龍寺でも六四五年に九重塔が建立された。東アジア諸国は、国の威信をかけて高さを競う一種の九重塔ブームにわいていたらしい。

隋・唐に二四年間滞在した僧旻《みん》らの留学僧が帰国したのは舒明四年(六三二)のこと。舒明朝から皇極朝には、こうした国際的な情報が多くもたらされていたものとみられる。

国の威信にかかわる九重塔の建立は、わが国の王権にとっても最重要課題だったのではなかろうか。

案外、百済川とは「下る川」、あるいは「下り川」のことだったのかもしれない。下った先は河内潟を経て大阪湾、そして瀬戸内海を経て大陸へ通じていた。つまり、百済川は水運で大陸に通じる交通の大動脈だった。

それにしても、なぜ「百済川」であり、「百済宮」、「百済大寺」だったのだろうか。当時、朝鮮半島の百済は最も関係の深い隣国として存在した。百済はよく知られた外国名だったはずだ。まぎらわしくはなかったのだろうか。このあたりに、古代王権成立に関わる重大な謎が秘められているような気がしてならない。

大化改新と狂乱の斉明朝

上宮王家の滅亡

舒明天皇は十三年（六四一）十月、百済宮で亡くなった。嫡子・中大兄皇子はまだ十六歳。そこで、聖徳太子の子、山背大兄皇子がまた皇嗣に浮上した。しかし蘇我蝦夷はまたしても首をタテに振らなかった。舒明と蘇我馬子の娘、法提郎娘《ほてのいらつめ》の間に生まれた古人大兄《ふるひとのおおえ》皇子を推した。結局、翌年、舒明の皇后だった宝《たから》皇女が二人目の女帝として即位、皇極《こうぎょく》天皇となった。

山背大兄皇子は、二度にわたって皇位へのチャンスを逃した。やがて蝦夷が病気となり、その子入鹿《いるか》が独裁的な権力を握るが、入鹿もまた、父親以上に山背大兄王とウマが合わなかったらしい。

皇極二年（六四三）十一月、蘇我入鹿は、巨勢徳太古臣《こせのとこだのおみ》と土師娑婆連《はじのさばのむらじ》に命じて斑鳩の山背大兄王を襲わせた。大兄王は妃や子弟とともに逃げ出し、胆駒《いこま》（生駒）山に隠れた。軍勢は斑鳩宮を焼いた。

「東国で軍勢を整えて戦いましょう」と側近たちは勧めたが、大兄王は「勝つことは間違いないだろうが、自分一身のために万民に苦労をかけられない。身を捨てて国を固めるのも丈夫《ますらお》ではないか」

と承知しなかった。身の危険を十分知りながら、斑鳩に戻った。

入鹿は、斑鳩寺を包囲した。大兄王は
「わが身一つを入鹿に賜う」

と妃妾、子弟らとともに自害して果てた。

折から、五色の幡《はた》や蓋《きぬがさ》が光り輝いて寺の上に垂れ懸かった。入鹿が見ているとたちまち黒い雲に変わった。


〈巻第二十四・皇極天皇〉

上宮王家の滅亡――。ここに聖徳太子の血脈は絶えた。蘇我氏の横暴が頂点を極めた出来事とされる。殉教ともいえる一族の悲劇は語り継がれ、聖徳太子信仰の土台ともなった。
入鹿に焼かれた斑鳩宮は、法隆寺・東院の下に眠っていた。昭和九年、絵殿《えでん》、舎利殿《しゃりでん》、伝法堂の解体修理に伴う地下調査で、若草伽藍と同じように、北で西に一一度四〇分振る掘っ建て柱建物跡八棟が発見された。斑鳩宮の遺構と断定された。焼土や灰も見つかった。

夢殿。山背大兄王の斑鳩宮の跡に建つ
（奈良県斑鳩町の法隆寺東院）

奈良時代に建立された八角円堂の夢殿には、秘仏として伝えられ、フェノロサにより〈発見〉された救世《くせ》観音像を納める。法隆寺のシンボル的存在、太子信仰のシンボルでもある。

乙巳《いっし》の変

皇極《こうぎょく》四年（六四五）六月十二日。その日は三韓（高句麗、百済、新羅）から調《みつき》が献上される日だった。

大極殿《だいごくでん》に、皇極女帝をはさんで古人大兄《ふるひとのおおえ》皇子、蘇我入鹿《そがのいるか》らが居並んでいた。

蘇我倉山田石川麻呂《そがのくらやまだいしかわまろ》が、三韓の上表文を読み上げ始めた。中大兄皇子は、十二の宮城門をいっせいに閉鎖させ、長いやりを持って大極殿のわきに隠れた。中臣鎌足《なかとみのかまたり》らも弓矢を持って中大兄を護衛した。

佐伯連子麻呂《さえきのむらじこまろ》と葛城稚犬養連網田《かつらぎのわかいぬかいのむらじあみた》に剣を授け、一気に斬りつけるように命じた。上表文を読み上げる石川麻呂は汗びっしょり。声は震え、手はわなないていた。

子麻呂らは、恐れてなかなか斬りかかろうとしない。しびれを切らした中大兄が、「ヤア」と叫んで躍り出た。入鹿の頭と肩に斬りつけた。子麻呂も続き、足を斬った。もんどりうって倒れた入鹿は

「私が何の罪を犯したというのでしょうか」

と女帝にしがみついた。驚いた女帝は

「いったいどうしたのです」

中大兄は

「鞍作《くらつくり》（入鹿のこと）は皇位を絶とうとしています。皇統を滅ぼしてはなりません」

女帝は何も言わずに席を立った。子麻呂

「乙巳の変」の図（『国民画帖　大和桜より）

と網田が入鹿を斬り殺した。

翌十三日、蝦夷《えみし》が自刃した。

〈巻第二十四・皇極天皇〉

乙巳《いっし》の変である。ここに、六世紀半ばごろからおよそ一〇〇年間、大王権の外戚《がいせき》として権力をほしいままにしてきた蘇我本宗家が滅亡した。

書紀は、「改新前夜」の蘇我氏の専横ぶりをことさらに強調する。

葛城の高宮《たかみや》に祖先の廟《びょう》を建て、「天子の舞」とされていた八佾《やつら》の舞を舞わせた。蝦夷・入鹿父子のために今来《いまきの》双《ならびの》墓《はか》を造った。それはともかくとして、この並べて造った二つの墓を「大陵《おおみささぎ》・小陵《こみささぎ》」と呼ばせた。陵《みささぎ》の呼び名は天皇、皇后らの墳墓に限られていたはずなのに――。たび重なる〝天皇気取り〟に対し、「蘇我氏は国政をほしいままにし、無礼な振る舞いが多い。天に二つの太陽がないように、国に二人の君主はいないはずだ」との声が上がった、とも書く。

中大兄・鎌足と金春秋・金庚甲

蘇我氏は、応神《おうじん》紀に見える蘇我石川宿祢《そがのいしかわのすくね》の頃から活躍するようになったらしい。満智《まち》――韓子《からこ》――高麗《こま》を経て、宣化《せんか》天皇のもとで大臣に就任した稲目《いなめ》の代に急に勢威を得た。欽明天皇に二人の娘（堅塩媛《きたしひめ》と小姉君《おあねのきみ》）を納れて、孫にあたる用明、崇峻、推古が次々と皇位に就き、外戚としての地位を固めた。以後、稲目《いなめ》――馬子――蝦夷――入鹿の四代にわたって栄華を極めた。

出自は謎に包まれる。系譜の上では孝元《こうげん》天皇の後裔とされ、武内宿祢《たけうちのすくね》を遠祖とする。葛城《かずらき》、巨勢《こせ》、平群《へぐり》、波多《はた》（羽田）紀《き》氏らと同族とされるが、定かでない。馬子が推古天皇に対し、「葛城県《かずらきのあがた》は我々の本居《うぶすな》。そこでこの県を永久に賜りたい」と願い出たが、天皇は「私は蘇我氏の出身、大臣の願いは何でも聞き入れたいが、それだけは、愚か者と後代に悪い名を残し、大臣も不忠とされるだろう」と拒否したという推古紀にあるエピソードについても、蘇我氏が本当に葛城氏や葛城地方と強く関わりがあったことを示すものなのか、解釈が分かれる。

百済からの渡来説もある。門脇貞二氏は、系図にみられる満智は、『百済本記』や『三国史記』に登場する百済の官人、木満致《もくまんち》のことで、五世紀末ごろに渡来して蘇我氏の祖となった、と考えた。

中臣鎌足は、蘇我氏の〝王権無視〟に対する人々の反感をバックに、ひそかに入鹿打倒を決意した。「英明の王」とにらんだ若きプリンス、中大兄に近づいた。たまたま飛鳥寺の西側の槻《つき》の木の下であった打毬《だきゅう》の会で、脱げ落ちた中大兄のくつを拾ってうやうやしく奉って以来、二人は意気投合するようになった、と伝える。

ともに南淵請安《みなみぶちのしょうあん》のもとで儒教を学び、往復の路上で計略を練った。入鹿の従兄弟にあたる蘇我倉山田石川麻呂を同志に引き入れたのも、「大事を謀るのに有力な助力者が欲しい」と二人が相談し合った結果だった。

そっくりな話が、朝鮮の『三国史記』の「新羅本記」と『三国遺事』に載る。

新羅の王族、金庾信《キムユシン》は自邸で催した蹴鞠《けまり》の会で、金春秋《キムチュンチュ》王子の上衣の紐《ひも》を踏んづけて引き裂いた。わざとであった。「申し訳ありません」と謝り、妹の河海《カヘ》を呼んで繕わせようとしたが、河海は断り、仕方なく下の妹の阿之《アシ》に繕わせた。この日以降、春秋は庾信の邸宅に頻繁に訪れるようになり、庾信と親交を深め、阿之とも親しくなり婚姻した。

金春秋は、七世紀の新羅の武烈王《ムヨルワン》のこと。金庾信は、金官加耶の始祖である首露《スロ》王の子孫とされるが、加耶の滅亡で宿敵だった新羅に服従していた。新羅の善徳《ソンドク》女王から大将軍に抜擢され、朝鮮統一に力を尽くした。春秋と庾信は、互いに指をかんで血をすすりあって同盟を誓い合ったとも伝える。二人の活躍で新羅は六六〇年に百済を、六六八年に高句麗を滅ぼし朝鮮の統一を実現させた。

日本書紀では、中臣鎌足に妹がいなかったためか、倉山田石川麻呂の娘を中大兄に薦め、やはり最初に意図していた長女ではなく妹を中大兄に嫁がせている。細部の相違はあるが、朝鮮半島の文献と日本書紀は同じパターンの「出会いの物語」を伝えるのだ。

『三国史記』は一二世紀に、『三国遺事』は一三世紀に編纂された。日本書紀編纂より四〇〇年以上遅れる。従って同じパターンの「出会いの物語」を日本書紀が朝鮮の両書を模作したとは考えられない。朝鮮側が日本書紀を参考としたと考えられなくもないが、七世紀には、半島でも列島でも、英明の君主と忠臣が服装にからむトラブルから親しくな

㊤朝鮮の統一を実現させた新羅の武烈王の陵
㊦金春秋（武烈王）に仕え統一新羅に尽力した金庚信の墓（いずれも韓国・慶州）

り、力を合わせて大事を成す、というパターンの物語が存在していたということだろうか。

　金春秋は、大化三年（六四七）から一年間ほど、人質として日本に来ていた。日本書紀には「姿顔よく、好みて談笑す」とあり、大器の風貌を伝える。新羅は、金春秋が即位して武烈王になってから力を蓄え、半島制覇（統一新羅の成立＝六六八年）への礎を固めた。

　クーデターの舞台となった飛鳥板蓋《いたぶき》宮跡は、高市郡明日香村岡、同村役場北側一帯に伝承されてきた。昭和三十四年以来、橿原考古学研究所が継続して発掘調査を進め、掘立柱《ほったてばしら》建物跡、囲い塀跡（一本柱列）、大井戸、石敷き広場などを発見した。特別史跡・飛鳥京跡である。

飛鳥京跡の復元大井戸遺構。この下層に乙巳の変の舞台、飛鳥板蓋宮があった（明日香村岡）

　整った配置の宮殿遺構が明らかになってきている。上中下三層に重なりあった宮殿遺構である。上層遺構は、斉明《さいめい》天皇の後飛鳥岡本宮であり天武《てんむ》・持統《じとう》天皇の飛鳥浄御原《きよみはら》宮としても利用された宮殿跡、との見方が強い。中層遺構が皇極朝の飛鳥板蓋宮跡、下層遺構が舒明《じょめい》朝の飛鳥岡本宮跡に相当するとの見方が有力。飛鳥解明の鍵を握る宮殿遺構といえる。

孝徳即位、古人大兄王の謀反

日本書紀によると、蝦夷自刃の翌日、皇極女帝は退位、中大兄に皇位を譲ろうとした。ところが、中大兄は、鎌足の進言で自らは皇太子にとどまった。そこで皇極天皇は実弟の軽皇子を指名した。しかし、軽皇子は「さきの天皇（舒明天皇）の御子で、年長でもあられる大兄命（古人大兄のこと）が皇位におつきになるべきです」と固辞した。

だが、古人大兄は、「天皇の仰せのままにお従い下さい。私は出家して吉野に入り、仏道の道の修行につとめます」と言い、身につけていた刀を地に投げ捨て、みずからひげや髪をそり落とし、袈裟《けさ》を着けて吉野の寺に引きこもった。

軽皇子は即位を承諾し、孝徳天皇となった。その孝徳即位から三カ月後、吉野寺に隠棲していた古人大兄皇子の謀反が発覚した。中大兄はただちに討伐兵四十人を送り、古人大兄と子たちを斬った。妃妾《みめ》達は自ら首をくくって死んだ―と伝える。

古人大兄皇子が引きこもった吉野はどこだったのか、はっきりとは分からない。しかし、大淀町比曽にあった吉野寺（比曽寺）だったとの見方が有力。いまは世尊寺という曹洞宗の寺となっているが、境内には比蘇寺のものだったとみられる建物基壇や礎石が現存する。塔跡なども確認でき、飛鳥時代に薬師寺式、あるいは法起寺式の伽藍《がらん》が存在したことが推測されている。事件は中大兄皇子の謀略だったとの見方も強い。

世尊寺。境内に吉野寺（比曽寺）の基壇と礎石がある

大化改新

孝徳天皇即位後、政治の実権は中大兄と鎌足が握り、初めて「大化」の年号を定め、都を難波長柄豊碕《なにわのながらのとよさき》宮（大阪市の前期難波宮）に遷《うつ》し、いわゆる改新政治を推進する。

大化二年（六四六）には「改新の詔《みことのり》」を出した。書紀の記すところによると、▽私有地、私有民を禁じ国家から食封、禄などを給する▽初めて京師・畿内を設置し、全国の人民を国司や郡司のもとに編成する▽関塞《せきそこ》、斥候《うかみ》、防人《さきもり》、駅馬、伝馬を置く▽戸籍・計帳を作り、田租を徴収するための「班田収受法」を制定する▽百官を設け、経済的基盤を失った豪族らに官位を授ける―などを内容とする。

公地公民化、郡県化、班田収受法制定、官僚化など。まさに律令体制の基本。書紀の記述通りなら、大化改新で古代律令国家体制が整えられたことになる。ただ、全体に文章がよく整いすぎ、大宝令《たいほうりょう》（七〇一年制定）と同じ条文もあることなどから、古くから信ぴょう性が疑われてきた。井上光貞氏は、書紀編さん時に大宝令の知識によって大幅に修飾した、とみなした。詔すべてが書紀編さん時の造作とみる「改新虚構論」も提示された。

ただ、大化改新が、単なるクーデターによる政権交代ではなく、国際的に通用する国家体制作りに大きく一歩を踏み出そうとしたものだったことは、間違いなさそうだ。中大兄と鎌足が学んだ南淵請安は、東漢《やまとのあや》氏系の渡来人学者だったといわれる。遣隋使に選ばれ、隋末唐初の中国で三二年間留学、一つの国家が滅亡するさまと律令体制に基づいて一大帝国を築き上げる様子をつぶさに見て帰国した。

白雉の瑞祥、難波宮

孝徳《こうとく》天皇五年二月九日、穴戸《あなと》国（山口県）から白い雉《きじ》が献上された。「白雉瑞祥《はくちのずいしょう》」と捉えた朝廷は二月十五日、元日の儀式のような盛大な儀式をとり行った。左右の大臣をはじめ百官が居並ぶ中、雉を乗せた輿《こし》が宮門を入り、しずしずと天皇の御座の前へと進んだ。

華やかな儀式の舞台は難波《なにわ》宮（大阪府）だった。日本書紀によると、飛鳥から難波への遷都は大化元年（六四五）十二月のこと。白雉三年（六五二）に長柄豊碕宮が完成するまでは、子代離宮《こしろのかりのみや》、蝦蟇行宮《かわずのかりのみや》、小郡《おごおり》宮、味経《あじふ》宮、大郡《おおごおり》宮など、難波の諸宮を転々としたようだが、儀式の舞台は完成間近の長柄豊崎宮だったとみられる。

大阪城の南、上町台地の北端部にあたる大阪市中央区法円坂町と馬場町で、古代宮都の遺構が発掘された。山根徳太郎氏らによる血のにじむような保存顕彰運動によって昭和二十九年（一九五四）から本格的な調査が開始され、ビルの谷間に眠っていた宮殿のようすが明らかになってきている。重複した二時期の宮殿遺構があり、難波宮跡と呼ばれる。古い方は七世紀の前期難波宮、新しい方は奈良時代の副都だった後期難波宮の遺構と考えられている。

下層の前期難波宮の遺構は、内裏《だいり》正殿、朝《ちょう》堂《どう》正殿（大極殿）、八角殿、朝堂などが東西対称に整然と並ぶ。「天平尺《てんぴょうじゃく》」より少し短い一尺二九・二センチの基準尺を用いて造営された、瓦を用いない宮殿だった。全面に火災のこん

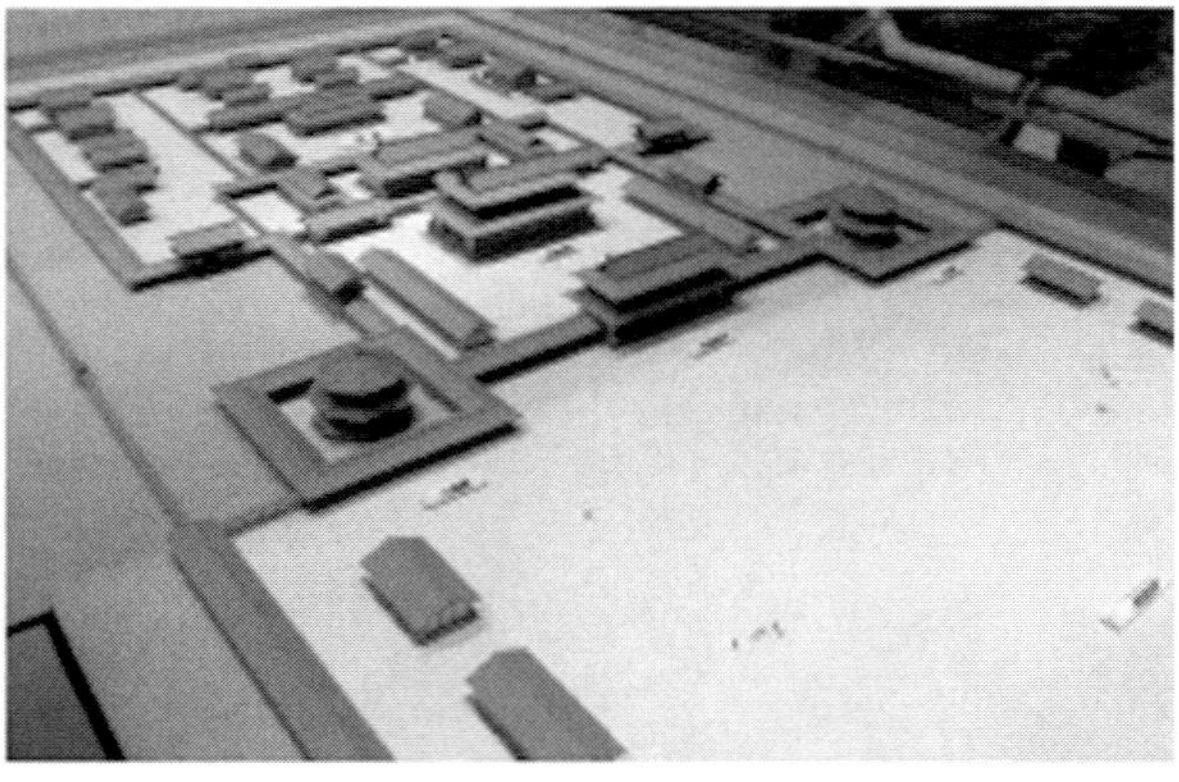

前期難波宮復元模型。孝徳天皇の長柄豊崎宮と考えられる（大阪市立博物館）

跡があり、天武朝の朱鳥《あけみとり》元年（六八六）に焼失した、と伝える宮殿遺構とされる。飛鳥の諸宮をしのぐ規模と威容を備えていた。

大阪市教育委員会で発掘調査にあたってきた中尾芳治氏は、その始まりは孝徳朝の長柄豊碕宮に溯《さかのぼ》れると考える。

白雉四年（六五三）、皇太子（中大兄）は天皇に「倭《やまと》の京に移りたい」と申し出た。孝徳天皇は許さなかた。すると皇太子は、間人皇《はしひと》后を奉じ、大海人《おおしあま》皇子など諸皇子を引き連れ、難波から飛鳥へ戻り、飛鳥河辺行宮《あすかのかわべのかりのみや》に入った。

孝徳帝〝置き去り〟事件である。威容を誇った長柄豊碕宮は四年ばかりで主を失い、宮都は九年ぶりに飛鳥に戻った。外交方針の分裂が背景にあった、との見方が強い。

七世紀の倭国内での一連の事件は、激動する東アジア情勢と微妙に連動していた。唐は新羅との連携を深め、百済は高句麗ばかりか唐や新羅の圧迫に苦しんでいた。そうした中で倭は、朝鮮半島と東アジアの情勢に敏感に反応したらしい。

斉明天皇の登場、有間皇子の変

孝徳《こうとく》天皇が亡くなった翌年（六五五年）、退位していた宝《たから》皇女が再祚《さいそ》、斉明《さいめい》天皇となった。生前の退位は初めてだったが、再祚も空前。六十二歳になっていたといわれる。翌六五六年、亡き夫帝の最初の宮殿だった岡本宮を大改造、後飛鳥岡本宮《のちのあすかおかもと》とした。

書紀は続けて次のように記す。

田身嶺《たむのみね》の頂に垣を巡らせ、嶺の上の二本

の槻《つき》の木のそばに観《たかどの》を建てた。両槻宮《ふたつきのみや》と名付けた。また天宮《あまつのみや》ともいった。

天皇は造営工事を好まれ、香山《かぐやま》の西から石上山まで水路を掘らせた。舟二百隻に石上山の石を積み、流れに沿って引き、宮の東の山に積み重ねて垣とした。

人々は狂心渠《たぶれごころのみぞ》と非難した。

「水路工事に費やされる人夫は三万余、垣を造る工事には七万余だ。宮殿の用材は朽ち果て、山の頂も埋もれる」

「石の山丘は作るはしから自《おの》ずから崩れるだろう」

とそしる者もあった。

吉野宮も造った。

〈巻第二十六・斉明天皇〉

相次ぐ土木工事は何だったのか。「両槻宮《ふたつきのみや》」はどこにあり、どのようなものだったのか。「狂心渠《たぶれごころのみぞ》」は、どこに掘られたものか。さまざまに推論や論争が繰り広げられてきた。

斉明四年（六五八）の十月、天皇は紀温湯《きのゆ》（和歌山県・白浜温泉白浜温泉付近）へ出掛けた。中大兄らも同行した。

留守中、蘇我赤兄《そがのあかえ》が有間《ありま》皇子を訪ね、「天皇の政治には三つの過失があります。一つは大きな倉《くら》庫を建てて人民の財物を集積すること。二つめは延々と渠《みぞ》水を掘って公の食料を浪費すること。舟で石を運び、丘のように積み上げることが三つめです」とたきつけた。

有間皇子は、「私もいよいよ武器を取る年齢になった」と応じてしまった。

二日後、赤兄は天皇のもとに急使を出し、

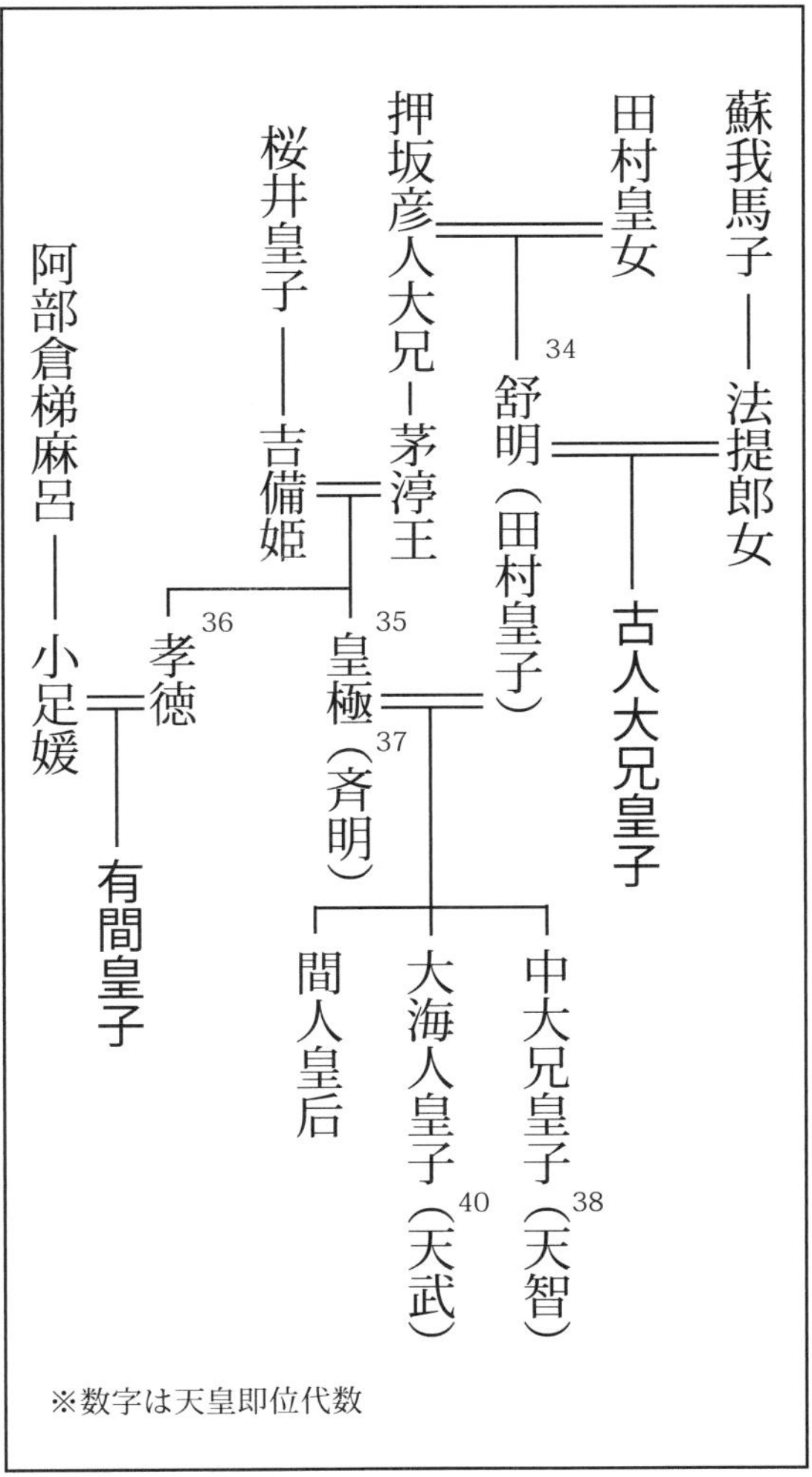

七世紀の皇統系譜
（太字は"消された"中大兄のライバル）

謀反を報告するとともに有間の家を囲んだ。皇子は逮捕され、紀温湯に護送される途中の藤白坂《ふじしろのさか》（和歌山県海南市）で絞首刑に処された。

磐代《いわしろ》の浜松が枝を　引き結び
ま幸《さき》くあらばまたかへり見む
家にあれば笥《け》に盛る飯《いひ》を草枕《くさまくら》
旅にしあれば椎《しい》の葉に盛る

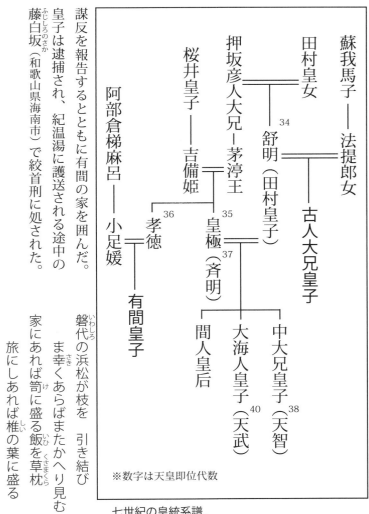

名高いこの二首の万葉歌は、護送される途中に有間皇子が詠んだ、と伝える。草木の枝を結ぶのは旅の安全を祈る習慣、ひそかに許されることを期待していたのか。

有間皇子は十九歳だった。孝徳天皇の一粒種。皇位継承の有力候補者の一人だった。この事件もまた、中大兄がライバルを消すために赤兄を使って仕組んだ、との解釈が圧倒的だ。ただ、事件の背後にあった「民の不満」も見逃せない。「三失政」を挙げつらった赤兄のことばは「謀反の道理」として説得力を持っていた。斉明朝をして「狂乱の時代」と呼ぶ研究者もいる。

有間皇子を祀る藤代神社㊦と同社に掲げられた有間皇子像㊤（和歌山県海南市）

狂心渠《たぶれごころのみぞ》

平成四年（一九九二）、飛鳥の謎の石造物の代表格ともいえる「酒船石《さかふねいし》」がある明日香村岡の丘陵から砂岩の切石を積み上げた石垣の列が見つかった。その後、十年以上にわたる調査で、石垣は、丘をぐるりと取り巻くように造られていたことが分かった。「酒船石遺跡」と命名された。

現場は、飛鳥京跡（伝承・飛鳥板蓋宮跡）の東側。それは、「累石為垣（石を累ねて垣となす）」とした「宮東山」の光景をほうふつさせるものだった。同時に、「冠状周垣（冠らしむるに周れる垣を以てす）」と記す「田身嶺《たむのみね》の両槻宮《ふたつきのみや》」の光景も想起させるものだった。

平成十二年（二〇〇〇）、丘陵北端のすそ部から花崗岩《かこうがん》製の亀形石造物と小判形石造物が発見され、飛鳥の「新亀石」として大きな注目を集めた。

酒船石北方遺跡と呼ばれる。用途、性格についてはさまざまな見解があるが、「水にかかわる祭祀」に関係する遺跡との見方が有力。百済《くだら》救援軍の派遣や蝦夷《えみし》征伐軍の派遣を前に斉明天皇が武運長久を願う水占いを行った遺跡、との考え方も浮上した。

両遺跡とも斉明朝に斉明女帝の意思で造られたものであることは間違いないものとされる。また、斉明女帝が何らかの形で関わる「王権の施設」であったという点でも、研究者の見解が一致している。その最大の根拠は、両遺跡で大量に使用されていた砂岩が、斉明二年に狂心渠《たぶれごころのみぞ》を船二百隻で運んだと日本書紀が伝える「石上山の石」とみられることからにほかならない。

石の産地に詳しい奥田尚氏の鑑定で、天理市の豊田町から石上町にかけての丘陵地、豊田山(石上山)で産出する、いわゆる「天理砂岩」だったことが分かった。豊田山と明日香村の酒船石遺跡とは、直線距離にして一五キロ程も離れているが、その豊田山で採取される「石上山の石」がはるばると運ばれて、石垣や敷石に用いられていたのだった。

狂心渠について日本書紀は、「自香山西至石上山　以舟二百隻　載石上山石　順流控引」と記している。「香久山の西より石上山

㊤酒船石遺跡から見つかった天理砂岩の石垣遺構
㊦新亀石。小判形・亀形石造物と天理砂岩で造っていた湧水施設
(いずれも明日香村教委提供)

に至る」とはっきり書かれている。「石上山」が天理市の石上山（豊田山）を指すとすれば、狂心の渠は、香久山の西から北方の天理方面へ延々と通じていたことになるわけだ。

　大和平野の大規模な河川改修や水路（運河）の建設こそ「狂心」とそしられた大土木事業ではなかったか。いまにその痕跡をくっきり残す碁盤目状の大和条里《じょうり》は、少なくとも奈良時代の中ごろまでに整備された、といわれる。条里の基準線となった上ツ道、中ツ道、下ツ道などの古代幹線道路は、壬申《じんしん》の乱（六七二年）の時点で存在したことが書紀の記述からはっきりしている。

　大和平野の都づくりは、まず、〝暴れ川〟の大和川各支流の治水工事が進められ、灌漑にも用いられるように付け替え、堤防を築き、そして運河（交通路）としても利用できるように改修が進められていったのではなかろうか。併行して、横大路や上ツ道、中ツ道、下ツ道などの幹線道路や大和条里の整備が進められたのではなかろうか。そうした大和平野、つまり都の地の大規模な開拓と土地区画整理事業は、「大化改新」が軌道に乗り、難波宮から大和に戻った斉明朝あたりに本格化したと考えて決して無理はない。

　「狂乱の斉明朝」の内実は、大和平野大改造計画の幕開けだったのではなかろうか。それは、確かに「興事の時代」であり「土木の時代」であったが、一女帝の「狂心」や趣味によるものではなく、東アジア情勢をにらんだ古代国家建設のツチ音だった、と考えたい。

白村江

百済救援軍

斉明《さいめい》六年（六六〇）十月、唐、新羅と戦う百済の佐平鬼室福信《きしつふくしん》が、救援軍の派遣と人質として日本にいた余豊璋《よほうしょう》の送還を求めてきた。

斉明女帝は、

「百済国は戈《ほこ》を枕にし、胆《い》を嘗《な》める苦労をしつつ、救援を願い出てきた。どうして見捨てることができようか」

と十二月、救援軍派遣の準備に着手。翌年の正月、難波津《なにわのつ》から船で、みずから西征に出発した。

途中、大伯海《おおくのうみ》（岡山県）に至った時、大田皇女が女子を産んだ。伊予（愛媛県）の熟田津《にぎたつ》を経て、三月、娜大津《なのおおつ》（博多港）に到着した。磐瀬行宮《いわせのかりみや》に入り、そこを長津《ながつ》宮と改めた。

〈巻第二十六・斉明天皇〉

女帝の西征には、中大兄《なかのおおえ》皇子はもちろん、大海人《おおしあま》皇子、中臣鎌足《なかとみのかまたり》ら朝廷の要人の大半が同行したらしい。女性たちも伴った。大田皇女は中大兄皇子の娘で大海人皇子の妃、西征の途上の大伯海で大泊《おおく》皇女を産み、博多滞在中には娜大津《なのおおつ》で大津皇子を産む。大田皇女の妹、鸕野讃良皇女《うののさらら》（のちの持統天皇《じとう》）も同行、博多で草壁皇子《くさかべ》を産んだ。

熟田津《にぎたつ》に船乗りせむと月待てば
　潮もかなひぬ今はこぎいでな

額田王《ぬかだのおおきみ》の有名な万葉歌は、西征の途上、伊予の熟田津（松山市付近の港）を出発するときに詠まれた、という。

朝廷がまるごと九州に移動する、それほど大規模な軍事行動だった。

しかしこの時、百済は既に滅亡していた。西征の前年にあたる六六〇年、唐・新羅連合軍の攻撃を受けた。蘇定方《そていほう》の率いる唐軍は水陸十万、金庾信《きんゆうしん》らが率いる新羅軍は五万。酒池肉林の生活に明け暮れていた義慈王の百済はひとたまりもなく、扶余《ぷよ》の泗沘《しひ》城は落ちた。官女たちが、白馬江《はくばこう》（錦江）の岩壁から次々と身を投げた、という。岩壁は「落花岩」と呼ばれて、いまも百済滅亡の悲話を伝える。

降伏した義慈王は、一族や百済人捕虜一万二千人とともに唐の都、長安に連行された。ただ、高句麗征討に力を傾ける唐の百済進駐軍は手薄だった。このため、滅亡直後から遺臣らによる百済復興の反乱活動が始まった。

福信が日本に救援軍派遣と、三〇年にわたり人質として日本に滞在していた王子の余豊璋の送還を求めたのは、泗沘城奪回も夢でない状況まで盛り返した時だったといわれる。豊璋を王に立て、一気に百済回復をはかろう、と福信らは考えたのだった。

朝倉橘広庭宮跡伝承地に立つ
石碑（福岡県朝倉市）

西征した斉明女帝は、朝倉橘広庭宮《あさくらのたちばなのひろにわ》（福岡県朝倉市）に入ったが、その年（六六一年）の七月二十四日、波乱の生涯を閉じた。書紀は、「朝倉山の上に鬼が現れ、（女帝の）葬儀を見つめ大笠をつけて、宮を出る葬列を見送った」と書く。

白村江の惨敗

中大兄皇子は、亡くなった斉明女帝の遺骸《いがい》を九州から大和に移送、飛鳥の川原で殯《もがり》の儀式を務めた後、すぐに九州に引き返し、百済救援の総指揮をとった。中大兄は称制（即位式をあげずに天皇となること）して、天智《てんじ》天皇となっていた。

天智元年（六六二）五月、鬼室福信《きしつふくしん》から要請されていた余豊璋《よほうしょう》の送還を実行、大将軍阿曇比邏夫《あずみのひらぶ》連が軍船一七〇艘を率いて百済に護送、豊璋を王位に即《つ》けた。

天智二年三月、上毛野君稚子《かみつけののきみわかこ》、阿部引田《あへのひけたの》臣比邏夫《おみひらぶ》ら六人の将軍が率いる前軍・中軍・後軍合わせて二万七〇〇〇人を派遣、新羅攻撃を開始した。

六月、百済王・豊璋は、百済復興の中心的役割を担ってきた重臣の福信に謀反の疑いを抱き、処刑してしまった。首を酢漬けにした。

百済の内紛（福信処刑）を知った唐・新羅連合軍はすかさず軍を出し、州柔《つぬ》城を囲んだ。一方、唐の水軍は、百七十艘の軍船を南下させ、白村江《はくすきのえ》に戦列を構えた。

八月二十七日、州柔城救援のために白村江へ向かった日本の軍船は唐の軍船に遭遇、すぐに会戦となった。日本側は「攻めかかれば相手はおのずと退却するだろう」と、戦況の観察もせず、船隊を整えないまま突入。左右からはさみ打ちにあい、みるみるうちに敗れた。船のへさきをめぐらして引き戻すこともできなかった。多くの兵が川に落ちて死んだ。

豊璋王は高麗へ逃げ去った。州柔城は陥落、多くの人々が日本に亡命した。

〈巻第二十七・天智天皇〉

白村江は、韓国の忠清南道と全羅北道の境界を流れる錦江の河口付近。日本軍は惨敗だった。「旧唐書」や『三国史記』も「煙と焔《ほのお》が天を覆い、海水が赤く血に染まった」と伝える。

『三国史記』は「倭船千艘」と書く。天智二年に派遣した救援軍二万七〇〇〇人の一部だったのか別部隊だったのかはっきりしないが、いずれにしても日本の救援軍は未曾有の大軍だった。九州や西国を中心に全国から動員した。国をあげて戦った古代東アジア大戦に日本は敗れた。実は、昭和二十年（一九四五）の太平洋戦争の敗戦以前にも、日本は国際戦争に敗れていたのである。

大国主義・小中華主義

なぜ日本は、百済救援軍を派遣することになったのだろうか。

戦いは、唐・新羅連合軍と倭・百済軍がまっ向からぶつかり合った古代東アジア世界大戦ともいえる戦争だった。だが、倭国（日本）に侵略の矛先が向けられていたわけでも、唐と直接戦わなければならない事情があったわけでもない。それどころか、斉明が西征に出発する二年前にあたる六五九年、第四次遣唐使を派遣している。

新羅とも戦闘状態にあったわけではない。百済救援軍の派遣はあくまで、唐・新羅の進攻で滅亡した百済の復興を手助けするためだった。

鬼頭清明氏は、百済との友好関係もさることながら、「みずからを新羅・百済より上位におこうとする大国主義」が救援軍派遣へ朝廷を動かしたと考えた。

『白村江―東アジアの動乱と日本』（教育社）で、「大和朝廷内部の権力構造に大きな転機をもたらす中で、朝廷は、権威を維持し、権力の集中を維持するために、朝鮮半島における大国主義的な外交方針を変えるわけにはいかなかった」、任那の滅亡によってこの「任那の調」を失うことは、大和朝廷の権威を失うことになり、「新しい社会秩序の樹立も権力の集中も不可能となって、朝廷の権力は動揺を深める危険性をはらんでいた」などと解釈する。

欽明《きんめい》二十三年（五六二）の任那滅亡以後も大和朝廷は「任那の調」を百済、あるいは新羅に要求し続け、実際に何度か朝貢を受けた。これは、日本側の外交交渉によるもので、半島諸国から朝貢を受ける立場の維持に懸命だった、というのである。石母田正氏は「小中華主義」、遠山美都男氏は「仮想帝国主義」などといった。中国王朝への対抗意識、あるいは模倣による大和朝廷の思いあがりともいえる大国主義が百済救援軍派遣の土台にあったというのである。

本土防衛・近江遷都

白村江の敗戦の翌年（六六四年）、対馬《つしま》、壱《い》岐《き》、筑紫《つくし》（福岡県）に防人《さきもり》と烽《すすみ》を置いた、と『書紀』は記す。防人《さきもり》は辺境の地に置かれた防衛軍。律令時代を通じて設置され、おもに東国から兵士が差発された。烽《すすみ》は煙で情報を伝達するのろし台。九州から瀬戸内を経て大和まで、点々と設置されたらしい。

太宰府《だざいふ》の北側には、博多湾に向かって流れる御笠《みかさ》川をせき止めることができる長大な堤防を築いた。「水城《みずき》」と名付けられた。また、太宰府の北側にある大野山に大野城、南方約一〇キロにある基山《きやま》に椽城《き》（基肄《きい》城）を築いた。必死になって西の都の守りを固めた。

さらに対馬の金田城《かなたのき》、長門《ながと》国（山口県）の城、讃岐《さぬき》国（香川県）の屋嶋城《やしまのき》、倭国の高安城《たかやすのき》などを矢継ぎ早に築いた。

いずれも唐・新羅の〝本土襲撃〟に備えた

国防施設だった。多くは山の頂上付近に築かれた。断崖や深い谷が守りに役立った。土塁や石垣を築き、平地には多数の倉庫を並べ建

特別史跡・水城跡（福岡県太宰府市、大野城市、春日市にまたがる）

て、武具や穀物を蓄えた。水を得る井戸や水門（ダム施設）も設けた。朝鮮半島の古代山城と似通い、朝鮮式山城と呼ばれる。百済から亡命してきたばかりの憶礼福留《おくらいふくる》や答春初《とうしゅんそ》らが築城を指揮した、と伝える。

白村江の敗戦から四年後の天智六年（六六七）十月、都を近江《おうみ》（滋賀県）の大津《おおつ》宮に遷した。翌年の正月、天智は即位式をあげ、正式に皇位についた。

多くの人々は遷都を願わず、連日のように放火による火災が発生した、と伝える。近江行きの途上、額田王《ぬかたのおおきみ》は「三輪山をしかも隠すか雲だにも　情あらなむ隠さふべしや」と詠んだ。雲のかかる三輪山を振り返り振り返り、大和への別れを惜しむ心情を歌い上げ

る。

天智は、なぜ近江遷都を強行したのだろうか。柿本人麻呂も、わずか五年で廃都となった大津宮の荒廃をいたむ歌で、「いかさまに思ほしめせか」と疑問を投げかけている。

蘇我本宗家の打倒で華々しく政治の表舞台にデビューした中大兄だが、古人大兄皇子の謀反《むほん》、蘇我倉山田石川麻呂事件、有間皇子の誅殺など暗い事件が相次ぎ、果ては白村江の敗戦による〝亡国の危機〟。改新政治に対しても豪族や民衆の不満が強かったといわれる。遷都で人心の一新をはかろうとした、と推測していいだろう。

近江の大津を選んだのは、やはり唐に対する防衛策の一環だった、との見方が強い。大津宮の調査を続けてきた林博通氏も、「西に急峻な比叡《ひえい》の山並みをひかえて強固な防備と

琵琶湖と大津。大津京は西に比叡の山、東に広大な琵琶湖がある天然の要塞だった

し、東には広大な琵琶湖を擁して天然の要塞となし、湖上を船運によって東国や北陸に容易に抜けられる」と、「防衛遷都」にかなう地政学的要件を強調する。(『日本都城制の源流を探る—中国の都城遺構』同朋舎)。

　内憂外患におびえ、逃げ回っていた天智のイメージも浮かぶが、書紀によると、遷都を前に二十六階の新冠位を制定し、氏上《このかみ》と民部《かきべ》・家部《やかべ》を定めて、豪族を巧みに政府の管理のもとに置く措置を講じた。「甲子《かっし》の改革」と呼ばれる。また、近江の都ではわが国最初の律令法典「近江令《おうみりょう》」を制定(『書紀』には見えない)、最初の全国戸籍「庚午年籍《こうごねんじゃく》」を定めた。逃げ回るどころか、国土防衛を固めて、天皇中心の古代国家造りに向け強力なリーダーシップを発揮したことになる

　大津宮跡は、大津市の中心街の北方、錦織《にしごり》地区で確認されている。京阪電車「近江神宮前」駅の西側一帯の住宅地の中から点々と宮跡の遺構が検出されている。東西約四〇〇メートル、南北約七〇〇メートルの範囲に内裏や朝堂院をもつ宮殿が営まれていたらしい。宮居の周辺を取り囲むように、崇福寺《すうふくじ》、穴太《あのう》廃寺、南滋賀廃寺、園城寺《おんじょうじ》(三井寺の前身寺院)の四つの大寺院を配していたらしいことも分かってきている。

日本へ亡命

　白村江の戦いに敗れ、百済王豊璋は、数人の家臣とともに船に乗って高句麗に逃れた。王子たちは、唐軍に降伏した。だが、豊璋の弟、善光《ぜんこう》をはじめ余自信《よじしん》、鬼室集斯《きしつとうし》ら、王族

の多くが日本に亡命した。余自信《よじしん》、木素貴子《もくそきし》、谷那晋首《こくなしんしゅ》、億礼福留《おくれいふくる》ら重臣たちも、日本の軍隊とともに日本に逃れた。

百済の敗走兵たちも、家族や一般農民らとともに多数、日本へ渡った。その数は、十数万人ともいわれる。

亡命渡来人のうち、さまざまな能力をもつ人々は大和朝廷に出仕し、官人的な存在として勤務していたらしい。大和朝廷としては官僚機構を強化するために百済人らを登用したらしい。

日本書紀の天智十年一月（六七一）条に次のような記事がある。

大錦下を、佐平余自信、沙宅紹明《さたくじょうみょう》に授けた。大山下を達率谷那晋首《こくなしんしゅ》、木素貴子《もくそきし》、億礼福留《おくれいふくる》、答 春初《とうほんしゅんそ》、日比子《ほんにちひこ》波羅金羅金須《はらこんらこんす》、鬼室集信に授けた。小山上を、達率徳頂上《とくちょうじょう》、吉大尚《きちだいじょう》、許卒母《こそつも》、角福牟《かくふくむ》に授けた。さらに小山下を五十余人に授けた。

〈巻第二十七・天智天皇〉

百済からの亡命渡来人のなかでも、大和朝廷に重んじられたえりぬきのエリートたちだったのだろう。

一般庶民は、大阪市南部に百済（久大良）洲という島（中洲）に住まわされたらしい。いまの中央区の久太郎町や安土町に比定され、ほぼ船場全域を指したようである。

日本書紀には、天智天皇八年（六六九）に、「佐平余自信、佐平鬼室集斯ら男女七百余人の百済人らを近江国蒲生郡に移住させた」とある。また、天智四年（六六五）には四〇〇余人を近江国神前郡に、同五年（六六六）には二〇〇〇余人を東国に移住させた、とある。しばらくとどめ置かれたらしい百済洲などからも多くの亡命人たちが全国各地に移住させられたらしい。近江や東国では主に未開拓地の開拓などに当たったとみられる。知識人もいた。移住地ではさまざまな工夫を凝らし、地域経済を発展させ、新たな故郷を形成していったようだ。

百済王氏

百済から亡命してきた人々のうち王族たちの多くは最初、大阪市東南部にあった「百済郡」にいたらしい。天王寺区、東成区、生野区、東住吉区にわたる地域だったよう。「百済野」とも呼ばれた。亡命王族らが住み始める以前から百済系渡来人らが多く定着し繁衍していた土地だったらしい。

平安時代初めごろ、この百済郡には広井造真成が拠点と置いていたことが続日本紀などから分かるが、『姓氏録』には、「広井連は百済国避流王の後なり」という記述がある。

百済野には百済川（いまの平野川）が北流し、猪飼津《いかいつ》と呼ばれる入江に注いだようである。四天王寺や百済寺の堂塔もあり、桃の花咲く「桃谷」（現在の桃谷町）や鶴が群れ飛ぶ鶴橋（生野区）などがあった、という。

この百済野にも百済寺という古代寺院があったことが『日本霊異記』などで分かる。敏達天皇六年（五七七）条に「百済国の国王が、日本に帰国する使の大別王らに経論と律師、禅師《ぜんじ》、比丘尼《びくに》、呪禁師《じゅごんのはかせ》、造仏工《ほとけつくるたくみ》、造寺工《てらつくるたくみ》などをつかわしたので、難波の大別王の寺に安置させた」とあるが、その「大別王の寺」が百済寺だったのかもしれない、と段熙麟氏は『大阪における朝鮮文化』で述べる。その場所は天王寺区堂ケ芝町説と東住吉区の「桑津の里」説があって、確定していない。

百済滅亡時の三一代義慈王の子の善光（禅広）も日本に亡命した。その善光の子孫が百済王氏である。善光が難波に居住している時、持統五年（六九一）正月、百済王の姓を賜ったと伝える。百済王氏は善光から始まるのである。

善光の子昌成は摂津国亮《すけ》（次官）に抜擢され、その子遠宝は文武天皇四年（七〇〇）に常陸《ひたち》国（茨城県）守に任じられた。これが一族の東国・東北計略の先鞭。孫の英孫も陸奥

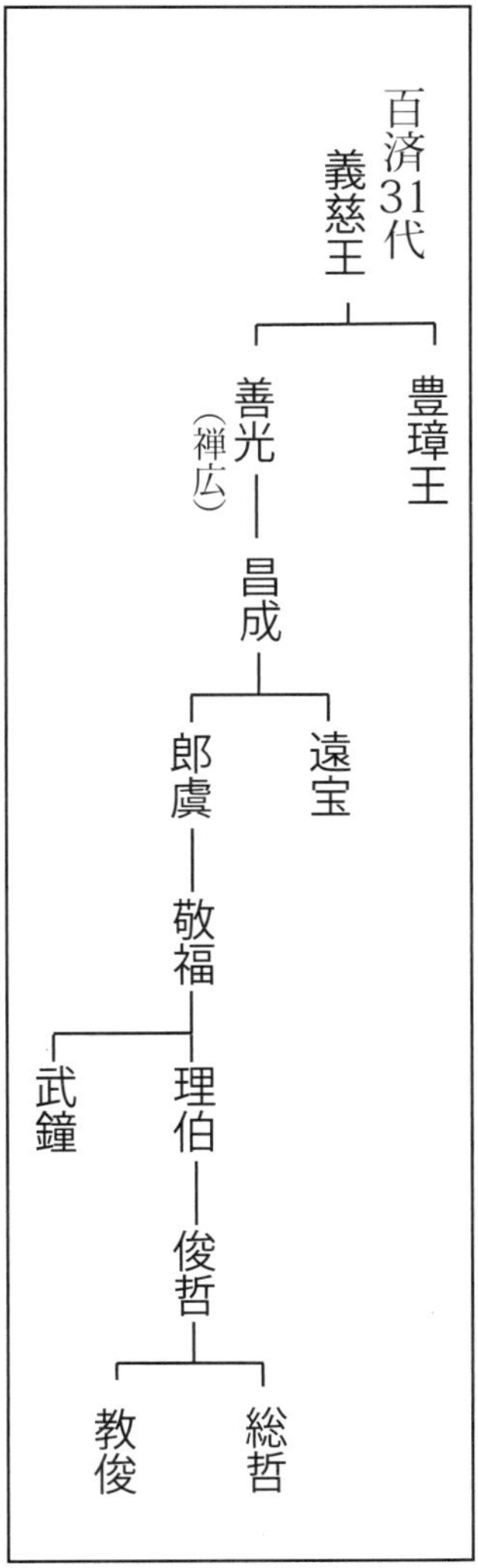

百済王氏の系譜

国鎮守府権副将軍、出羽国守を務めた。

天平十年（七四三）、聖武天皇が発願した東大寺の大仏造営は、百済滅亡時に亡命渡来した国骨富《くにこつふ》の孫、国中公麻呂《くんなかのきみまろ》が指導して進めた。八回の鋳造やり直しを重ねようやく毘盧遮那仏《びるしゃなふつ》の形はできたが、塗布すべき黄金が不足していた。天皇は全国に黄金献上を呼びかけた。この時、百済王氏敬福《きょうふく》は、統治下の陸奥国小田郡（現宮城県遠田郡涌谷町黄金迫）から産出した黄金九百両を献上した。天皇は大いに喜び、年号を天平から天平感宝と改元、敬福は官位七階級特進で従三位宮内卿と河内国の守に任じられた。

敬福は、淀川に沿い、風光明媚な交野原の中宮《なかみや》（大阪府枚方市）に邸宅を構え、祖先を祭る百済王神社や氏寺の百済寺を建立した。以後、約一〇〇〇年間、枚方、交野の地は、百済からの亡命王族、百済王氏の本拠となり、一族が繁衍した。いま、枚方市中宮西之町にあ

特別史跡・百済寺跡（枚方市中宮）

る特別史跡・百済寺跡は、大阪府によって整備され、史跡公園となっている。直線に並ぶ金堂跡、南大門跡、中門跡、講堂跡、それに二基の塔跡、取り巻く回廊跡などが確認されている。約七十個の礎石が現存している。鎌倉時代ごろまで続いたとみられるが、まさに、百済王氏栄華の〝夢の跡〟である。

付近一帯の交野の地の旧山田郷、旧岡本郷など一帯は、平安時代、朝廷の狩猟地となり、一般庶民の出入りを禁じたため、「禁野《かたの》」と呼ばれるようになった。その禁野へは、桓武天皇をはじめ、平城、嵯峨、淳和、仁明など奈良時代から平安時代初めの天皇が二十数回も訪れ、狩猟を楽しみ、百済王氏と交流している。

敬福の子の武鏡も出羽国守、孫の俊哲も陸奥国鎮守府将軍兼征夷副使に任ぜられた。俊哲の子、総哲も出羽国守に、同じく俊哲の子の教俊も鎮守府将軍陸奥国介《すけ》兼出羽国守に任ぜられた。百済王氏の一族は、歴代、東北の蝦夷の鎮撫などに活躍したようである。

平安時代の初め、百済王氏の女性(女系)たちも宮廷に入るなどして華々しく活躍した。敬福の子・武鏡の妹明信は右大臣藤原継縄の夫人として乙叡を生み、武鏡の娘教仁は桓武天皇の夫人となって大田親王を生んだ。俊哲の娘・教法は桓武天皇の女御となり、俊哲の娘貴命は嵯峨天皇の夫人となって忠良親王と元良親王、其子内親王を生んだ。俊哲の孫・慶命は嵯峨天皇の夫人となって源朝臣定らを生み、俊哲の孫の永慶は仁明天皇の夫人となって高子内親王を生んだ。俊哲の孫貞香は桓武天皇の夫人となって駿河内親王を生んだ。綺羅星の如くである。

天智天皇の曽孫にあたる桓武天皇の生母の高野新笠は、百済の純陀太子の子孫で、武寧王の血を引くとされる和《やまと》（倭）氏の和乙継の娘だったことは既に書いた。

百済王氏は桓武朝に栄華を極めたらしい。続日本紀の延暦九年（七九〇）正月、桓武天皇は「百済王等は朕が外戚なり」と述べた、と伝える。

鬼室集斯

天智天皇八年（六六九）、男女七〇〇名とともに近江国蒲生郡に移住させられたと伝える百済の亡命王族鬼室集斯《きしつしゅうし》は、百済の武官として数々の軍功を伝える鬼室福信《ふくしん》の子だった。鬼室福信は、日本から送還され百済国王になった豊璋に仕えたが、豊璋王から謀反の嫌疑をかけられ、殺され、首を酢漬けにされ

多くの亡命百済人らが居住したと伝えられる
滋賀県の蒲生野

た、と伝える。「福信漬」の名称はこれに拠る、との説もある。

鬼室集斯を祀った鬼室神社が、滋賀県蒲生郡日野町小野《この》にある。金達寿氏は、著書『日本の中の朝鮮文化』で、「竜王山を背にした山あいの里、それが小野だった。田んぼの間につうじている一本のなだらかな坂道をのぼって行くと、まもなく道の右かたわらに『鬼室神社』としたなかなか立派な石碑が見えた」と、鬼室神社のことを紹介している。

鬼室集斯を祀る鬼室神社（滋賀県日野市小野）

鬼室集斯は近江へ遷されてすぐ、学識頭（のちの大学頭）といういまの文部科学大臣にも相当する役職に任命された、と伝える。金達寿氏はこうも書く。「百済王朝の遺臣、それが日本のこちらへ来てはすぐに大学頭、文部大臣になったという天智帝の近江朝というのは、いったいどういうものであったのだろうか』。

確かに――。日本の古代王権の寛容性を見ればいいのだろうか、国際性を見るべきなのか。それとも、百済と日本の王権（大王家）の血縁的なつながりを含めた親密性を改めて思うべきか。

終末期古墳

牽牛子塚古墳

天智称制六年（六六七）の春二月、天智天皇（中大兄皇子）は、九州・朝倉橘広庭宮で没した母の斉明天皇と妹の間人皇女《なしひと》（孝徳天皇の皇后）を小市岡上陵《おちのおかのうえ》に合葬した、と日本書紀は伝える。

明日香村越、近鉄飛鳥駅の西約五〇〇メートルの尾根上に牽牛子塚古墳《けんごしづか》と呼ばれる終末期古墳がある。巨大な凝灰岩《ぎょうかいがん》をくり抜いて造ったくり抜き式石槨《せっかく》が残存している。南側に開口している。築造時期は七世紀の後半。

平成二十二年（二〇一〇）九月九日、この牽牛子塚古墳《けんごしづか》を発掘調査していた明日香村教委が、「八角形墳であることを確認した」と報道発表した。墳丘の北西のすそ部から凝灰岩《ぎょうかいがん》を敷きつめた犬走り状の石敷が見つかり、その石敷が一三五度の角度で折れ曲がりながら八角形に墳丘を取り巻いていたことが確認されたのだ。

翌十日付朝刊各紙「被葬者はほぼ一斉に、「牽牛子塚古墳は八角形墳、斉明天皇陵とみられる」と報じた。

宮内庁は斉明天皇陵を、高市郡高取町車木にある車木ケンソウ古墳に治定している。約二・五キロほど離れているが、牽牛子塚と同じ越智丘陵上にある。ただ、本当に古墳であるか疑う見方もあり、研究者の間では早くから牽牛子塚古墳こそ本当の斉明陵ではないかとの見方が支配的だった。

その一番の根拠は、巨大な凝灰岩をくり抜いて造った石槨《せっかく》が、中央に仕切り壁があり二つの部屋をもつ二人合葬用として造られ、日本書紀の「間人皇女と合葬した」との記述と合致するためだった。

また、以前の調査で出土した、最高級とされる夾紵棺《きょうちょかん》（布と漆《うるし》を塗り重ねて造る棺）の破

㊤牽牛子塚古墳の石槨。二つに仕切られている㊦発掘された凝灰岩の敷石。135°の角度をもち、八角形墳の決め手となった（2010年９月）＝いずれも明日香村教育委員会提供

片や華麗な金銅製八花形座金具、七宝焼《しっぽうやき》の亀甲形棺飾金具《きっこうがたかんかざりかなぐ》などの出土遺品も斉明陵説を補強していた。墳丘発掘調査による八角形墳確認は、「斉明天皇陵確定」と受けとめられたのだ。

三カ月後、牽牛子塚古墳のすぐ南東部から、石英閃緑岩《せきえいせんりょく》をくりぬいて造った横口式石槨をもつ七世紀後半の終末期古墳が新たに発見された。まったく存在が知られていなかった古墳で、越塚御門《こしづかごもん》古墳と名付けられた。

各紙は、「斉明陵の前に大田《おおた》皇女の墓」などと報じた。「八角形墳確認」の報道時よりむしろ扱いは大きかった。「同じ日に、大田皇女を（斉明）陵の前の墓に葬った」と記す日本書紀の天智称制六年（六六七）の記事と合致するからだ。一様に「牽牛子塚が斉明陵であることがさらに確実になった」と報じた。

大田皇女の墓か、越塚御門古墳。後方は牽牛子塚古墳の墳丘（2010 年 12 月）

日本書紀によると、大田皇女は天智天皇の娘、従って斉明天皇の孫にあたる。妹の鸕野《うのの》讚良《さらら》皇女（後の持統天皇）とともに大海人《おおあま》皇子（後の天武天皇）の妃となった。百済救援軍派遣で朝廷総出で九州に移動した際に、大伯《おおく》皇女と大津《おおつ》皇子を産む。しかし、幼い二人を残したまま亡くなったらしい。

研究者らも、「日本書紀の記載が裏付けられた発掘成果。牽牛子塚古墳が斉明天皇陵だとはっきりした」と評価した。

牽牛子塚古墳は造り直された？

ところがである。発掘成果はむしろ、日本書紀の記述のウソを見破ったのではないか、と筆者は考える。

牽牛子塚古墳の石室は、凝灰岩の巨石をくり抜いて造る。大きさは幅約五メートル、奥行き約三・五メートル、高さ約二・五メートル。その重量は、くり抜く前には約八〇トンあったと推定されている。

発掘調査では、石槨の周囲をぐるりと取り囲むように、石英安山岩の柱状（立方体）の切石一六本をすき間なく立て並べていたことが明らかになった。切石は高さ約二・八メートル、一本約五トンと推定される。墳丘を装飾していたとみられる三角柱状の切石も破片を含め

石槨周囲に立て並べられていた石英安山岩の切石

数百個出土した。七〇〇〇個以上を使用して、石をすき間なく葺いた墳丘をピラミッド状に造っていたらしい。

牽牛子塚古墳は、堅固・豪壮で精緻な石の建造物だった。用いられた石材は、石槨、取り囲む柱石、墳丘の装飾石、周辺の敷石などを合わせて五〇〇トン以上と推測されている。石の産地に詳しい奥田尚氏によると、石材の凝灰岩と石英安山岩はいずれも奈良県・大阪府境の二上山付近で採石された石という。牽牛子塚からは、西北に直線距離で約一四キロ離れている。

五〇〇トンの石材を運ぶにはどれほどの労力が必要だっただろうか。

古代の巨石運搬用具だった修羅（巨木の木ゾリ）などを用いて運んだとみられるが、奥田尚氏によれば、一人が牽引できる重量はせいぜい四〇キロ程度という。たいへんな労働力の投入が必要だったことは間違いない。使われた石材五〇〇トンを単純に一人で引っぱれる四〇キロで割れば一万二五〇〇人という数字が出る。一日にどれほど運搬できるものかよく分からないが、仮に一〇日かかったとすれば、運搬だけで延べ一二万五〇〇〇人の労働力が投入されたことになる。

日本書紀は、斉明天皇と間人皇女を小市岡上陵に合葬したその日、皇太子（天智天皇）は、斉明天皇の遺勅（遺言）を紹介した、と記す。その遺勅とは、「万民をあわれむため、石槨の役をおこすな」というものだったという。

斉明女帝は、大の土木工事好きで、人々に「狂心《たぶれごころ》」とまでそしられたというのに、信じられない内容。何かの間違いか、天智天皇の虚言か、それとも作り話か。しかし、例え虚言や作り話であっても日本書紀にそのような記事があるという事実は動かしがたい。

五〇〇トンもの石材を一〇万人以上の人々を投入して運んで造ったとみられる牽牛子塚古墳。これを斉明陵とするなら、日本書紀の内容と合致するどころか、大きな矛盾があることになってしまうのである。牽牛子塚古墳は「石槨の役」をおこさずに造れるような古墳でないことが、発掘調査ではっきりしたのだから……。

どう考えたらいいのだろうか。牽牛子塚＝斉明陵説は大間違いということだろうか。牽牛子塚の発掘は、日本書紀を実証したのではなくて、「日本書紀のウソを見破った」と解釈すべきなのだろうか。

筆者の推理の結論を述べれば、発掘された堅固な石の建造物の牽牛子塚古墳は天智六年に造営されたものでなく、後世に造り直され、立派に修復された斉明陵と考えれば、すべて矛盾なく解釈できるのではないだろうか。

続日本紀の文武天皇三年（六九九）十月条に、「越智山陵と山科山陵を造営するために、天下の有罪の人々を赦免《しゃめん》した」という記事がある。斉明天皇陵と天智天皇陵のことを指すとみられるが、越智山陵には衣縫王《きぬぬいのおおきみ》、当麻《たぎまの》真人国見《まひとくにみ》、土師宿祢麻呂《はじのすくねまろ》、田中朝臣法麻呂《たなかのあそんのりまろ》と判官《じょう》四人、主典《さかん》二人、大工《おおたくみ》二人を派遣して修造させたと書いている。

二つの陵は、あまりにもみすぼらしかった

のではなかろうか。何せ、斉明天皇と間人皇女の埋葬は、白村江で唐・新羅連合軍に敗れて四年後、近江遷都の一カ月前のことだった。国家存亡の危機の真っ只中だった。天智天皇は、母、妹、娘の最愛の三人をあわただしく葬って、飛鳥を去るが、陵墓はにわか造りだった可能性がある。一方、天智天皇陵は壬申の乱（六七二年）の混乱の中でどこまでまともな造営工事が行われたか、定かでない。

文武三年の「修造」は、修復や修理ではなく造り替えだったと考えるべきではなかろうか。文武天皇にとって斉明は曽祖母、天智は曽祖父だった。文武三年といえば、斉明の死からは三十八年、天智の死からは二十八年の歳月が流れていたが、藤原宮に遷都して五年、大宝律令施行（七〇一年）の二年前、古代律令制による集権国家体制の絶頂期を迎えようとしていた。

八角形墳

八角形墳は、牽牛子塚古墳以外では、桜井市にある舒明天皇陵（段ノ塚古墳）、明日香村の天武・持統天皇陵（大内陵）、文武天皇陵の可能性がいわれる中尾山古墳、京都市の天智天皇山科《やましな》陵などが知られる。

「特別な墳形」との考え方が強い。八を優れた数字と考える中国の道教の影響と考える研究者が多い。天皇の枕詞《まくらことば》として用いられる「八隅知し《やすみし》」や即位式に用いられる高御座《たかみくら》が八角形であることとの関連を指摘する見解もある。法隆寺夢殿《ゆめどの》などの八角円堂に通じる仏

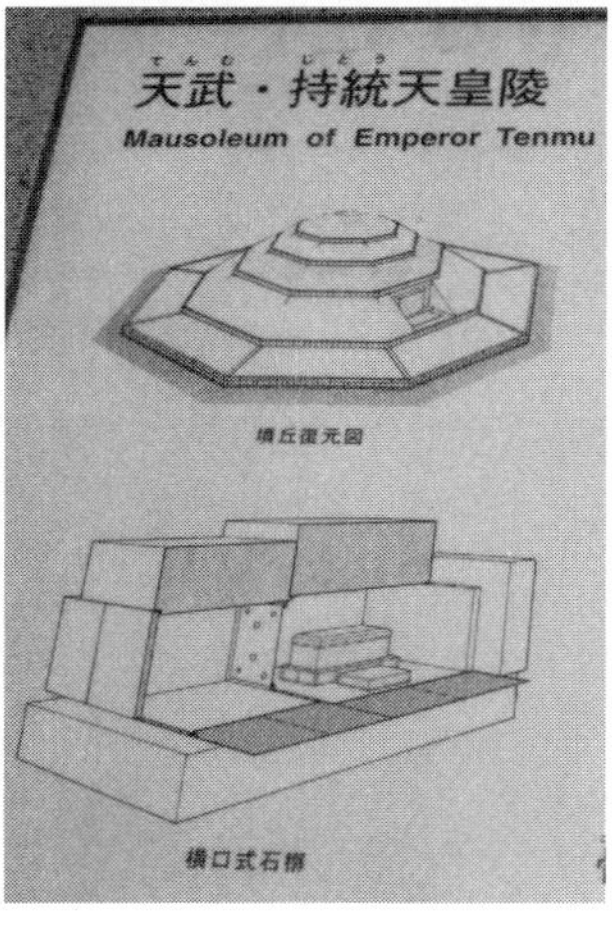

㊤天武・持統天皇の桧隈大内陵（明日香村野口）
㊦八角形墳であることと内部のようすを図示する案内板

教の影響との見方もある。

舒明天皇陵は桜井市忍阪にあることは既に書いた。

壬申の乱（六〇〇年）を勝ち抜き古代律令体制を確立した天武天皇は六八六年に亡くなり、二年三カ月に及ぶ殯《もがり》を経て持統称制二年（六八八）十一月、桧隈大内陵《ひのくまおおうち》（明日香村野口）に葬られた。後を継いだ持統天皇は大宝二年（七〇二）十二月、五十七歳で亡くなり、夫の眠る桧隈大内陵に合葬された。この桧隈大内陵は、小高い丘陵の上にある。直径四〇《メートル》程、いまは円墳のように見えるが、本来は五段築成の八角形墳だった。

鎌倉時代の文暦二年（一二三五）に盗掘されたときの実見録『阿不幾乃山陵記《あふきのさんりょうき》』によって内部のようすが知られる。それによると、南側に石橋、石門があり、馬脳《めのう》（大理石か）の切り石で石室をつくる。石室は内陣と外陣の二室から成り、両室の間に観音開きの金銅製扉がある。扉には蓮華《れんげ》返花《かえりばな》の装飾があり、金製金具を取り付ける。内陣には全面に朱を塗り、夾紵棺《きょうちょかん》らしい布張りの棺と骨蔵器を納める。棺と骨蔵器は、格狭間《こうざま》のある金銅製の台に置く。棺内には遺骨と紅色の衣の断片のほか、銀製兵庫鎖と種々の玉で飾った水晶の石帯、鼓のような形をした金珠玉で飾る枕などがあった。琥珀《こはく》の念珠《ねんじゅ》もあった。

信ぴょう性の高い実見記録といわれ、夾紵棺内の遺骨は天武天皇、骨蔵器は火葬された持統天皇のものと推定されている。その造りの豪華さは、不世出の英雄とその妻を葬るのにふさわしい。

文武天皇陵はいま、明日香村栗原の丘陵上に治定されている。ところが、高松塚古墳のすぐ北側ある中尾山古墳こそ真の文武天皇陵ではないかとみる研究者が多い。網干善教氏らによって発掘調査され、八角形墳であることが突きとめられた。文武天皇は、持統の期待を一身に集めながら早逝した草壁皇子の一粒種だった。聖武天皇の父にあたる。

最初に八角形墳に葬られたらしい舒明天皇と、皇極・斉明天皇（宝皇女）は夫妻、天智天皇と天武天皇は夫妻の子、そして持統天皇は天智の子であり斉明の孫にあたる。文武天皇は天武・持統の孫。敏達天皇とその子押坂彦人大兄の血を引くいわゆる敏達王家の天皇たちなのである。八世紀初頭までずっと皇位にあったわけだが、八角形墳は、この敏達王家の天皇だけに許された墳形だったといえなくもない。

　八角形墳は、終末期古墳に分類される古墳の中でも特異な稀有な存在である。終末期古墳とは、後期古墳の最終盤の時期を呼んでいる。大化改新（六四五）以降、七世紀後半から八世紀初頭までくらいの飛鳥・藤原京時代に造営された古墳である。一般的には墳丘は小さくなり、薄葬化の傾向をたどるが、内部構造、棺の種類なども多種多様で、華麗な造りのものも少なくない。

壁画の高松塚古墳

　終末期古墳の一つに壁画古墳がある。明日香村平田《へいだ》の高松塚古墳は、直径二〇メートルの円墳。昭和四十七年（一九七二）、極彩色壁画が発見され、古代史ブーム、飛鳥ブームに火を付けた。

　凝灰岩製の横口式石槨（内のりで長さ二・六五メートル、幅一・〇三メートル、高さ一・一三メートル）内に描かれた壁画は、日月《にちげつ》図（東壁に日像、西壁に月像）、四神《ししん》図（東壁に青龍《せいりゅう》、西壁に白虎《びゃっこ》、北壁に玄武《げんぶ》、南壁の朱雀《すざく》は欠）、星辰《せいしん》図（天井に北極五星と四輔四星を囲む二十八宿）、それに朝賀の儀式か葬送儀礼への参列の姿を描いたらしい男女の群像。芸術性に富むばかりでなく、思想、風俗を知る上でもきわめて重要な歴史資料、歴史遺産となった。

　石槨内からは、海獣葡萄鏡《かいじゅうぶどう》、金箔張り木棺片、六花形棺飾金具、銀荘太刀金具などが出土。出土人骨の鑑定結果は熟年男性。築造年代は八世紀初頭、被葬者は忍壁皇子ら天武の皇子クラスが有力視される。古墳は特別史跡、壁画は国宝、出土遺物は重文に指定された。

古墳内部に絵が描かれた例は竹原古墳（福岡県宮若市）など九州の装飾古墳にもあるが、美術史研究の源豊宗氏は、「ほんとうに日本で芸術的な絵画として美術史の世界に列席できるのは、高松塚の壁画が初めてだ」（『シンポジュウム高松塚壁画古墳』〈創元社刊〉）と評価した。

高松塚古墳の壁画「西壁の女子群像」（明日香村教育委員会提供）

また、源氏は「飛鳥美人」と注目された東壁と西壁の女子群像の服装は上衣と裳（スカート）とがツーピースになっていて上衣が非常に長いこと、中国では「夷狄《いてき》の風習」として嫌った左衽《さじん》（左前）であることなどから、唐の永泰公主墓の壁画と非常に近い関係にあるものの、本質的に相違し、「朝鮮的である」と指摘した。上衣と裳のツーピースの組み合わせは、中国にはない朝鮮の服装（チマチョゴリ）で、現代も行われている、という。（同掲書）

源氏はさらに、舎人らしい男子群像も含め

て、描かれた人物の顔つきは「中国人の顔でない。朝鮮人のタイプ」とした。こうしたことから、「朝鮮系統の作家の作品」と断じた。

古代の画師《えかき》は、氏姓の名前として数多く伝えられ、黄文画師《きふみのえかき》、山背画師《やましろのえかき》、河内画師《かわちのえかき》、倭 画師《やまとのえかき》、簀画師《すはたのえかき》、牛鹿画師《うしがのえかき》、高麗画師《こまのえかき》などがみえる。黄文画師、山背画師、高麗画師などは高句麗系、いずれも半島からの渡来系とみられる。

四神図は、東壁に青龍《せいりゅう》、西壁に白虎《びゃっこ》、北壁に玄武《げんぶ》が描かれていた。南壁にあるはずの朱《す》雀《ざく》はなかった。東壁には日（太陽）、西壁には月の図も描かれていた。また、天井には星宿図が描かれていた。それは、二十八宿の星座を七宿（座）ずつ東西南北に描き、四壁の四神とは対応。そして、この二十八宿に囲まれた中央部に北極五星と四輔を描いていた。

中央部の北極五星は、一番明るい星が天帝を示す「帝」、その隣が「太子」と「庶子」、そして「後宮」と「極」（北極星）がほぼ一列に並ぶ。そして北極星を囲むように「四輔」と呼ばれ、大臣を示す四つの星がある。天帝が大宇宙を支配することを表現していると解釈される。北斗七星は描かれていなかった。

有坂隆道氏によると、二十八宿全部を正確に表現した星宿図は、高句麗古墳の壁画も含めて高松塚が初めて、とする。そして、程度の高い中国思想を表現した政治的意味合いの非常に強い図とみる。高度の中国思想を積極的に取り入れた天武・持統・文武天皇の時代（七世紀後半から八世紀初頭）の築造であり、被葬者は星宿図の天極五星（北極五星）と同じくらいの身分、少なくとも四輔の身分の太政大臣・左右大臣クラス以上とみた。

被葬者については、発見時からさまざまな見解や説が噴出したが、出土人骨の鑑定などから、「たくましい熟年男性」との見方が浮上。また、藤原京朱雀大路からまっすぐ南に延びる「聖なるライン」に乗る立地、墳丘の規模、石槨の構造、極彩色壁画の存在、華麗な飾り金具をはめた漆塗り木棺の存在や、中国の海獣葡萄鏡《かいじゅうぶどう》の出土などから、皇族クラスか超一流の大臣クラス、あるいは渡来系の王族などが有力視された。

具体的には、天武天皇の皇子の中の草壁皇子、忍壁《おさかべ》皇子、弓削《ゆげ》皇子、高市《たけち》皇子、天智天皇の皇子の川嶋《かわしま》皇子などが有力視された。最後の百済王豊璋の弟で、百済王氏の祖となる百済王善光も被葬者候補の一人。

キトラ古墳

昭和五十八年（一九八三）十一月、明日香村阿部山のキトラ古墳の石室（石槨）の盗掘口から差し込まれたファイバースコープが、北壁に描かれた玄武の図を捉えた。高松塚古墳以来十一年ぶりの壁画古墳の出現、「世紀の大発見」となった。十五年後の平成十年（一九九八）、超小型カメラによる石室内の撮影で、東壁に青龍、西壁に白虎、天井に天文図、天井石の東傾斜面に日像、西傾斜面に月像が描かれていることが確認された。三年後にデジタルカメラによる撮影で、南壁の朱雀、東壁北側の十二支の寅とみられる獣頭人身体が発見された。

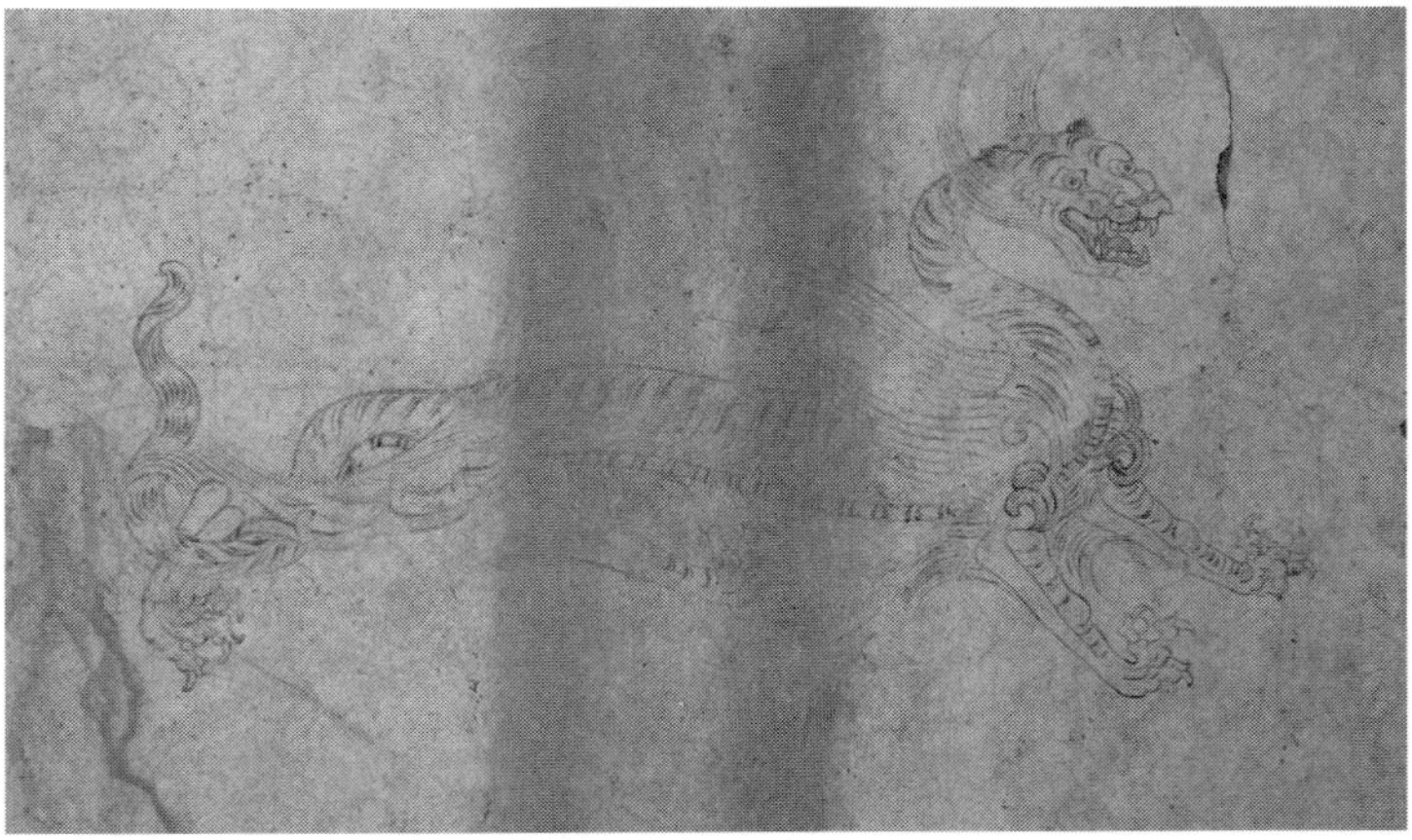

キトラ古墳の壁画。
㊤四神図の「白虎」
㊦十二支像の「寅」
（奈良文化財研究所提供）

キトラ古墳は、高松塚古墳の南約一・五キロにある。直径約一四メートル、高さ約三メートルの円墳。二上山で産する凝灰岩の切石一八枚（高松塚は一五枚）を組み合わせて造った石室に壁画が描かれていた。石室の大きさは、横幅一〇四センチ、奥行き二四〇センチ、高さ一一三センチ、高松塚と同じ大きさだった。

四神図は、高松塚ではなくなっていた南壁の朱雀が残り、四神が揃う古墳壁画の唯一の例となった。東壁の青龍は赤褐色の泥水のために胴体部分が不鮮明だったが、他は図像の表現がほぼ分かり、赤い舌など色も鮮明に残っていた。

獣頭人身の十二支像は、北壁の子《ね》、丑《うし》、亥《い》、東壁の寅《とら》、卯《う》、南壁の午《うま》、西壁の戌《いぬ》の七体が確認された。寅と午は保存状態が良く、寅は虎の獣頭や袂の広い赤い襟《えり》、腰の白帯、右手に持つ長柄の鉾などが鮮明に残っていた。午は泥土に転写して逆さまの状態で見つかった。馬の頭を描き、真っ赤な長袍があでやか。ほかの図像は保存状態が良くなかった。存在するはずの東壁の辰《たつ》、南壁の巳《み》、未《ひつじ》、西壁の申《さる》、酉《とり》は消えていた。

天井の天文図は、北極五星（キトラでは六星で表現）を中心に二十八宿など六八の星座を描いていた。高松塚にはない北斗七星もあり、天の赤道や太陽の軌道である黄道も描かれていた。星座の星は丸く切った金箔で表し朱線で結び合わせるなど「本格的な天文図」だった。

天井石の東傾斜面に描かれていた日像には金箔、西傾斜面の月像には銀箔が押され、朱線で水平線や山岳も添えられていた。

壁画の制作年代について奈良県文化財研究所の有賀祥隆氏は、「高松塚よりやや古く、七〇〇年を少し遡らせてみたい気がする」（飛鳥資料館図録第45冊『キトラ古墳と発掘された壁画たち』平成18年）と述べた。

また、同研究所は同図録で、「キトラ古墳

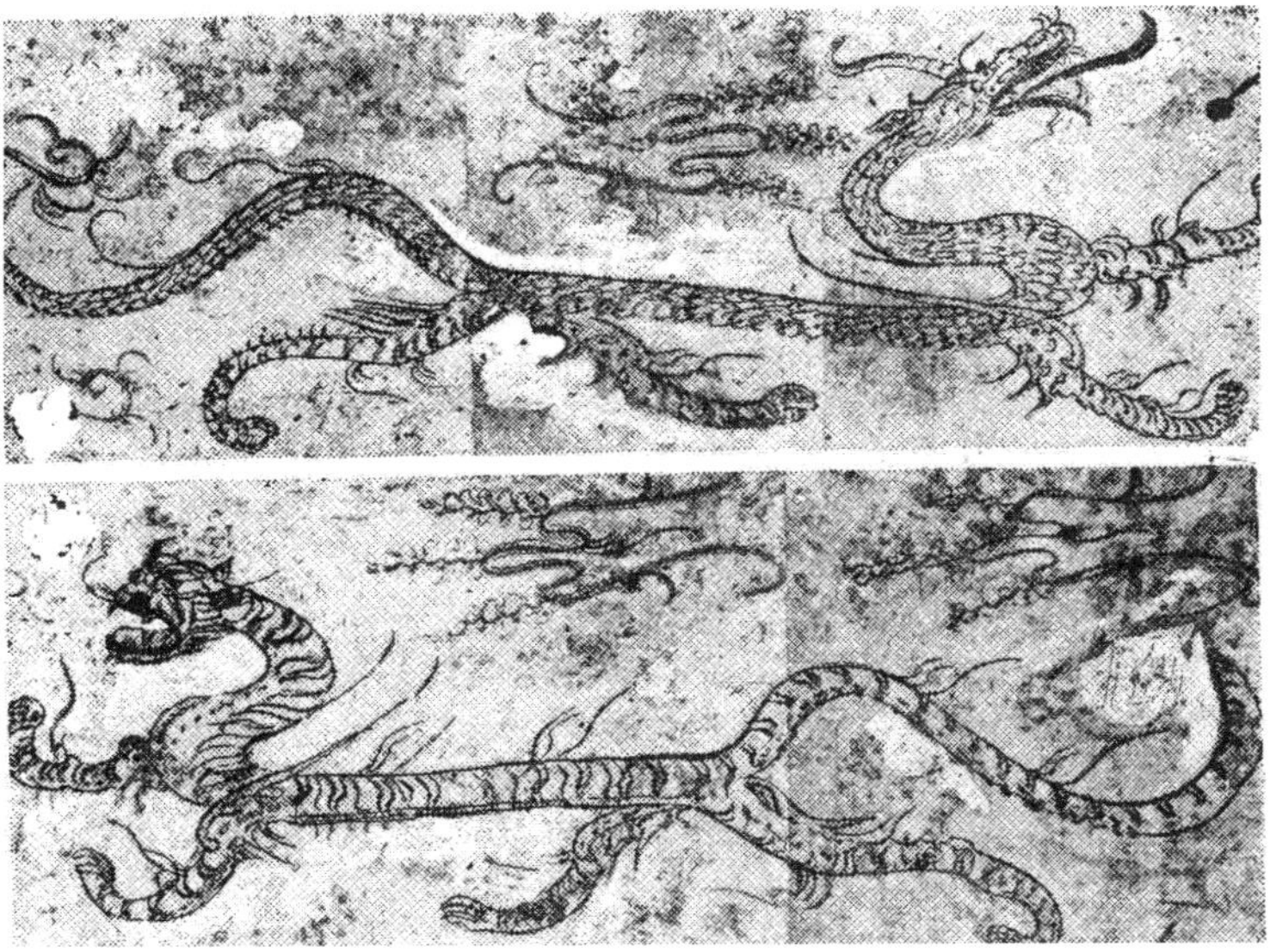

高句麗の薬水里壁画が古墳の四神図（青龍・白虎）

の天井天文図は高句麗上空の天文観測結果を反映したものとする説が提示されている」、「高松塚古墳の女子群像と水山里古墳壁画間で類似性が指摘される」などとして、「キトラ・高松塚古墳壁画に高句麗の影響が色濃くみられる」との見解を述べた。

高松塚古墳は昭和四十八年（一九七三）に特別史跡に、翌年、国宝に指定された。キトラ古墳は平成十二年（二〇〇〇）に特別史跡に指定された。だが、両古墳ともカビの発生、進行が止められず、高松塚では石室を解体して切石ごとに取り出して、キトラでは切石から壁画が描かれた漆喰部分を取り外す剥ぎ取りによって保存処理が進められている。文化財は現地保存、現地公開が最も理想的であることはいうまでもない。研究者や村民ばかりでなく古代史ファンも飛鳥ファンや、複雑な思いで見守っている。

百済古墳そっくりの束明神古墳

高松塚古墳壁画発見の五年後の昭和五十三年（一九七八）春、明日香村真弓のマルコ山古墳で、高松塚に次ぐ壁画発見への期待で全国的な注目を集めて発掘調査が進められた。高松塚壁画を発見した網干善教氏（当時関西大教授、故人）が調査を担当、マスコミ各社は近くの人家に前線基地を設けて張り付いた。

同古墳には壁画は描かれていなかった。しかし、凝灰岩の整美な石槨は、内側全面に漆喰《しっくい》を塗り、壁画の有無を除外すれば高松塚そっくりだった。木心夾紵棺《もくしんきょうちょかん》ともいうべき、布と漆《うるし》をぶ厚く塗り重ねた上等の木棺片も出土した。超一級の終末期古墳だった。

皇族級を葬ったことは、まず疑えないところ。天武・持統天皇の子で持統女帝の大いなる期待を受けながら二十八歳で早逝した草壁皇子の墓説が浮上、確定したような報道まであった。だが、出土人骨の鑑定結果は「三十歳代の男性」。二十八歳死亡の草壁皇子とするにはやや苦しい鑑定結果だった。

高取町佐田の丘陵中腹で発掘された束明《つかみょう》神《じん》古墳が、いま草壁皇子墓の最有力候補となっている。宮内庁が治定する草壁皇子陵である岡宮天皇陵（高取町森）とは目と鼻の先にある。地元では、古くからこの束明神古墳を草壁墓と言い伝えていた。ところが、古墳は春日神社の境内にある。幕末の陵墓治定調査のとき、「氏神さんが立ち退かなければならないことになると大変」と、調査に来た役人にウソの報告をして今の岡宮天皇陵が決まった、と伝える。

橿原考古学研究所時代の河上邦彦氏が、マルコ山騒動の最中にこうした伝承を聞きつけ、目をつけていた。昭和五十九年（一九八四）春に発掘調査。レンガのような凝灰岩の切り石を積み上げた石室が現れた。個性的で立派

束明神古墳（高取町佐田）の石槨。韓国・扶余にある百済時代の陵山里１号墳とそっくりだった
＝橿原考古学研究所提供

百済の王陵群とみられる陵山里古墳群（韓国・扶余）

な造りの終末期古墳。韓国・扶余《ぷよ》にある陵山《りょうざん》里《り》古墳群の1号墳にそっくりだった。

数少ない遺物の中に歯の破片六個があった。鑑定結果は三十歳前後。ドッと見学者が詰め掛けた。ワッと草壁墓説がわき上がった。

草壁皇子は生前、嶋宮《しまのみや》を東宮（皇太子の住まい）としていた。明日香村島庄《しまのしょう》の石舞台古墳の西側に広がる島庄遺跡とみられている。柿本人麻呂は、宮から皇子の姿が消えた悲しみを、「嶋の宮勾《まがり》の池の放ち鳥　人目を恋いて池に潜《かず》かず」と歌い上げた。

舎人《とねり》たちが詠んだという挽歌二三首も『万葉集』に載る。「東《ひむがし》の滝の御門《みかど》に待《さまら》へど　昨日も今日も召すこともなし」「み立たしの嶋の荒磯を今見れば　生ひざりし草生ひにけるかも」などと、主のいなくなった嶋宮のわびしさを詠んだ。

草壁皇子は、「真弓の岡」と「佐田の岡」で殯《もがり》され、埋葬されたと伝える。「朝日照る佐田の岡辺に群れ居つつ　わが泣く涙やむ時もなし」「よそに見し真弓の岡も君ませば常《とこ》つ御門《みかど》と待宿《とのゐ》するかも」。舎人たちは思いもよらなかった殯宮《もがりみや》にはべることになった悲しみを、墳墓の前に立つ無念を歌い上げた。

飛鳥地方には、ほかにも、切石づくりの横穴式石室（石槨）である岩屋山式石室をもつ終末期古墳だけでも岩屋山古墳（明日香村越）、菖蒲池《しょうぶいけ》古墳（橿原市菖蒲町）、小谷古墳（橿原市鳥屋町）などがある。飛鳥地方以外の奈良県内には、艸墓《くさはか》古墳（桜井市阿倍）、ムネサカ1号墳（桜井市粟原）、峯塚古墳（天理市杣之内町）、

平野塚穴山古墳（香芝市平野）

石のカラト古墳（奈良市山陵町）、西宮古墳（平群町西宮）、平野塚穴山古墳（香芝市平野）、帯解黄金塚古墳（奈良市）などがある。

河内の「近つ飛鳥」地方にも多く分布する。太子町には、叡福寺古墳（聖徳太子墓）、松井塚古墳、仏陀寺古墳、御嶺山《ごりょうやま》古墳など、河南町にはシシヨツカ古墳、アカハゲ古墳、塚廻古墳など、羽曳野市には塚穴古墳（来目皇子墓）、観音塚古墳、鉢伏山《はちふせやま》西峰古墳、オーコ8号墳、小口山古墳など、富田林市にはお亀石古墳、ヒチンジョ池西古墳などがある。

このほか、鬼の俎《まないた》・雪隠《せっちん》（明日香村）、益田岩船《ますだのいわふね》（橿原市）、竜田御坊山古墳（斑鳩町）なども終末期古墳である。

終末期古墳は七世紀と八世紀のごく初頭までに築造された。また、大和、河内に限って分布する。大王（天皇）家あるいはそれに近い人物たちが葬られた可能性が高い、といわれている。その源流はいうまでもなく半島である。

天智・天武・桓武皇統と百済王統

壬申の乱

天智《てんじ》十年（六七一）九月、天智天皇は病に倒れた。病状は悪化するばかりだった。

十月十七日、皇太弟の大海人《おおしあま》皇子を寝室に呼び入れた。

天皇は、

「私の病は重い。後事を頼みたい」

と、次の皇位をほのめかした。しかし、大海人皇子は固辞。

「私は病気がちで国家を保っていけそうにありません。天下のことは大后《おおきさき》におまかせになり、大友《おおとも》皇子に政務全般をとり行わせなさいませ。私は出家して、仏道を修めたいと思います」

大海人はすぐ、内裏の仏殿の南に出、ひげと髪をそり落とした。翌々日、大津宮を退出、途中、嶋宮《しまのみや》（明日香村）で一泊、二十日、吉野へ入った。人々は

「虎《とら》に翼《つばさ》をつけて放つようなものだ」

と言い合った。

〈巻第二十七・天智天皇〉

〈巻第二十八・天武天皇〉

少しでも皇位への野心を示せば殺される――。兄・天智のことばが本心でないことを見

抜いた上での行動だった。

天智の子、大友《おおとも》皇子が太政大臣に任命されたのは同じ年の正月のことだった。近江朝廷の太政大臣は「百揆《ひゃっき》を総《す》べ、万機《ばんき》をしらしめす」職制。つまり天皇に代わって政治のすべての権限を掌握する立場にあった。皇太弟の大海人を権力の外に追いやる人事。兄弟の不和は決定的になっていた。

天智天皇は十二月三日、大津宮で四十六歳の波乱の生涯を閉じた。

翌六七二年五月、吉野の大海人皇子のもとに「朝廷は、大津京と飛鳥京を結ぶ道の各所に兵を配している」などとの報告。大海人は、「わが身が滅ぼされるのを、どうして黙っておられよう」と挙兵を決意。六月二十四日、妃の鸕野讃良《うののさらら》皇女（のちの持統天皇）や皇子らを引き連れて吉野を出発、美濃へ向かった。壬申《じんしん》の乱である。戦乱は一カ月に及ぶ。

吉野町宮滝の吉野川。吉野宮は大海人皇子（天武天皇）決起の場所で、持統天皇は 34 回も行幸した

吉野（宮）を出発した大海人皇子一行はわ

ずか三十人ばかりだったが、津振川《つぶり》（吉野郡吉野町の津風呂川）沿いに菟田《うだ》の吾城《あき》（宇陀市大宇陀町の阿騎《あき》神社付近）へ出、伊賀の中山《なかやま》（三重県伊賀市）に入ると郡司らが数百の兵を率いて帰順。積殖《つむえ》（同）に着くと、大津宮を脱出した高市《たけち》皇子と合流。加太《かぶと》越えで鈴鹿《すずか》山地を越えると、伊勢《いせ》の国司らが一行を出迎えた。五百人の兵で鈴鹿の関を固め、三重《みえ》郡家（三重県四日市市）へ向かった。大津宮を脱出した大津《おおつ》皇子（大海人の子）も駆けつけた。高市皇子を不破に派遣、自らは桑名《くわな》郡家（三重県桑名市）に入った。

挙兵後の大海人の行動はすばやかった。吉野宮から桑名《くわな》まで直線距離で約一〇〇キロを三日で走破し、次々と協力

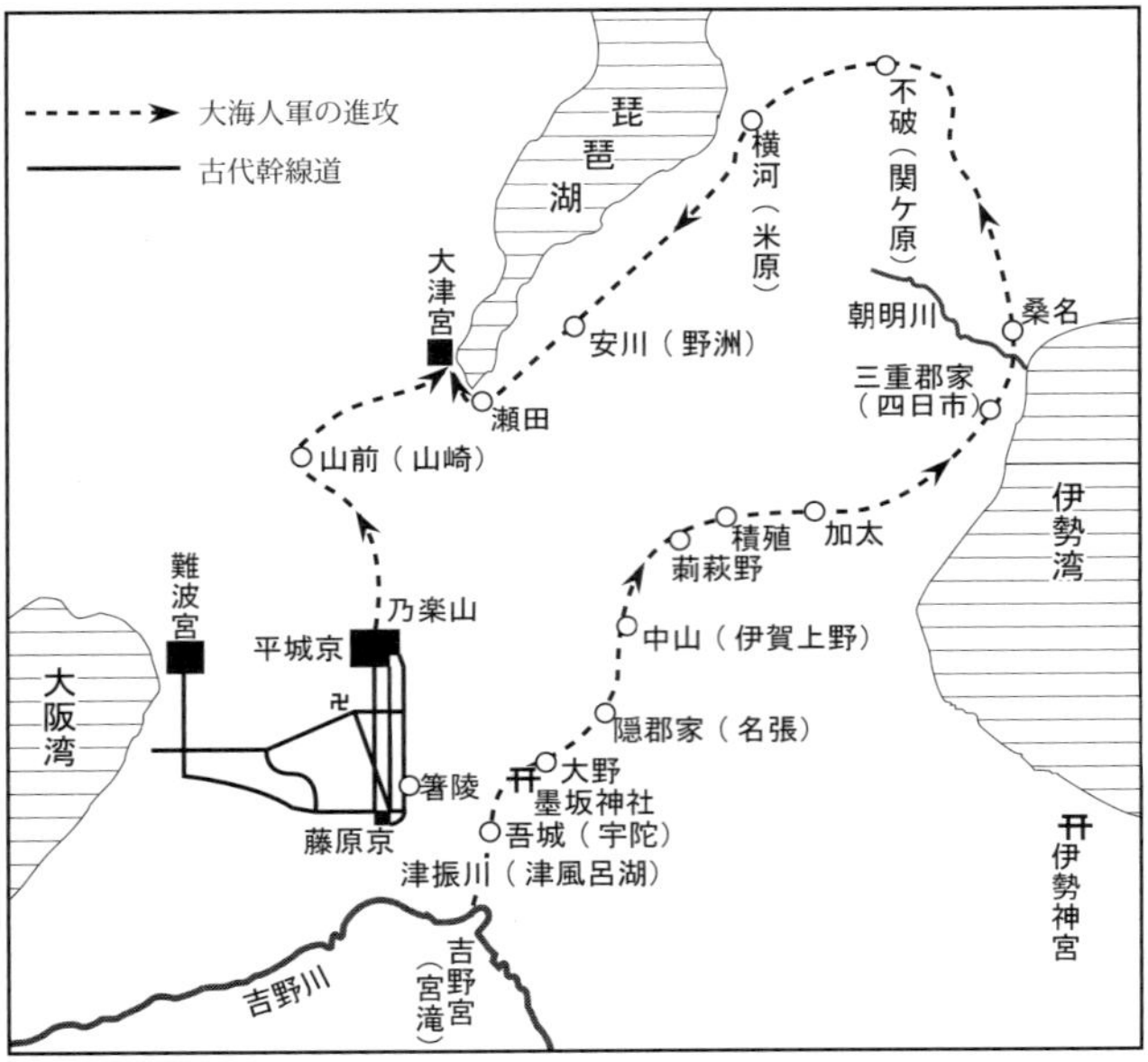

壬申の乱における大海人軍の進路

者を増やした。連日、徹夜に近い行軍だった。不破の固めに成功したことは、近江朝廷と東

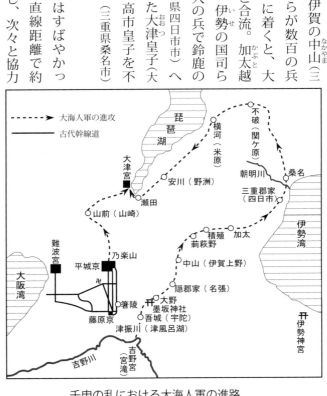

国との連絡を遮断することになり、大きな意味を持っていた。大海人が不破に陣取ると、尾張（愛知県）の兵二万余も帰順、さらに勢いづいた。

大和では、大伴連吹負《おおとものむらじふけい》が決起した。大和での戦いは当初、近江側が優勢で、吹負は乃楽山《ならやま》（奈良市北方の丘陵地）で大敗した。ところが前々日、不破の大海人は、大和救援軍と近江襲撃軍の二つに大軍を編成し終えていた。どちらも「数万の兵」。信濃《しなの》（長野県）や甲斐《かい》（山梨県）の諸豪族らも馳せ参じていた。

救援軍が大和に到着し息を吹き返した吹負は、軍を三つに分け、上道《かみつみち》、中道《なかつみち》、下道《しもつみち》に配した。中道に沿った、村屋《むらや》（田原本町の村屋神社付近）と上道沿いの箸陵《はしのはか》（桜井市の箸墓《はしはか》）付近で激しい戦いとなったが大勝利し、大和からすべての近江軍を撃退した。

一方、不破を出発した近江襲撃軍は、息長《おきなが》の横河《よこかわ》（滋賀県米原町付近）から琵琶湖東岸を南下し、瀬田《せた》（大津市）に達した。近江朝廷側は後方が見えないほどの大軍でこれを迎え、瀬田川をはさんで対峙《たいじ》したが、やがて大海人軍が総攻撃をかけ、大勝。大友皇子はかろうじて逃走、翌日、山前《やまさき》（京都府・大阪府境付近）で自害して果てた。

湖国の都は露と消えた。しばらくすると、柿本人麻呂が「大宮はここと聞けども　大殿《おおとの》はここと言えども　春草のしげく生ひたる……」と無常感を歌い上げるような状態に荒れ果てる。

古代史上最大の内乱に勝利して天下を奪取した大海人皇子は飛鳥に凱旋《がいせん》、六七三年二月、飛鳥浄御原宮で即位、天武天皇となった。「神にしませば」と歌われ、天皇中心の中央集権古代律令国家体制を確立した。

現人神—天武天皇

壬申《じんしん》の乱で、伝統的な畿内の大豪族は近江側にあった。天武の勝利は、大豪族の中央政治からの排除を意味し、天皇中心の中央集権国家体制の確立へと突き進んだ。天武は大臣《おおおみ》を置かず、皇后鸕野讃良皇女《うののさららのひめみこ》（のちの持統《じとう》天皇）と草壁《くさかべ》皇子、大津皇子ら諸皇子が国政を補佐した。大弁官、六官などの官庁組織を整え、豪族たちの官僚化を進めた。また、各豪族の土地、人民の私的支配を制限した。天皇の下で政治にたずさわる人たちから経済的支えを奪い去ることが狙いだった。

「八色《やくさ》の姓《かばね》」の制度を制定するなど、各氏族の再編成に取り組んだ。各氏族に、八つのうちいずれかの姓《かばね》を与えて、さらに、四十八階の位階制で官人らを序列化した。皇族らも序列に組み入れたが、天皇と皇后は官位を超越する存在とした。それは、「現人神《あらひとがみ》」の法制化を意味した。天皇号自体も天武朝に確立した、といわれる。

天武《てんむ》二年（六七三）四月、わが娘の大伯《おおく》皇女を泊瀬斎宮《はつせのいつきのみや》で潔斎《けっさい》させ、天照大神《あまてらすおおみかみ》に仕える斎王《さいおう》として伊勢に送った。伊勢神宮は皇祖神を祀《まつ》るが、天武天皇の時代になって初めて、本格的に国家の神、天皇家の神として祭祀するようになったとの見方が多い。

「凡そ政の要は軍の事なり」（天武十三年の詔）として、軍事力の強化、統制にも力を注いだ。

「畿内・七道の制」を定めるなど、地方行政組織の整備にも力を入れた。評《こおり》という行政区画を設け、地方官組織を整えた。

天武政治は、持統三年（六八九）完成の飛鳥浄御原令《あすかきよみはらりょう》に結実。さらに、七〇一年の大宝令《たいほうりょう》施行につながり、律令国家体制の礎となる。独裁権力は個人と運命をともにするが、制度や法律に基づく権力は個人を超越して存続する。緊迫した国際情勢下、天武政治はあくまで〝強い国家〟をめざした。

大津皇子と草壁皇子

天武天皇は、朱鳥元年（六八六）九月九日、天武天皇は亡くなった。一カ月もたたぬ十月二日、天武の子、大津皇子の謀反が発覚、大津は逮捕された。「翌日、大津は訳語田《おさだ》の家で死を賜った。時に二十四歳。妃の山辺皇女《やまのへ》は、髪をふり乱し、はだしで駆けつけて殉死した。これを見た人々は皆、すすり泣いた。」と書紀は伝える。

ももづたふ磐余池《いわれのいけ》に鳴く鴨《かも》を
今日のみ見てや雲隠りなむ

『万葉集』に収められた大津皇子の辞世の歌『懐風藻《かいふうそう》』にも大津皇子の漢詩の辞世が載る。

金烏西舎《きんうせいしゃ》に臨み
鼓声短命《こせいたんめい》を催す
泉路賓主《せいろひんしゅ》なく
この夕家を離れて向ふ

磐余池推定地にある大津皇子辞世の歌碑
（橿原市東池尻町）

『日本書紀』が「詩賦の興りは大津より始まる」と書くのもうなずける堂々たる詠みっぷりだ。大津の才能は文筆に限ったことではなかった。書紀は「容姿たくましく、ことば晴れやか。成人後は分別よく学才に秀れ…」と伝える。『懐風藻』も「状貌魁梧《じょうぼうかいご》 器宇《きう》峻遠《しゅんえん》」。つまり、「身体はたくましく、気品が高い」と賛美する。

その大津皇子は能力も人望も、ライバル草壁皇子よりはるかに秀れていたらしい。草壁にも、その母、持統にも大きな脅威だったのだろう。ここに大津皇子の悲劇を生んだ素地があった。大津の謀反は持統の仕組んだ冤罪《えんざい》だったとみる歴史家が多い。

ライバル大津皇子の刑死から二年半後。草壁皇子が突然、亡くなった。二十八歳だった。持統天皇はどんな思いでこの日を迎えたのだろうか。期待を寄せ、必死になって守ってきた我が子のあっけない死に呆然としたことだろう。しかし、泣きわめくことはおろか、落ち込むことも許されない立場。「乙未、草壁皇子尊蒙」。日本書紀の記事は、一行にも満たない。

持統天皇

皇位継承有力候補者の相次ぐ死。天武の皇子はなお八人を数えたが、持統は「子孫相承」を望んだ。草壁の遺児、軽皇子《かる》（のちの文武《もんむ》天皇）への継承である。軽皇子の母は天智《てんじ》の娘、阿閇《あへ》皇女（のちの元明《げんめい》天皇）だった。〝血筋〟は申し分なく、諸皇子らも納得したらしい。

しかし、軽皇子はこのときわずか七歳。そこで持統は、推古《すいこ》、皇極《こうぎょく》・斉明に次ぐ女帝として即位する。皇子の成長を待つためだった。即位式は持統称制四年（六九〇）一月一日に挙行された。

持統天皇の父は天智。母は、蘇我石川麻呂《そがのいしかわまろ》の娘、遠智娘《おち》。叔父にあたる天武（大海人皇子）の妃となったのは十三歳のときだった。壬申の乱では終始、天武と行動をともにした。

書紀は、皇后時代の持統を「終始、天皇を補佐して天下を保った」と書く。また「深枕《しんちん》にして大度《たいど》あり」と評する。政治手腕も相当なものを持ち合わせていたようだ。

持統天皇八年（六九四）、飛鳥京から藤原京に遷った。藤原宮は大和三山（畝傍山、耳成山、香久山）に囲まれた地に営まれ、東西九二五メートル、南北九〇七メートル。かつてない規模の王宮殿だった。皇居に相当する内裏《だいり》、国会議事堂にあたる大極殿《だいごくでん》、朝堂院、各省庁の建物にあたる官衙《かんが》などが整然と建ち並んでいた。碁盤目状の整然とした街区をもつ藤原京とあわせ

藤原宮（橿原市藤原京資料館）

て、律令国家体制の確立を国の内外に誇示する国都だった。和銅三年（七一〇）の平城遷都まで、持統、文武《もんむ》、元明《げんめい》の三代一六年間の宮都となる。

春過ぎて夏来たるらし白たへの
衣乾したり天の香久山

藤原京で詠んだらしい持統女帝の万葉歌。堂々とした気風にあふれる。整然と、また広々とした国都のさまが目に浮かぶ。

持統女帝の藤原宮での在位期間は二年八カ月だった。十一年（六九七）の八月、当初の計画通り孫の軽皇子（文武天皇）に譲位し、歴代初の太上天皇となる。在位は六八六年の称制から六九七年の譲位まで十一年間。亡くなったのは大宝二年（七〇二）十二月二十二日。五十七歳。火葬されて、夫・天武の眠る桧隈《ひのくま》

藤原宮跡から見る香久山

大内《おおうち》陵（明日香村野口）に合葬された。

『日本書紀』は、文武天皇への譲位で全三十巻の記述を終える。正史は『続日本紀』に引き継がれる。

聖武天皇と大仏開眼

文武天皇は、大宝元年（七〇一）、律令制の完成を示すとされる大宝律令を施行するなどの実績を上げた。しかし、即位十年目の慶雲四年（七〇七）にはかなくも死去。父の草壁皇子よりも若い二十五歳の早逝だった。

文武天皇の皇子は首《おびと》皇子、後の聖武天皇である。だが、文武天皇が亡くなったときはまだ六歳だった。このため、二人の女帝が中継ぎの天皇として相次いで即位した。首皇子の成長を待つためだった。

一人は文武帝の母、天智天皇の第四皇女で草壁皇子の妃だった阿閉《あへ》皇女だった。慶雲四年（七〇七）に即位し、第四十三代元明天皇となった。在位は八年、平城遷都（七一〇年）を実現した。

　あと一人は、草壁皇子と元明天皇の間に生まれ、文武天皇の姉にあたる氷高《ひたか》内親王。霊亀元年（七一五）、元明女帝からの譲位を受けて第四十四代元正天皇として即位した。在位は九年だった。

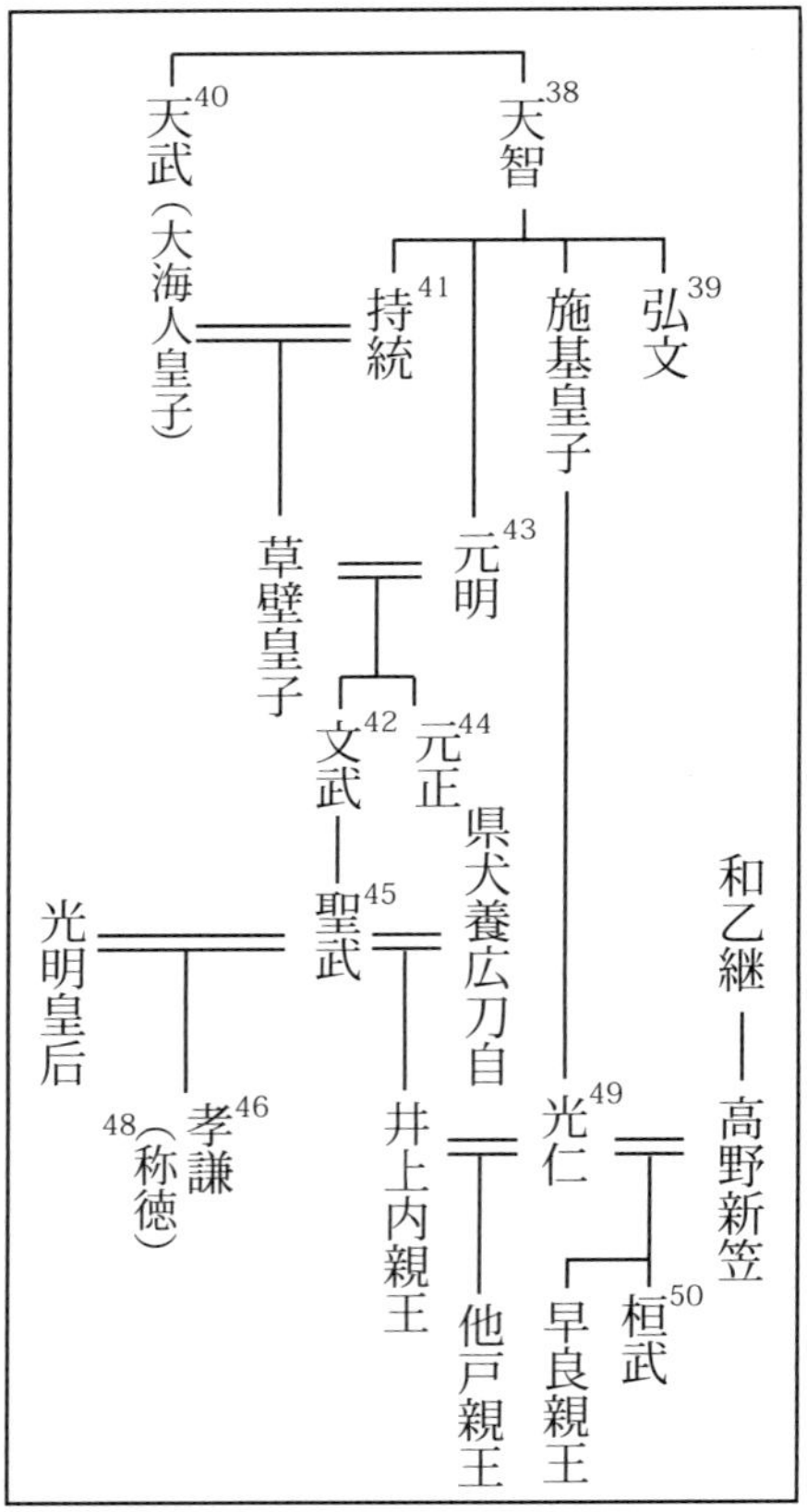

※数字は天皇即位代数

　聖武天皇が即位したのは神亀元年（七二四）二月四日。二十四歳だった。待ちに待った男系男子天皇の即位だった。

　聖武天皇は、彷徨《ほうこう》盧舎那《るしゃな》大仏の造顕を発願した。最初は、先の紫香楽《しがらき》宮（滋賀県甲賀市）で造立が開始されたが頓挫、結局、いまの東大寺の場所で造立が進められた。亡命百済王族の百済王氏の子孫百済王敬福《きょうふく》により、陸奥国小田郡から鍍金用の黄金が献上された天平勝宝元年

（七四九）には、聖武帝は喜び、みずからを「三宝の奴と仕えまつる天皇」と称して完成間近の大仏にひざまずいたと伝える。

聖武はこの年、娘の皇太子・阿倍《あへ》内親王へ譲位。阿倍内親王は孝謙天皇となり、いったん退位後、復位して称徳天皇となったが、看病禅子の道鏡《どうきょう》との関係を深め、藤原仲麻呂の乱を引き起こすなど混乱、そうした中で神護景雲四年（七七〇）に亡くなった。

天武皇統の断絶

二カ月後の十月一日に白壁《しらかべ》王が、光仁《こうにん》天皇として即位した。

白壁王の父は天智天皇がもうけた四人の男子の中の末弟の施基《しき》皇子だった。つまり、白壁王は天智天皇の孫にあたる。光仁天皇として即位したことは、壬申の乱を勝ち抜いて即位した天武《てんむ》天皇以来およそ一世紀にわたって続いてきた天武系皇統から天智系皇統に復帰することを意味した。

続日本紀は、二年半後の宝亀三年（七七二）三月のこととして、「皇后井上内親王、巫蠱《ふこ》に坐《つみ》せられて廃せられる」とする。二カ月後のこととして、「皇太子他戸親王を廃して庶人とす」と記す。井上内親王は聖武天皇の娘で、光仁天皇の妃となっていた。他戸親王は光仁天皇と井上内親王の間にできた子だった。夫の天皇を呪詛しようとしたというのである。

廃后された井上内親王と廃太子の他戸親王は、宝亀四年（七七三）、宇智郡（奈良県五條市）の没官の宅に幽閉された。そして二年後の四月二十七日、二人は同じ日に亡くなった。続日本紀には、「井上内親王、他戸親王並《なら》びに卒《しゅつ》しぬ」とだけある。毒殺されたらしいとの推測がもっぱらだ。ここに、天武王統は断絶した。

母子が宇智郡に幽閉された宝亀四年の正月、光仁天皇の子、山部《やまべ》親王が皇太子に立てられた。他戸親王の廃太子から八カ月後のことであった。天応元年（七八一）四月、光仁天皇はこの山部親王に譲位、親王は即位して桓武《かんむ》天皇となった。

吉野川南岸の五條市霊安寺《りょうあんじ》町に御霊《ごりょう》神社がある。井上内親王、他戸親王らを祀る。井上内親王や他戸親王の「怨霊」に悩まされた桓武天皇の勅願により創祀されたと伝える。御霊神社は、宇智郡全域に約二十社あるが、霊安寺町の御霊神社はその元の社である。東隣に井上内親王の霊を弔うために建立されたとされる霊安寺《りょうあんじ》の跡がある。

西南約一・五キロの五條市御山町に井上内親王を葬る宇智陵がある。桓武天皇は、井上内親王に「皇后」と「皇太后」を追称し、墓は山陵と称することにした、と伝える。すぐ近くには、ひっそりと他戸親王の墓もある。

七―八世紀、このようにして、戦乱や激しい権力闘争を経て、列島の王権は固められ、「日本国」が形成されていった。

一方、朝鮮半島では、六六三年（天智称制二年）八月、白村江の戦で日本軍が唐・新羅連合軍に惨敗したあと、百済は完全に滅亡、豊璋王は高句麗に逃亡した。しかし、唐は高句麗征討に本腰を入れ、六六八年（天智七年）、唐は新羅とともに高句麗を滅ぼした。やがて、唐と新羅の間に亀裂が生じ対立が深まり、武力衝突を経て六七六年、唐軍を半島から追い出し、大同江以南の半島を統一した。統一新羅である。大同江より北には高句麗の遺民たちが震（のちの渤海国）を建国した。

こうして列島と半島ではそれぞれの古代国家づくりを進め、歴史を刻んでいった。

百済王統の桓武天皇

桓武天皇は、即位三年後の延暦三年（七八四）、平城京を捨てて長岡京に遷都する。一〇年後の延暦十三年（七九四）、平安京に遷り、千年の都の基礎を造った。さらに、四回にわたり蝦夷征討軍を派遣し、王権の版図拡大―東北経営に力を注いだ。

『日本後紀』は、「…遠く威徳を照らす。宸極《しんぎょく》に登りてより、心を政治に励まし内には興作《こうさく》を事とし、外は夷狄《いてき》を攘《う》つ。当年の費と雖《いえど》も、後世の頼《たより》とする」と桓武を評価している。都づくりと蝦夷討伐で多くの費用を費やしたが、長い目で見れば後世が頼りとする重要事業だった―というのである。天智天皇や天武天皇と並ぶ傑出した能力をもち、古代天皇権を確立した天皇といえる。

続日本紀によると、延暦八年（七八九）十二月二十八日に桓武《かんむ》天皇の生母である皇太后の高野新笠《たかののにいがさ》が亡くなった。翌延暦九年条に、「皇太后を大枝山陵に葬る」という記事があり、「皇太后の姓は和氏《やまと》、諱《いみな》は新笠。贈正一位の和乙継《やまとのおとつぐ》の女なり。母は贈正一位大枝朝臣真妹なり。后の先は百済武寧王の子純陀《じゅんだ》太子より出づ」としている。

また、『新撰姓氏録』は「和朝臣《やまとのあそん》」、つまり和氏のことを「百済国都慕《つも》王の十八世孫、武《ぶ》寧《ねい》王より出づ」としている。二つの文献は、「桓武天皇の生母の高野新笠は、和乙継の女《むすめ》であり、和氏は百済武寧王の子孫である」と伝えているのだ。

続日本紀に出る「純陀太子」の名前は日本書紀にも登場する。継体《けいたい》天皇七年条に「秋八月の二十六日に百済の太子淳陀が薨じた」とある。淳陀は純陀と同一人物とみていい。

高野新笠の出身氏族である和《やまと》氏は、百済から渡来後、大和（奈良県）を拠点としたことからその名を名乗ったらしい。武烈七年（五〇五）紀によると、「先に送った使者は百済王族ではないので失礼があった。改めて王族の斯我を使者として差し向ける」と言ってきた。続いて、「斯我君に子が出来た。法師君《ほうしきし》といった。これが倭《やまと》君の先祖である」と書いている。倭氏と和氏は同一とみていいので、和氏の祖は百済から日本に遣わされた斯我君という人物ということになる。百済の王族であった。

高野新笠は、桓武天皇の父、白壁《しらかべ》王（後の光仁天皇）の夫人だった。即位前の白壁王が皇位など考えもしなかった非主流の王族時代に出会ったものだろう。渡来系氏族は『新撰姓氏録』で「諸蕃」とされ、新笠も身分・門地の低い氏族の出身とされた。白壁王がまさか即位して天皇となることは予想しなかった頃の婚姻だったようだ。

桓武天皇となる山部王《やまべ》も、皇太子や天皇になるとは思いもよらない中で幼少・青年期を過ごした、とみられる。

桓武天皇は、長岡京や平安京の造営で、百済から渡来した弓月君《ゆづきのきみ》を祖とする秦《はた》氏の多大な協力を得た。蝦夷征討で、阿弖流為《あてるい》を捕らえた坂上田村麻呂《さかのうえのたむらまろ》は東漢《やまとのあや》氏の子孫。白村江の戦で亡命してきた百済の王族の子孫である百済王氏も厚遇し、「百済王等は朕《ちん》の外戚《がいせき》なり」と宣言した、とも伝える。

桓武天皇の血脈が現代の皇室にまでつながっていることは疑えない。だから、「昆支王と斯麻王」編で書いた、先の天皇の韓国との「ゆかり発言」は間違いではない。いまの天皇家には、桓武天皇の血脈、ひいては百済の武寧王や純陀太子や斯我君の血脈が延々と続いているのである。

桓武の血を引く源氏と平氏

建久三年（一一九二）、源頼朝が鎌倉幕府を開いた。源平合戦を制し、初めて武家政権を樹立した。その頼朝は河内源氏の嫡流だった。河内源氏は源頼信から始まる。頼義、義家、義親、為義、義朝と続き、頼信から七代目が頼朝だった。

頼信は、長元四年（一〇三一）に常陸国内で反乱を起こした下総国の豪族、平忠常を降伏させ、武門としての名声を上げ、河内源氏の東国での基盤を著しく強化させた。

長男の頼義は、桓武平氏嫡流の平直方の女婿となり、桓武平氏の拠点の一つだった鎌倉の屋敷や所領を獲得。河内源氏は、清和天皇から出た「清和源氏」だけでなく、桓武天皇から出た「桓武平氏」の権威や信頼をも受け継ぐことになった。そして征夷大将軍として、反乱(前九年の役)を起こした阿倍頼良(頼時)やその子の安倍貞任《さだとう》も討ち滅ぼした。鎌倉に鶴岡八幡宮を勧請したのも頼義だった。

頼義の嫡男、八幡太郎義家は、弓の達人として著名だ。前九年の役に次いで後三年の役(一〇八三―一〇八七年)でも、武功を立てた。

義家死去後、河内源氏の嫡流は義親、為義、義朝へと続いた。義朝は保元の乱(一一五六年)で後白河天皇側に立って活躍、平清盛とともに武門の中心として中央政界に躍り出たが、結局、平治元年(一一五九)に勃発した平治の乱で、平清盛に敗れた。嫡男の頼朝は捕らえられたものの処刑を免れ、伊豆に流された。後に挙兵、清盛の平氏を討ち、鎌倉幕府を開くことになるのである。

嫡流が頼朝に連なる河内源氏からは、佐竹氏、山本氏、武田氏、足利氏などが分かれている。また、大和源氏、摂津源氏(土岐氏)などの同族がある。こうした武門源氏は源経基《みなもとのつねもと》から始まるが、経基の父は貞純王で、その父が清和天皇だった。清和源氏と呼称されるゆえんである。清和天皇は八五〇年から八八〇年にかけて在位した。文徳天皇の第四皇子、文徳の父が仁明天皇、その父が嵯峨天皇、そしてその父は桓武天皇だった。祖先は桓武天皇にたどり着くのである。

一方、桓武平氏は、桓武天皇三世の子孫、高望《たかもち》王から始まる。高望王は臣籍降下して平《たいら》

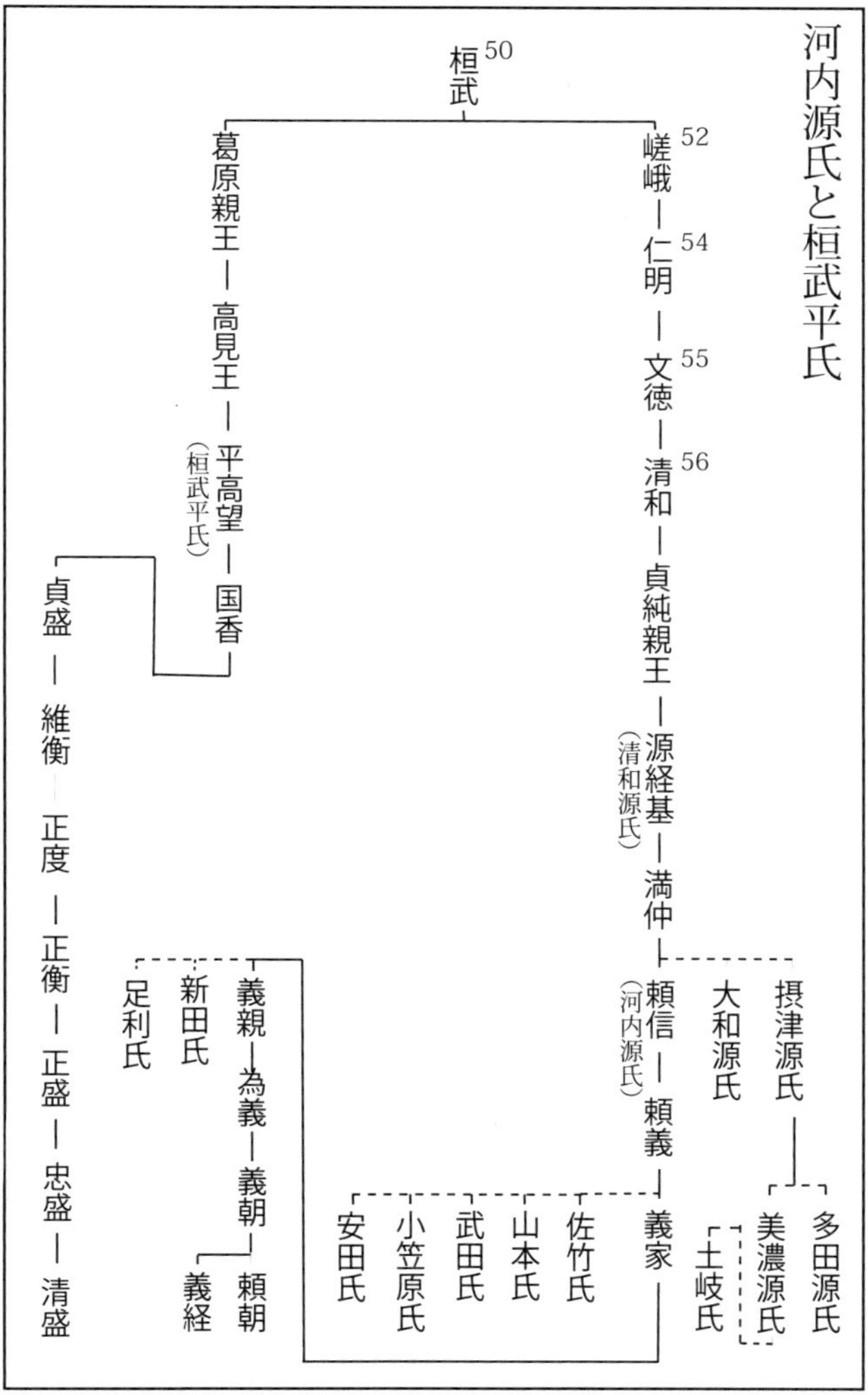

姓を与えられ、大規模な騒乱状態が続いていた坂東へ上総介として東下、混乱を鎮圧、東国での軍事的立場を確立した。平将門の乱（九三五―九四〇）による混乱、内紛などもあっ

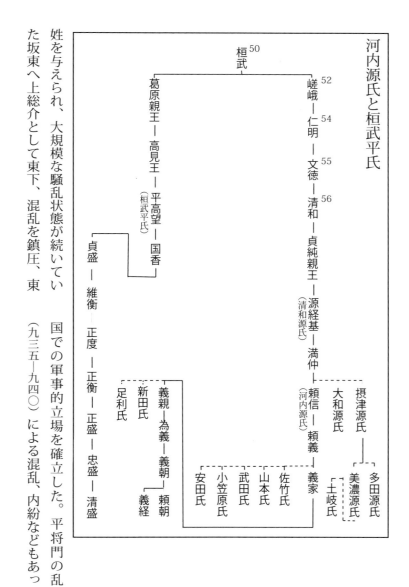

たが、桓武平氏は高望王から国香―貞盛―維衡―正度―正衡―正盛―忠盛を経て清盛に至る。

つまり、河内源氏も清和源氏も桓武平氏もその祖は桓武天皇。武家の祖は桓武天皇にたどり着くといっていいのである。

大阪府羽曳野市に河内源氏三代の墓がある。源頼信、頼義、義家の嫡流三代の墓である。隣り合わせて、河内源氏の氏神だった壺井八幡宮（羽曳野市壺井）がある。

この壺井の里は、いわゆる近つ飛鳥にあたる。聖徳太子廟（叡福寺）や推古天皇陵のある太子町と程近く、百済から渡来した昆支王を祀る飛鳥戸神社は一キロ余りしか離れていない。

河内源氏の祖、源頼信が厚く崇拝したと伝えられる誉田八幡宮がある応神天皇陵や古市古墳群も目と鼻の先。その向こうに百舌鳥古墳群、住吉、難波があり、大阪湾と瀬戸内海を渡れば北九州、そして朝鮮（韓）半島がある。

近つ飛鳥の一角にある壷井八幡宮（羽曳野市壷井）

【著者】

靍井　忠義（つるい・ただよし）

古代史ジャーナリスト。1949年生まれ。奈良新聞の文化記者、編集局長などを経て、青垣出版代表取締役、倭の国書房代表。奈良の古代文化研究会主宰。日本ペンクラブ会員。
著書に『探訪 日本書紀の大和』（雄山閣出版）『日本書紀の山辺道《やまのへのみち》』（青垣出版）、『日本書紀の飛鳥』（同）、『奈良の古代文化②　斉明女帝と狂心渠《たぶれごころのみぞ》』（同）、『日本書紀を歩く①　悲劇の皇子たち』（同）、『日本書紀を歩く②　葛城の神話と考古学』（同）、『日本書紀を歩く③　大王権の磐余《いわれ》』（同）、『日本書紀を歩く④　渡来人』（同）、『日本書紀を歩く⑤　天皇の吉野』（同）など。

日本書紀の中の朝鮮半島

2024年10月3日　初版印刷
2024年10月8日　初版発行

著者　靍　井　忠　義

発行所　有限会社　青　垣　出　版
〒636-0246 奈良県磯城郡田原本町千代３８７の6
電話 0744-34-3838　Fax 0744-47-4625
e-mail　wanokuni@nifty.com

発売元　株式会社　星　雲　社
（共同出版社・流通責任出版社）
〒112-0005 東京都文京区水道１－３－３０
電話 03-3868-3270 Fax 03-3868-6588

印刷所　モリモト印刷株式会社

printed in Japan　ISBN978-4-434-34765-8

青垣出版の本

奈良の古代文化①
ISBN978-4-434-15034-0
纒向遺跡と桜井茶臼山古墳
奈良の古代文化研究会編

大型建物跡と２００キロの水銀朱。初期ヤマト王権の謎を秘める２遺跡を徹底解説。
Ａ５変形判１６８ページ　本体1,２００円

奈良の古代文化②
ISBN978-4-434-16686-0
斉明女帝と狂心渠《たぶれごころのみぞ》
靏井 忠義著
奈良の古代文化研究会編

「狂乱の斉明朝」は「若さあふれる建設の時代」だった。百済大寺、牽牛子塚の謎にも迫る。
Ａ５判変形１７８ページ　本体1,２００円

奈良の古代文化③
ISBN987-4-434-17228-1
論考 邪馬台国＆ヤマト王権
奈良の古代文化研究会編

「箸墓は鏡と剣」など、日本国家の起源にまつわる５編を収載。
Ａ５判変形１８４ページ　本体1,２００円

奈良の古代文化④
ISBN978-4-434-20227-8
天文で解ける箸墓古墳の謎
豆板 敏男著
奈良の古代文化研究会編

箸墓古墳の位置、向き、大きさ、形、そして被葬者。すべての謎を解く鍵は星空にあった。
Ａ５判変形２１５ページ　本体1,３００円

奈良の古代文化⑤
ISBN978-4-434-20620-7
記紀万葉歌の大和川
松本 武夫著
奈良の古代文化研究会編

古代大和を育んだ母なる川―大和川（泊瀬川、曽我川、佐保川など）の歌謡（うた）。
Ａ５判変形１７８ページ　本体1,２００円

巨大古墳と古代王統譜
ISBN978-4-434-06960-8
宝賀 寿男著

巨大古墳の被葬者が文献に登場しないはずがない。全国各地の巨大古墳の被葬者を徹底解明。
四六判３１２ページ　本体1,９００円

神武東征の原像〈新装版〉
ISBN978-4-434-23246-6
宝賀 寿男著

神武伝承の合理的解釈。「神話と史実の間」を探求、イワレヒコの実像に迫る。新装版発売
A5判３４０ページ　本体2,０００円

青垣出版の本

日本書紀を歩く①
ISBN978-4-434-23814-7

悲劇の皇子たち

靍井 忠義著

皇位継承争い。謀反の疑い。非業の死を遂げた皇子たち２２人の列伝。

四六判１６８ページ　本体1，２００円

日本書紀を歩く②
ISBN978-4-434-24501-5

葛城の神話と考古学

靍井 忠義著

『日本書紀』に書かれた神話やエピソードを紹介、古社や遺跡を探訪する。

四六判１６６ページ　本体1，２００円

日本書紀を歩く③
ISBN978-4-434-25725-4

大王権の磐余《いわれ》

靍井 忠義著

磐余は地理的にも時代的にも纒向と飛鳥の中間に位置する。大王権を育んだ。

四六判１６８ページ　本体1，２００円

日本書紀を歩く④
ISBN978-4-434-27489-3

渡来人

靍井 忠義著

書紀が伝える渡来人たちの群像。日本の政治・経済・文化の中核となった。

四六判１９８ページ　本体1，３００円

日本書紀を歩く⑤
ISBN978-4-434-29858-5

天皇の吉野

靍井 忠義著

神武、応神、雄略、天武、持統。そして後醍醐、南朝・後南朝、天誅組

四六判２４２ページ　本体

奈良を知る
ISBN978-4-434-13771-6

日本書紀の山辺道《やまのへのみち》

靍井 忠義著

三輪、纒向、布留…。初期ヤマト王権発祥の地の神話と考古学。

四六判１６８ページ　本体1，２００円

奈良を知る
ISBN978-4-434-15561-1

日本書紀の飛鳥

靍井 忠義著

６・７世紀の古代史の舞台は飛鳥にあった。飛鳥ガイド本の決定版。

四六判２８４ページ　本体1，６００円